Wolf Rainer Wendt

Case Management
im Sozial- und Gesundheitswesen

Eine Einführung

W0194951

Lambertus

Wolf Rainer Wendt

Case Management
im Sozial- und Gesundheitswesen

Eine Einführung

Lambertus

Die Deutsche Bibliothek – CIP-Einheitsaufnahme

Ein Titeldatensatz für diese Publikation ist bei
der Deutschen Bibliothek erhältlich

4. überarbeitete Auflage 2008
Alle Rechte vorbehalten
© 2008, Lambertus-Verlag, Freiburg im Breisgau
Umschlaggestaltung: Nathalie Kupfermann, Bollschweil
Herstellung: Franz X. Stückle, Druck und Verlag Ettenheim
ISBN 978-3-7841-1841-3

Inhalt

Einführung

Die Reformen im Sozial- und Gesundheitswesen machen auch eine veränderte Arbeitsweise in den Diensten und Einrichtungen notwendig, deren Aufgabe das Helfen, Pflegen, Betreuen und Heilen ist. Die Richtung der Neugestaltung ist in allen Versorgungsdiensten für Menschen (*human service organizations*) die gleiche: es muss rationalisiert werden, wobei auf die Gewährleistung von Qualität und auf die Begrenzung der Kosten gesehen wird, und man will eine Integration der Leistungserbringung, abgestimmt mit den Nutzern, erreichen. In der beruflichen Tätigkeit verschiebt sich das Schwergewicht vom persönlichen fürsorglichen Einsatz des einzelnen Professionellen zur Zusammenarbeit einer Mehrzahl von Beteiligten und zur Koordination in der Ressourcennutzung und Leistungserbringung. Für die Gestaltung und Steuerung dieser Vorgänge hat sich ein neues Verständnis von Management auch in den Diensten, die „an Menschen" erbracht werden, verbreitet. Für Kooperation und Koordination, für Kontrolle von Kosten und Qualität der Hilfen und Behandlungen soll dieses Management sorgen; es soll unnötige und unwirksame Leistungen vermeiden. Der Sozialstaat begrenzt die Ansprüche, die an ihn und seine Versorgungssysteme gestellt werden. Verlangt wird mehr „Zielgenauigkeit" von Leistungen, und um sie zu erreichen, muss die ganze Arbeitsweise in Betracht gezogen und geprüft werden.

Veränderung der Arbeitsweise

Das vorliegende Buch informiert über die Entwicklung, die Funktionen und die Anwendungsbereiche von *Case Management* als dem zentralen Verfahren in der einzelfallbezogenen Steuerung von Humandiensten. Dem Praktiker kann es als Handbuch dienen, das die Arbeitsweise und die Vielfalt ihres Einsatzes erläutert. Als Lehrbuch bietet es eine systematische Darstellung aller Momente von Case Management im Sozialwesen, in der Pflege und in der medizinischen Versorgung, in der Beschäftigungsförderung und im Versicherungswesen.

Anliegen des Buches

Die Anwendung des Verfahrens steht nun allerdings im Verdacht, dass in ihm vielmehr auf *die Kosten* und nicht so sehr auf *den Menschen* und seine Bedürfnisse gesehen wird. Richtig ist, dass in jedem Management der Einsatz von Mitteln in Beziehung zum Ertrag gebracht wird. In Sozial- und Gesundheitsberufen setzen sich Menschen helfend, pfle-

Vorbehalte

7

gend und heilend für Menschen ein, und der Aufwand, den sie treiben, will gut überlegt sein. Er ist im Interesse aller Beteiligten rational zu gestalten. Im sozialen und gesundheitlichen Management wird von der einseitigen Fürsorge des professionellen Helfers und Behandlers übergegangen zu einem vielseitigen Prozess der Zusammenarbeit, in dessen Steuerung die vorhandenen Mittel und Möglichkeiten rational und zielgerichtet gehandhabt werden und die Nutzer zu aktiver Mitwirkung aufgefordert sind. Aufgabe des Managements seitens des Versorgungssystems ist diese Zusammenführung von Ressourcen und ihre überlegte Handhabung. Die Umstellung im Denken und Handeln auf eine dermaßen zu arrangierende Kooperation fällt vielen Fachkräften in sozialen, pflegerischen und medizinischen Diensten allerdings schwer. Sie bauten zuvor auf ihre persönlichen beruflichen Fähigkeiten, so wie ein guter Handwerker mit Kopf und Hand alleine fertig bringt, was ihm aufgetragen wird. Nun sollen sie ihren professionellen Einsatz als Teil eines dienstlichen, betrieblichen Geschehens betrachten. In ihm kommen persönliche, soziale und ökonomische Momente zusammen. Im vorliegenden Buch werden sie als ein Kontinuum behandelt. Case Management ist eine sozial- und heilberufliche und eben so sehr eine betriebswirtschaftlich gestaltete, Prozesse des Zusammenwirkens optimierende Arbeitsweise. Sie beschneidet die fachliche Zuständigkeit nicht, sondern optimiert ihre Nutzung.

Konzept Es ist zunächst nötig, das *Konzept* zu verstehen. In den „psychosozialen" Berufen haben wir in der Vergangenheit nach immer neuen Rezepten für die Behandlung von Problemen, Schwierigkeiten und Störungen gegriffen. Case Management stellt kein solches Rezept, keine Therapie neben anderen dar. Es sorgt für ein Arrangement, in dem formelle Dienste und Maßnahmen mit den informellen und zufälligen Weisen möglichst hilfreich übereinkommen, in denen Menschen für sich selber, miteinander, bei Schwierigkeiten und Krankheiten und mit Behinderungen ihr Leben führen. Darauf bezogen ist auf das *Machbare* zu sehen – und es ist zu *managen*. Dienstleistungen werden passend organisiert, und Professionelle haben sich untereinander wie mit den Menschen abzustimmen, in deren Dasein und Befinden sie mit ihren Verfahren eingreifen. Das Management führt zu einem Arrangement, ersetzt aber nicht spezielle fachliche Aktivitäten in ihm. Entscheidungen über einzelne Behandlungen, über pflegerische Hilfen oder erzieherische Maßnahmen fallen auf dem im Case Management gebahnten Weg. Auf ihm wird geklärt, was zu tun ist, wie das zu machen ist und wer etwas dazu beitragen kann und soll.

Die gemeinte Lenkungs- und Gestaltungsweise verbindet *Organisation* und *Verfahren* (Methode) enger miteinander als bisher. Die Stadien im Prozess des Case Management reichen, richtig verstanden, über das Procedere des Einzelfalls hinaus. Es ist unzulässig, das Konzept Case Management auf die Strukturierung des Ablaufes von personenbezogenen Hilfestellungen oder Behandlungen zu verkürzen. Die Praxis rezipiert in dieser Hinsicht das Konzept oft unzureichend. Der Verfasser hat in den letzten Jahren in vielen Fachdiskussionen erfahren, dass eine Hauptschwierigkeit bei der Implementierung von Case Management *als Programm der Gestaltung der ganzen dienstlichen* Arbeit darin besteht, dass man das Verfahren ungenügend fallübergreifend verankert.

Das Konzept Case Management widmet sich sowohl der Kontingenz des Einzelfalls, in dem eine individuelle Problematik in einem angemessenen Verfahren bewältigt oder gelöst wird (Fallführung), als auch dem organisierten Prozess, in dem ein humandienstlicher Betrieb seinem Versorgungsauftrag in vielen einzelnen Fällen nachkommt (Systemsteuerung). Case Management bezeichnet eine Mehrebenenstrategie. Sie sucht die Steuerung der humandienstlichen Leistungserbringung auf der Ebene organisierter Versorgung auf die Steuerung des Prozesses der Aufgabenbewältigung im Einzelfall abzustimmen – und sie bindet gleichzeitig das Geschehen auf dieser Ebene der Interaktion professioneller Akteure mit betroffenen Menschen in den Ablauf und die Strukturen des Betriebs der Versorgung ein. Auf der Organisationsebene kann das Case Management hauptsächlich ein *Netzwerk-* und ein *Schnittstellenmanagement* bedeuten; auf der Ebene der individuellen Fallführung wird ein möglichst bedarfsgerechter „Zuschnitt" von Leistungen erstellt, die im einzelnen mit den Abnehmern „auszuhandeln" sind und in deren Nutzung sie auch eingewiesen werden wollen. In Humandiensten sind die (fallübergreifenden) Aufgaben der *Erschließung* nicht identisch mit den (fallspezifischen) Aufgaben der *Erbringung*; in dem ganzen Prozess, für den ein Case Management eingeführt ist, hängen sie zusammen.

Die Methode besteht für die Akteure im direkten Dienst und dessen Adressaten darin, sich fallweise gemeinsam und sich selber in bestimmter Weise zu organisieren. Aber die Methode lässt Raum für die Kunst der Beziehung und für eine persönliche Gestaltung des beruflichen Einsatzes. In Diensten am Menschen bleibt die personale, mitmenschliche Begegnung ein zentraler Faktor. Im Case Management ist die „helfende Beziehung" aber keine Vorbedingung für ein Erfolg versprechendes berufliches Handeln. Es orientiert sich primär an der Aufgabe und bezieht den Menschen, dem geholfen werden soll, in diese sachliche Orientierung ein. Die Bewältigung der Aufgabe wird zur Grundlage der Kooperation und der Arbeitsbeziehung in ihr.

Gliederung Zur *Gliederung* des Buches: In Teil 1, dessen Gegenstand die Grundlagen des Konzepts sind, beschreibe ich im *ersten Kapitel* die historische Entfaltung von Case Management vor dem Hintergrund von Umstellungen im Sozial- und Gesundheitswesen in den vergangenen Jahren. Zuerst hat sich die Soziale Arbeit des Verfahrens angenommen, um besonders benachteiligte und problembeladene Menschen den verstreuten Diensten zuzuführen, die sie benötigen. Im formellen Versorgungssystem mangelt es aber überall und nicht nur im Feld der Sozialen Arbeit an einem koordinierten und planmäßigen Vorgehen, weshalb das Verfahren bald auch im medizinischen Feld, in der Pflege und Rehabilitation sowie in der Beschäftigungsförderung Verbreitung gefunden hat. In Humandiensten geht es überall um eine zweckmäßige und zielgerichtete Handhabung von Mitteln und Möglichkeiten. Dass Sozialarbeiter/innen, Ärzte und Krankenschwestern ihr professionelles Handeln in ein „Management" transformieren, ist eine Konsequenz des Systems der Versorgung, dem sie angehören, nicht ihrer jeweiligen Fachkompetenz.

Das *zweite Kapitel* wendet sich der Frage zu, wie sich Management mit Menschlichkeit im personenbezogenen Handeln verträgt. Die Sachlichkeit der Beziehung auf einem Fall wird als Vorzug des Case Managements beschrieben. Die „Fallführung" übergreift die diskreten Prozesse der Beratung und Begleitung, der Behandlung und der Pflege, organisiert und gestaltet ihren Zusammenhang. Dabei bleibt das Case Management für verschiedene Anwendungen offen. Das Kapitel gibt einen Überblick über die Varianz dessen, was fachlich unter ihm verstanden wird.

Das *dritte Kapitel* nimmt den „Produktionsprozess" im formalen System der Leistungserbringung von Sozial- und Gesundheitsdiensten in den Blick. Das Management der Unterstützung, Behandlung, Pflege und Förderung erfolgt innerhalb von betrieblichen, rechtlichen und finanziellen Arrangements. Versorgungsstrukturen sind das Gerüst, in dem die direkten Dienste für Menschen erbracht werden. Sie sind im Case Management die Nutzer des Handelns von Fachkräften, die ihrerseits auf eine rationale Gestaltung der Dienststelle oder der Einrichtung angewiesen sind, der sie angehören.

In Teil 2, der die Faktoren und Anwendungen des Konzepts enthält, stelle ich im *vierten Kapitel* zunächst das Verfahrensrepertoire im Case Management in seinen einzelnen Komponenten dar. Zugangseröffnung, Assessment, Planung, kontrollierte Durchführung, Evaluation und Rechenschaftslegung sind je für sich vielseitige Praktiken, in denen die Arbeitsweise ihre Flexibilität und spezifische Eignung für verschiedene Anwendungsbereiche und individuelle Gegebenheiten beweisen kann. Die Dimensionen des Verfahrens hängen zusammen. Nicht selten werden sie losgelöst von einander *pars pro toto* für das Case Management gehalten: In der Organisation des Zugangs interessiert man sich für Art und Umfang der Inanspruchnahme (utilization) und versteht das ganze Verfahren als „utilization management". Eine Hilfeplanung weitet sich unter Einschluss des Assessments und der Zielbestimmung zur Fallführung aus, und das Monitoring lässt sich zu einer durchgängigen Prozessbegleitung und -kontrolle nutzen, worin gelegentlich die Aufgabe des Case Managements überhaupt gesehen wird. In ihrem organischen Bezug aufeinander und bei differenzierter Betrachtung der einzelnen Schritte wird auch klar, dass sie nicht mechanisch unternommen und nicht als Rezept für Problemlösungen aufgefasst werden dürfen. Sie sind Handlungsrahmen für die Erledigung der Aufgaben, die sich in Sozial- und Gesundheitsdiensten stellen.

Das *fünfte Kapitel* ist den strukturellen Problemen gewidmet, die bei Einführung von Case Management auftreten. Es bezieht verschiedene Berufsgruppen ein und berührt ihren Status. Wie fügen sich die Aufgaben und Berufsrollen von Case Manager/innen in die Infrastruktur der Dienste und Einrichtungen und die Fachlichkeit des Case Managements in das professionelle System? Beschrieben werden vier Modelle der Ausübung von Case Management in der Fallführung. Eine feste berufliche Zuordnung dieser Tätigkeit hat sich nicht ergeben. Aber es sind Standards für sie formuliert worden. Der fünfte Abschnitt schließt mit dem Text der Standards, welche die größte amerikanische Berufs-organisation der Case Manager 1995 vorgelegt hat. Die internationale Entwicklung in den Humandiensten ist in der Zwischenzeit fortge-schritten. Eine eigenständige Fachlichkeit prägt sich im Handeln von Case Manager/innen aus, abgehoben von der spezifischen Kompetenz ihres Grundberufes.

Die unspezifische Natur der Arbeitsweise bedingt die Vielseitigkeit ihres Einsatzes. Das *sechste Kapitel* beschreibt einzelne Anwendun-gen von Case Management in den Feldern des Sozial- und Gesund-heitswesens. Ambulant und stationär, in Pflegediensten, bei der Inte-gration von behinderten Menschen, in der Rehabilitation, zur Ein-gliederung ins Arbeitsleben, in der Kinder- und Jugendhilfe, in der Psychiatrie und in der Versorgung chronisch körperlich kranker Men-schen wird ein solches Management gebraucht. Das vorliegende Buch soll dazu beitragen, über den begrenzten Horizont einer spezialisierten Berufstätigkeit hinweg die Gemeinsamkeiten in der Steuerung des Leistungsgeschehens in „Diensten am Menschen" zu sehen. Das Lehr-buch soll mit dem Verständnis, das es vermittelt, zu einer flexiblen, vielseitigen Praxis im Management der Unterstützung und Förderung, der Behandlung und Pflege befähigen.

Case Management hat sich international im Sozial- und Gesundheits-wesen ausgebreitet. Der Text des Buches beschreibt seinen Gegen-stand in dieser Vielfalt und in den Möglichkeiten, welche die jeweili-gen fachlichen, organisatorischen und rechtlichen Rahmen der Arbeitsweise bieten. Um an den Entwicklungen und Erfahrungen über Sprachgrenzen hinweg teilhaben zu können, ist die Verwendung einer einheitlichen Terminologie angebracht. Zu diesem Zweck wird im Abschnitt 2.3. eine begriffliche Differenzierung vorgenommen, und dem Buch ist ein *Glossar* beigegeben, das die wichtigsten englischen und deutschen Begriffe erläutert.

Die systematische Darstellung von Case Mangagement kann der humanberuflichen Ausbildung dienen, für die Weiterbildung herange-zogen und vom Praktiker benutzt werden, der den Handlungsrahmen des Case Managements allgemein kennenlernen und es speziell in sei-nem Arbeitsfeld anwenden will. Das Buch hat selber eine Geschichte. Es kam 1997 in der Nachfolge der ersten deutschsprachigen Buchver-öffentlichung zum Case Management heraus: „Unterstützung fallweise. Case Management in der Sozialarbeit", erschienen bei Lambertus in der ersten Auflage 1990, in der zweiten Auflage 1995. Vergleicht der Leser diese Publikation mit der vorliegenden, wird er eine Verschiebung der Schwerpunkte feststellen: von der Sozialarbeit zur gesundheitlichen und integriert humandienstlichen Versorgung, vom Handeln des einzelnen Case Managers zur Organisationsentwicklung integrierter Versorgung und darin zu den Prozessen der Zusammenarbeit mit Bürgern, unter Fachkräften und Dienstleistern.

Die Fortschritte im Einsatz des Case Managements in den vergangenen zehn Jahren haben den Verfasser veranlasst, das bewährte Lehrbuch zu revidieren und den Text an vielen Stellen zu ergänzen. Die Abwandlungen im Verständnis und in der Anwendung des Verfahrens, an denen der Autor im deutschssprachigen Raum beteiligt war, bleiben aber in den einzelnen Abschnitten des Buches ablesbar. Der Entwicklungsprozess des Case Managements zeichnet sich in den Teilen ab, die belassen wurden, und in denen, die neu dazu gekommen sind.

Eine Anmerkung zum grammatischen Genus der Person- und Funktionsbezeichnungen: Die männliche Form einer Benennung schließt Frauen ein; die weibliche Form der Bezeichnung (z.B. in der beruflichen Krankenpflege) schließt Männer nicht aus.

Wie in den vorherigen drei Auflagen soll die Darstellung in diesem Buch das Konzept Case Management verständlich machen, es zu Zwecken einer reformierten Versorgung in den verschiedenen Bereichen des Sozial- und Gesundheitswesens erläutern und ausführlich einen Überblick über das Verfahren, seine Funktion und seine Einsatzmöglichkeiten geben. Möge das Buch einer gründlichen Ausbildung im Case Management und seiner weiteren Verbreitung dienen.

Stuttgart, im Januar 2008   *Wolf Rainer Wendt*

13

Teil 1
Grundlagen

1. Das Konzept Case Management und seine Entwicklung

Case Management ist eine Verfahrensweise in Sozial- und Gesundheitsdiensten, mit der im Einzelfall die nötige Unterstützung, Behandlung und Versorgung von Menschen rational bewerkstelligt wird. Diese Handhabung des Vorgehens und des Einsatzes von Mitteln wird bei einem längeren Ablauf gebraucht, nicht wenn in einer Notsituation sofort geholfen oder eingegriffen werden muss. Angezeigt ist das gemeinte Vorgehen bei einer in der Regel komplexen Problematik mit einer Mehrzahl von Beteiligten und in vernetzten Bezügen. Im Case Management wird ein zielgerichtetes System der Zusammenarbeit organisiert. Die Verfahrensweise hat ihren Ausgang von der methodischen Einzelfallhilfe (*case work*) in der beruflichen Sozialarbeit genommen. Case Management trennte sich davon, weil seine Aufgabe eine Steuerung von Prozessen wurde, die sich nicht auf die fürsorgerische Beziehung eines Professionellen auf einen Hilfebedürftigen beschränken ließen. Wenn Menschen einzelne Hilfen brauchen, eine materielle Unterstützung, einen Rat, ein klärendes Gespräch oder akut eine ärztliche Behandlung, ist weiter kein Management erforderlich. Die Erkenntnis, dass es häufig mit solchen einzelnen Maßnahmen nicht getan ist, hat in den Sozial- und Gesundheitsdiensten den Boden für ein professionelles Unterstützungs- und Versorgungsmanagement bereitet. Es hat sich auch im Bereich der institutionellen Beschäftigungsförderung und im Versicherungswesen etabliert. Das Konzept Case Management stellt einen *Handlungsrahmen* dar und fasst die steuernden Funktionen in der Erbringung von personbezogenen Leistungen der Humandienste zusammen.

Die methodische Durchführung „am Fall" ist das eine, die Gestaltung der Organisation das andere, in der das Case Management zum Einsatz kommt. Mit ihm wollen die Träger von Diensten und Einrichtungen die auftragsgemäße Leistungserbringung möglichst optimal vonstatten gehen lassen. Case Management betrifft hier das Regime des ganzen Betriebs. Es steuert seine Abläufe. Es gibt also zum Case Management als *methodischem* Konzept auf der personalen Handlungsebene

17

ein Case Management als Organisations- oder *Systemkonzept* in administrativer Funktion. Beides gehört in der Mehrebenenstrategie des Case Managements zusammen. Stets geht es um die wirksame Handhabung und Gestaltung von *Prozessen*. Wer auf der Organisationsebene von Case Management spricht, meint die *Systemsteuerung* – und nicht ohne weiteres die professionelle Methodik und den Handlungsablauf im Management eines Einzelfalles, worin bei möglichst weitgehender Abstimmung mit dem Nutzer planmäßig, koordiniert und kontrolliert vorgegangen wird. Von dieser Seite aus betrachtet, ist zu bedenken, dass der erfolgreiche Einsatz der Methode Case Management in Humandiensten davon abhängt, ob tatsächlich in ihrem Betrieb die strukturellen Voraussetzungen gegeben sind bzw. eine *Organisationsentwicklung* stattfindet, welche die Strukturen der humandienstlichen Versorgung auf die prozessualen Anforderungen des Case Managements abstimmt, ihm gewissermaßen den Weg bahnt und das Netzwerk schafft, in dem die Zusammenarbeit erfolgen kann, die für das Case Management charakteristisch ist.

Es greift vom Fall auf das *Feld* aus, in dem die Ressourcen vorliegen, die sich heranziehen lassen. Es kann das stationäre Handlungsfeld einer Einrichtung der Krankenversorgung oder der Rehabilitation sein; in jeder Form ambulanter Arbeit ist es ein *Sozialraum* und das *Gemeinwesen*, in dem die Menschen leben, die und deren Probleme zu umsorgen sind. Das auf sie bezogene Case Management erschließt Ressourcen im Einzelfall, indem es sich darum kümmert, dass sie im Feld vorhanden sind und für die Fälle, die vorkommen, aufbereitet werden. Das Case Management integriert das fallbezogene Handeln und die sozialraum- bzw. gemeinwesenbezogene Praxis. (Rothman/ Sager 1998). Es muss sich *im Feld* positionieren, um im Einzelfall Erfolg zu haben.

1.1. Die Entstehung und Verbreitung von Case Management

Die Reorganisation der sozialen und gesundheitlichen Versorgung seit den 1970er Jahren bildet den Hintergrund der Einführung von Case Management. In den USA, aber auch in anderen Ländern, entließ man seinerzeit chronisch psychisch kranke, geistig behinderte und pflegebedürftige Menschen in großer Zahl aus der stationären Unterbringung. Man hielt es von den Rechten der Bürger her nicht mehr für vertretbar, sie in Heimen und Anstalten festzuhalten, und hatte auch erkannt, dass die Versorgung dort die Insassen lebensuntüchtig macht, viel kostet und mehr schadet als nutzt. Überall wurden die stationären Angebote reduziert. Lebten 1995 in den USA 559.000 psychisch kranke Menschen in den Anstalten öffentlicher Träger, so waren es 1981 nur noch 125.000. In Kalifornien nahm die Bettenzahl in den staatlichen Psychiatrie-Krankenhäusern von 37.000 im Jahre 1967 auf 5.000 im Jahre 1984 ab (Rothman 1992: 2). Auch in anderen Ländern erfolgte eine Umorientierung von stationären zu offenen Hilfen. Die Kampagne der sogenannten *„Deinstitutionalisierung"* brachte nun die Notwendigkeit mit sich, für die Entlassenen, die man oft buchstäblich auf die Straße gesetzt hatte und die dort hilflos blieben, eine hinreichende ambulante Betreuung durch soziale und medizinische Dienste zu organisieren. Aber auch für diejenigen Leistungsberechtigten, die auf Grund neuer sozialpolitischer Programme Humandienste beanspruchen konnten, musste der Zugang zu ihnen erschlossen und eine angemessene Versorgung gestaltet werden (s. zum Einfluss der Gesetzgebung auf die „service system reform" in den USA Dill 2001: 7ff.)

„Deinstitutionalisierung"

Im ambulanten Sektor der Versorgung bestand ein unkoordiniertes Nebeneinander von Hilfeangeboten. Es gab in den siebziger Jahren in den USA eine Reihe von Versuchen zur Integration der Angebote in ein dem Bürger erschlossenes oder erschließbares Dienstleistungssystem (*service integration*). Behinderte Menschen sollten mit dem Case Management einen Dienst erhalten, der ihnen die notwendige soziale, medizinische und erzieherische Unterstützung verschafft und diese koordiniert. So steht es im amerikanischen *Developmental Disabilities Act* von 1975 (Public Law 95-602). Eine verbindliche Hilfeplanung für Behinderte wurde gesetzlich verankert. Unter dem Druck der offensichtlichen Not vieler „deinstitutionalisierter" Menschen kamen Programme hinzu, die eine vernetzte Versorgung dieses Personenkreises im kommunalen Umfeld ermöglichen sollten. In einer entsprechend strukturierten „gemeindenahen Versorgung" oder „Gemeindepflege" – *community care* – schrieb man nun dem Case Management die Aufgabe zu, personbezogen die nötige Hilfestellung zu bieten. 1977 legte das *National Institute of Mental Health* (NIMH) ein *Community Support Program* auf, in welchem erstmalig dem Case Management eine entscheidende Rolle zugedacht wurde (Turner/TenHoor

ambulante Versorgung

1978: 313ff.). Das Programm sollte für psychisch Kranke unterstützende Dienste im Gemeinwesen erschließen und diese in koordinierter Weise individuell zugänglich machen. Man sah vor, dass eine Fachkraft oder ein Team mit dem Klienten Kontakt hält, egal welche und wie viele Dienste tätig werden. „This can provide the glue that binds otherwise fragmented services into arrangements that respond to the unique and changing needs of clients" (Turner/Shifren 1979: 9). Entsprechend lautete, formuliert von James Intagliata für die *National*

frühe Definition *Conference on Social Welfare 1981*, eine der frühen Definitionen von Case Management: „a process or method for ensuring that consumers are provided with whatever services they need in a coordinated, effective, and efficient manner" (zit. nach: Amado/McAnally/Linz 1989: 5).

Modelle Es entstanden bald verschiedene Modelle der neuen Arbeitsweise. Der einfachste Typus konzentrierte sich auf die Vermittlungtätigkeit des Case Managers (*broker model*). Er „makelt" Dienste personenbezogen, indem er sie in Kenntnis der Situation im Einzelfall passend beschafft. Er sorgt dafür, dass Bedürftige und Dienstleistungen einander finden. – Ein anderer Typus von Case Management arrangierte Unterstützung zur Eingliederung und Rehabilitation von in ihrer Funktionsfähigkeit beeinträchtigten Menschen (*rehabilitation model*). Ein weiteres Modell legte das Schwergewicht darauf, Klienten in ein selbstständiges Leben im Gemeinwesen einzuüben (*Program for Assertive Community Training*, PACT). Von Charles Rapp und seinen Kollegen wurde ein Modell entwickelt, das von den Stärken einer jeden Person ausgeht, um an sie mit Möglichkeiten der Lebensführung anzuknüpfen (*strength model*). Gerade bei chronisch psychisch kranken Menschen lassen sich so Wege finden, auf denen sie in der umgebenden Realität zurechtkommen können (Rapp 1993: 143ff.). Für verschiedene Anwendungsbereiche wurden in den achtziger Jahren weitere Ansätze von Case Management entwickelt.

community care Anders als in den USA mit ihren verstreuten Diensten und Förderprogrammen ist die Einführung von *community care* als gemeindegestütztes Versorgungssystem mit dem Instrumentarium des Case Managements *in Großbritannien* Ausfluss politischer Willensbildung und Entscheidung auf nationaler Ebene gewesen. Nach 1980 kam in Großbritannien auf die Sozialdienste und das Gesundheitswesen die Forderung nach einer effektiven und effizienten Arbeitsweise zu, welche die hohen Kosten der Versorgung rechtfertigt. Die Regierung Margaret

Thatcher verlangte eine an der freien Wirtschaft orientierte Reform des öffentlichen Dienstes, zu dem in Großbritannien auch das staatliche Gesundheitssystem (National Health Service) gehört. Die Administration sollte allgemein unternehmerisch kompetent und dadurch produktiver werden.

Im Auftrag des britischen Parlaments verfasste eine Kommission unter Leitung des Unternehmers Roy Griffiths 1983 einen Bericht, in dem der Mangel an einer klaren Verteilung der Funktionen, Kompetenzen und der Verantwortlichkeiten im Versorgungssystem festgestellt wurde – mit der Empfehlung, in den kommunalen Sozialbehörden ein Case Management vorzusehen. Wie es vonstatten gehen konnte, war in der Altenhilfe seit 1970 bereits mit dem *Kent (Thanet) Community Care Scheme* gezeigt worden: Beauftragte Sozialarbeiter erhielten zur Versorgung Pflegebedürftiger ein Budget in Höhe von zwei Dritteln der Kosten von Heimpflege und organisierten im Rahmen dieses Budgets für ihre Klienten eine ambulante oder teilstationäre Versorgung im Gemeindekontext. Viele Heimunterbringungen konnten so vermieden werden, und das Projekt erwies die „Kostenwirksamkeit" (*cost-effectiveness*) des Case Managements (Challis/Davies 1986).

Nach einer längeren Diskussion und einer Reihe weiterer, öffentlich geförderter Modellversuche, die von der *Personal Social Services Research Unit* (PSSRU) der Universität von Kent betreut und ausgewertet wurden (Renshaw et al. 1988), legte die britische Regierung 1988 in einem „White Paper" ihr Konzept vor und definierte darin *community care* als lokale Bereitstellung der Dienste und der Unterstützung, welche Menschen mit Problemen des Alters, einer psychischen Erkrankung, mit geistiger oder körperlicher Behinderung oder einer Sinnesbehinderung benötigen, um fähig zu sein, weitestgehend unabhängig in ihrer eigenen Wohnung oder in vergleichbaren Wohnformen am Ort leben zu können (Caring for People 1989: 3). Es gelte, dafür das richtige Maß an Intervention und an Unterstützung zu finden, welches die Menschen befähigt, ein Maximum an Unabhängigkeit und Kontrolle über ihr Leben zu erreichen oder zu bewahren (a.a.O.: 9). Ein Management im Einzelfall diene diesem Zweck und wird darum ausdrücklich empfohlen.

Definition

Im Ergebnis der Diskussionen und der Modellversuche beschloss das Parlament 1990 den *National Health Service and Community Care*

Care Management

21

Act. Das Gesetz verweist die Zuständigkeit für die Bedarfsprüfung und die Hilfeplanung für Versorgungsbedürftige an Care Manager in der lokalen Sozial- und Gesundheitsbehörde (*Local Authority Social Service Department*). Die amtlichen Care Manager sind Ansprechpartner für den Bürger, und sie stellen das auf den Einzelfall bezogen passende Leistungspaket, das Bündel nötiger Versorgungsleistungen (*package of care*) zusammen. Gewöhnlich übernimmt eine Sozialarbeiterin diese Funktion. Es kann aber auch eine Gemeindeschwester (angestellt beim National Health Service) oder ein Beauftragter der Heimbetreuung sein (Storrie 1996: 403). Das zuständige Ministerium gab Anleitungen heraus, wie das Care Management in seinen hauptsächlichen Funktionen erfolgen kann (Department of Health 1991 a–c). Amtlich wurde für den Aufgabenbereich die Bezeichnung „Care Management" anstelle von „Case Management" gewählt, weil der Prozess der Versorgung und nicht die einzelne Person als „Fall" zu managen sei (Department of Health 1991 a: 12). Die lokale Behörde ist für die Bedarfsfeststellung, Hilfeplanung und Koordination der Versorgung zuständig, nicht direkt für die personenbezogene Leistungserbringung.

Die Sozialarbeiterschaft war zunächst von den neuen Aufgaben nicht sehr erbaut: Organisieren, Planen, Mittelverwaltung, Aushandeln von Kontrakten, „Einkaufen" von Diensten und die Überwachung von Leistungen schienen ihr wenig in das Selbstbild einer direkten personbezogenen Fürsorge zu passen. Andererseits passen jene Aufgaben besser in eine ganzheitliche Sozialarbeit als in das Fachgebiet anderer helfender Berufe. Community Care ist, wenn sie erfolgreich sein soll, auf die Kompetenz der Sozialarbeit in Beratung und Gemeinwesenorganisation angewiesen (Payne 1995: 1ff.).

Einkäufer, Anbieter Im britischen Community Care wird von der Prüfung des Bedarfs, der Entscheidung über eine Leistungsgewährung und der Planung die Erbringung der Dienstleistungen durch Anbieter auf dem Markt der Sozial- und Gesundheitsdienste getrennt. Die kommunale Stelle „kauft" die von anderer Seite angebotenen Leistungen „ein" (*purchaser/provider split*). Die Leistungseinkäufer schließen mit den Leistungserbringern Verträge ab. Der Bürger soll, beraten von seinem Care Manager, auf dem Markt der Dienste wählen können. In der Folge sind in Großbritannien unabhängige Pflegedienste in der Mehrzahl, während die Kommunen nur noch einen geringen Anteil am Angebot haben. Diese „Marktöffnung" (mit oder ohne klare Trennung von Leistungseinkäufern und Leistungsanbietern) wird später in anderen europäischen Ländern (Schweden, Finnland, Dänemark, Niederlande) nachvollzogen, ansatzweise mit dem Pflegeversicherungsgesetz 1994 auch in Deutschland.

Die gesetzlichen Regelungen verbürgen natürlich noch keine gute Praxis. Lokal bildet sie sich recht unterschiedlich aus (wie empirische Nachforschungen zum Beispiel in Schottland ergeben haben (Petch et al. 1996). Community Care in Großbritannien hat vielerorts die Situation von Menschen, die auf Versorgung angewiesen sind, kaum verbessert, weil vor Ort oder im speziellen Fall die Ressourcen zur Bedarfsdeckung fehlen. Gespart wird auch am Fachpersonal, so dass schon die Feststellung des Bedarfs unzureichend bleibt (vgl. zu diesen und anderen Mängeln: Hadley/Clough 1996). Ähnlich hat sich die Praxis der Pflegeversicherung in Deutschland einen schlechten Ruf dadurch erworben, dass die Kriterien zur Einstufung der Pflegebedürftigkeit sehr eng ausgelegt werden.

Blieb Case Management in den USA und in Großbritannien während der achtziger Jahre in erster Linie den Sozialdiensten – und mithin in Theorie und Praxis der beruflichen Sozialarbeit – überlassen, so verschoben überall die Reformen im Gesundheitswesen die Gewichte rapide. Der zunehmende Wettbewerb im Gesundheitsmarkt begann sich auszuwirken. In den USA entdeckte die professionelle Krankenpflege das Case Management und nahm es für sich in Anspruch. Zunächst im stationären Bereich, beginnend mit der Aufnahme von Patienten, in deren Begleitung durch den Behandlungsprozess bei der Entlassung und in der Nachsorge. In Blick auf Qualität und Kosten wird hier ein integriertes Versorgungssystem (*integrated delivery system*) nachgefragt, sowohl auf der Ebene der Dienste und Einrichtungen als auch für die kontinuierliche Versorgung (*continuity of care*) auf der Ebene der fallweisen Leistungserbringung. Für sie ist ein koordiniertes, ergebnisorientiertes Vorgehen zu organisieren. Man begann im „internen Case Management" eines Krankenhauses die Akutversorgung mit der nachfolgenden Pflege und Rehabilitation systematisch zu verbinden und ein „externes Case Management" in der Überleitungspflege und Nachsorge anzuschließen. Selbstbewusst reklamierten die *Nurses* ihre Zuständigkeit für diese Aufgaben. Zwei Krankenhäuser gingen ab 1985 mit der Entwicklung von *Nursing Case*

Krankenversorgung

23

Management voran: das *New England Medical Hospital* (NEMCH) in Boston, Massachusetts, und das *Carondelet Saint Mary's Hospital* in Tucson, Arizona.

Innerhalb des NEMCH übernahmen Krankenschwestern die Rolle der Case Managerin für ihre Patienten. Sie stimmte die Pflege mit allen Beteiligten und mit dem behandelnden Arzt ab (Zander 1996: 23ff.). In Tucson erhielt ein Krankenpflegeteam die Zuständigkeit für den Versorgungsablauf von der Aufnahme bis zur Nachsorge anschließend an die stationäre Behandlung. Für die Ablauforganisation in der Behandlung des einzelnen Patienten wurden Versorgungspläne (*case management plans*) und multidisziplinäre Handlungspläne als Leitfäden und Wegbeschreibungen für den stationären Behandlungsprozess (*critical paths*) konzipiert. Die Entwicklung schlug sich in den Veröffentlichungen von Karen Zander (1987) und ihren Kolleginnen (Zander/Bower/Etheredge: 1987) nieder. 1989 verselbstständigte sich das im NEMCH gegründete *Center for Nursing Case Management*. Unter Karen Zander und Kathleen Bower wurde daraus 1991 *The Center for Case Management*, nun als Beratungsfirma tätig für Leistungsanbieter, die ihre Behandlungswege (*clinical pathways*) mittels Case Management und den von Karen Zander entworfenen „Care Maps" verbessern wollen.

Behandlungswege

Es ist bemerkenswert, dass in den USA die parallele Anwendung von Case Management in der Sozialarbeit, in der Pflege und in Krankenhäusern nicht zu einem einheitlichen Verständnis von Case Management geführt hat. Die Vertreter der verschiedenen Berufsgruppen nehmen einander kaum zur Kenntnis, vergleichen ihre Modelle und Standards nicht und greifen wenig auf die Literatur des jeweils anderen Bereiches zurück (Sturges 1996: 34). Die Berufsvereinigung der Sozialarbeiter sieht in ihren „*standards for social work case management*" es von der klassischen sozialen Einzelfallhilfe (*case work*) herkommen (NASW 1992). Nursing Case Management, die Theorie und Praxis der Fallführung in der Krankenpflege, beruft sich in den USA nur noch auf Erfordernisse im System der Gesundheitsversorgung und ignoriert die Soziale Arbeit (musterhaft: More/Mandell 1997). Es gibt eine Vielzahl von Programmen und Konzepten, so dass es inzwischen zur fachlichen Kompetenz im „fortgeschrittenen" (*advanced*) Case Management gehört, sich für die jeweilige eigene Praxis aus den möglichen Strategien eine spezifische Anwendung herzuleiten (Raiff/Shore 1993).

Vom angloamerikanischen Raum her hat die Arbeitsweise in anderen Ländern Fuß gefasst, z.B. in Holland (Riet/Wouters 1996, Willems 1996), in Schweden (Hokenstad/Johansson 1996), in Italien oder Frankreich (Frossard 1996), insbesondere im Sektor der Pflege alter Menschen. International steht Case Management für eine Annäherung und Zusammenführung der Sozial- und Gesundheitsdienste. In vielen Fällen ist zur Krankenbehandlung eine soziale Unterstützung nötig; gesunde Lebensführung will sozial arrangiert sein, und Probleme im sozialen Kontext des Lebens haben regelmäßig psychische und körperliche Auswirkungen. Organisatorisch und methodisch empfehlen sich deshalb Verknüpfungen im Sozial- und Gesundheitswesen.

Beruflich werden generalistisch orientierte Praktiker für Humandienste (*human services*) gebraucht, die sich auf die Begleitung, vielseitige Förderung und Unterstützung der Lebensführung von Menschen in Krisen, in Konflikten, bei Belastungen und bei Beeinträchtigungen verstehen, dafür aber auch hinreichend ausgebildet sind (zum Aktionsfeld von *human services* siehe: Harris/Maloney 1996, Neukrug 2007).

Humandienste

LITERATUREMPFEHLUNGEN
ZUR FRÜHEN ENTWICKLUNG VON CASE MANAGEMENT:

Challis, David/Davies, Bleddyn 1986: Case Management in Community Care. An Evaluated Experiment in the Home Care of the Elderly. Aldershot: Gower
Forschungsbericht zur Einführung von Case Management im ersten britischen Community Care-Projekt, mit Untersuchungen zu den Ergebnissen und den Kosten.
Challis, David/Davies, Bleddyn/Traske, Karen (eds.) 1994: Community Care: New Agendas and Challenges from the UK and Overseas. Canterbury: University of Kent, PSSRU
Beiträge führender Vertreter von Community Care zur Versorgungspolitik, zu Case Management und zur Pflege in Großbritannien und in anderen Ländern.
Dill, Ann E. P. 2001: Managing to Care. Case Management and Service System Reform. New York: Aldine de Gruyter
Handelt die systembezogene Implementation des Verfahrens in den USA ab, speziell in der Altenpflege und in der Behandlung chronisch psychisch Kranker.

25

Knapp, Martin, et al. 1992: Care in the Community. Challenge and Demonstration. Aldershot: Ashgate
Systematische Beschreibung des Modellprogramms zur Erprobung von Community Care: politischer Rahmen, Klientel, Organisation, methodisches Vorgehen, Ergebnisse und Kosten.

Lewis, Jane/Glennerster, Howard 1996: Implementing the New Community Care. Buckingham: Open University Press
Die britische Politik und Praxis von Community Care ab 1990 wird eingehend dargestellt und kritisch an Beispielen aus der lokalen Sozialadministration analysiert.

Linz, Mary Hubbard/McAnaly, Patricia/Wieck, Colleen (eds.) 1989: Case Management: Historical, Current & Future Perspectives. Cambridge, MA: Brookline Books
Stellt die Entwicklung von Case Management in der amerikanischen Sozialarbeit bis 1989 dar und enthält Beiträge insbesondere zur Arbeit mit entwicklungsbehinderten Menschen und ihren Familien.

More, Phyllis K./Mandell, Sandy 1997: Nursing Case Management. An Evolving Practice. New York: McGraw-Hill
Einführender Text zur Entwicklung von Case Management in der Krankenpflege in den USA mit Betonung der Rolle professioneller Case Manager.

Phillips, Judith / Penhale, Bridget (eds.) 1996: Reviewing Care Management for Older People. London: Jessica Kingsley
Untersuchungen zur Praxis von Care bzw. Case Management seit der gesetzlichen Regelung in Großbritannien in Hinblick auf Stärkung der Nutzer gegenüber den Anbietern, Bedarfsfeststellung und interdisziplinärer Zusammenarbeit.

Renshaw, Judith, et al. 1988: Care in the Community: The First Steps. Aldershot: Gower
Berichte zu den Anfängen von Case Management in den Modellversuchen der britischen Gemeindepflege.

Wendt, Wolf Rainer (Hrsg.) 1995: Unterstützung fallweise. Case Management in der Sozialarbeit. 2. Aufl. Freiburg i. Br.: Lambertus
Enthält nach der Beschreibung der Entwicklung und des Konzepts von Case Management in der Sozialen Arbeit vier ins Deutsche übersetzte Beiträge von amerikanischen und britischen Autoren.

1.2. CASE MANAGEMENT IM BEZUGSRAHMEN GESTEUERTER LEISTUNGSERBRINGUNG

Die Vorstellung, dass man durch Übernahme von Verfahren des Managements von Wirtschaftsunternehmen die öffentliche Verwaltung allgemein und die Sozial- und Gesundheitsdienste im besonderen leistungsfähiger und Kosten sparend gestalten könnte, hat die Einführung von Case Management im angelsächsischen Raum begünstigt. Das systematisch gegliederte Verfahren im Einzelfall erlaubt Leistungsvereinbarungen, die Zuordnung von Kosten und Nutzen, Qualitätssicherung und eine geordnete Rechenschaftslegung. Das Verfahren wurde deshalb 1987/88 in den USA in das *National Demonstration Project on Industrial Quality Control and Health Care Quality* einbezogen und als Methode zur Qualitätsverbesserung für gut befunden (Schmidt 1997).

Managed Care

Für den weiteren Aufschwung von Case Management als Prozesslenkung bei pflegerischen und medizinischen Dienstleistungen sorgte seit Beginn der neunziger Jahre die Verbreitung von *Managed Care* (etwa: „gelenkte Versorgung") in den USA. Managed Care (bzw. Managed Health Care) bezeichnet Systeme der gesundheitlichen Versorgung, in denen die Finanzierung der Leistungen mit ihrer effizienten Erstellung verbunden wird. Zwischen den Nachfragern von Gesundheitsleistungen und den Anbietern solcher Leistungen schaltet sich Managed Care, indem es den Zugang der Nachfrager und den Leistungsumfang zugleich reguliert und sichert. Die Amerikanische Krankenhaus-Vereinigung definiert Managed Care als ein „organisiertes Programm, das den Zugang zu Gesundheitsdiensten kontrolliert. Es ist dazu bestimmt, eine Gewähr für die medizinische Notwendigkeit der vorgeschlagenen Dienstleistung zu bieten und die Leistungserbringung auf dem günstigsten Niveau von Kosten und Nutzen sicherzustellen" (American Hospital Organization 1992: 151). Es gibt eine Reihe von Organisationsmodellen, die als Managed Care bezeichnet werden. Gemeinsam ist ihnen das Ziel, „durch eine strikte Kontrolle des Leistungsgeschehens die Kosten zu senken, die Effizienz zu erhöhen und die Qualität zu verbessern" (Arnold/König/Seitz 1996: 8).

Meistens schließen im Rahmen von Managed Care die Kostenträger (Versicherungen) für den Personenkreis, den sie vertreten, mit den Leistungserbringern (Ärzten und Krankenhäusern) Verträge ab, in denen der Umfang der Zahlungen (als „Kopfpauschalen") und der Leistungen vorab festgelegt wird. Die in dieses System eingebunde-nen Mediziner sind deshalb daran interessiert, präventiv zu handeln und eine hinreichende Versorgung möglichst kostengünstig zu gestal-ten. Das Management dieser Arbeitsweise wird entweder als *care management* oder als *medical case management* bezeichnet. Die im Verbreitung Rahmen von Managed Care in den USA verbreitetste Versicherungs-form sind die *Health Maintenance Organizations (HMOs)*. Der Versi-cherte wählt bei einer HMO unter unterschiedlich teuren Leistungspa-keten. In deren Rahmen hält er sich an einen von der HMO benannten Allgemeinarzt (Primärarzt), der das Case Management übernimmt und ihm (als „gatekeeper", Türwächter) den Zugang zu anderen medi-zinischen Leistungen eröffnet. Die HMO hat den Arzt direkt unter Vertrag und bezahlt ihn vorab und pauschal, also unabhängig davon, welche Leistungen der Patient tatsächlich beim Arzt in Anspruch nimmt (zu Managed Care siehe: Erdmann 1995, Goldsmith 1995, Kongstvedt 1995, Goodman/Brown/Deitz 1996, Neuffer 1997, Arnold u.a. 1997). Honoriert wird in diesem System die Gesunderhaltung der Versicherten, nicht die Krankenbehandlung.

Obwohl das Gesundheitswesen auf dem europäischen Kontinent anders strukturiert ist als in den USA, beeinflusst Managed Care längst auch die Reformdebatte in den europäischen Ländern und die Einfüh-rung von Case Management in deren Dienstleistungssystem. Die Kos-tenträger sind daran interessiert, die medizinisch-soziale Prozesskette organisatorisch zu optimieren und die Ärzte in die wirtschaftliche Ver-antwortung für die medizinische Versorgung einzubeziehen. 1990 ent-stand die erste HMO in der Schweiz, viele weitere folgten. In ihnen gewährleisten eine Anzahl angestellter Ärzte die Versorgung. Oder es sind unabhängige Ärzte in einem Verein zusammengeschlossen, der mit der Versicherung einen Behandlungsvertrag für die Versicherten abschließt (Baumberger 1996: 31). In den Niederlanden schreibt sich der Versicherte bei einem Hausarzt ein, der über alle weiteren Behand-lungen (bei Fachärzten oder in einem Krankenhaus) entscheidet und so den Patienten durch das Versorgungssystem schleust. Die gleiche Lenkung durch einen Allgemeinarzt versucht man in Frankreich mit einem Gesundheitspass (Carnet de santé) des Versicherten. Wieder-holte Untersuchungen bei verschiedenen Ärzten sollen damit vermie-den werden. Die Regulierung der Abläufe, der Koordination und der

Kooperation in solchen Varianten des „Hausarztsystems" legt ein Case Management nahe (die Ausführungen zum Hausarztmodell der AOK siehe Abschnitt 6.9.). Es passt in ein den europäischen Verhältnissen im Gesundheitswesen angemessenes Verständnis von *Managed Care*, für das hier folgende Definition gefunden wurde:

„Managed Care ist ein Prozess, um den Nutzen der Gesundheitsversorgung für die Bevölkerung im Rahmen der zur Verfügung stehenden beschränkten Mittel zu maximieren. Die Dienstleistung wird in ausreichendem Maß und auf der geeigneten Stufe erbracht. Die erbrachten Dienstleistungen werden auf der Ebene des Falls überwacht, um sie ständig zu verbessern und die staatlichen Zielvorgaben für die öffentliche Gesundheit ebenso wie den individuellen Bedarf an Gesundheitsversorgung zu erreichen." (Baumberger 1996: 33, Anm.) — Definition

Wer hierzulande die herkömmlichen Strukturen im Gesundheitswesen und im Sozialwesen bewahren will, lehnt mit Managed Care gleich auch die Arbeitsweise des Case Managements ab. Es werde in den USA in erster Linie gebraucht, um in den dortigen sehr heterogenen und fragmentarischen Versorgungsstrukturen die Bedürftigen einigermaßen zu bedienen. Eine Übertragung der amerikanischen Konzepte auf deutsche Verhältnisse sei nur nach sorgfältiger Prüfung ihrer Einpassung in die hiesige Versorgungsplanung sinnvoll, argumentierte Michael Ewers (1996) in seiner Studie zur Anwendbarkeit von Case Management im Rahmen der bundesdeutschen Krankenversorgung. Case Management empfehle sich vor allem als „Methode zur Realisierung von Patientenorientierung und weitgehender Patientenpartizipation im Versorgungsgeschehen" (Ewers 1996: 87). Mit dieser Option und in Verantwortung professioneller Pflege befürwortet Ewers nun aber das Case Management (Ewers 2006: 57ff.).

Managed Care wird unterdessen auch in den USA von vielen Ärzten und von der professionellen Sozialarbeit kritisch betrachtet, besonders von psychotherapeutisch ausgebildeten Berufsvertretern. Sie argwöhnen, dass bei psychischen Problemen, um Kosten zu sparen, eine ausführliche Anamnese und Diagnose oft unterlassen wird und man dann auch bei der Behandlung auf den Psychotherapeuten verzichtet. Die Berufsorganisationen der *Klinischen Sozialarbeit* in den USA tragen ständig neue Beispiele dafür vor, dass arme und behinderte Menschen, wenn sie psychisch krank sind, im Rahmen von Managed Care nicht angemessen versorgt werden (siehe im Internet unter der Adresse www.webcom/nfscsw).

klinisches Case Management Andere Sozialarbeiter haben sich in dem neuen Versorgungssystem als Case Manager eingerichtet. Bevor Managed Care seinen Siegeszug begann, war für die Soziale Arbeit mit psychisch kranken Menschen und für die Bewältigung von Verhaltensstörungen, Krisen und Konflikten bereits ein *Clinical Case Management* entwickelt worden (Harris/Bachrach 1988). Die Vertreter dieses *Klinischen Case Managements* wollen mit ihm die traditionelle psychosoziale Beratung und Behandlung fortentwickeln (Anthony et al. 1988) und zwar möglichst unabhängig von einem im wesentlichen finanziellen Case Management, wie es Managed Care mit sich gebracht habe (Kanter 1989; Surber 1994). Gegenüber dem kostendämpfenden, *defensiven* „fiscal case management" wird das Klinische Case Management ein *offensives* genannt, das psychisch kranke Menschen bedarfsgerecht versorgt sehen will (Sampson 1994: 80f.). Das Klinische Case Management baut auf eine gute therapeutische Beziehung zwischen dem Behandler und seinem Klienten (Roach 1993: 18ff.) und betrachtet dessen ganze Lebensführung als Gestaltungs- und Entwicklungsaufgabe.

freiberufliche Case Manager In den USA wird Case Management inzwischen als eine selbstständige Berufstätigkeit (jedoch nicht als eigenständige Profession) angesehen, die im Gesundheitssystem angesiedelt ist. Die Zahl derjenigen, die Case Management praktizieren, wurde bereits in den 1990er Jahren auf bis zu 100.000 geschätzt (Jeanne Boling in: Mullahy 1995: IX). Den Zuwachs an Fachkräften im Case Management hat Robert Applebaum Ende 1996 „dramatisch" genannt: „Über eine Reihe von Settings hinweg – von familiären bis zu stationären – und beschäftigt mit Personengruppen von behinderten Kindern bis zu alten Menschen mit physischen und geistigen Gebrechen, hat es eine Explosion an Personal in Gesundheits- und Sozialdiensten gegeben, bekannt als Case Manager. Mit diesem Wachstum geht eine Bewegung zur Professionalisierung von Case Management einher. Leitlinien, die für die Praxis von Case Management vorgeschlagen werden, Zertifizierungsverfahren für Case Manager und landesweite Netzwerke von Case Management-Diensten sind Beispiele für dieses Phänomen" (Applebaum 1996: 90). Case Manager können sich in den USA nach Standards, die zuerst 1992 von der *Certification of Insurance Rehabilitation Specialists Commission* erarbeitet wurden, durch die *Commission for Case*

Manager Certification zertifizieren lassen (Holt 1996: 44) und nennen sich dann „Certified Case Manager" (CCM). 1996 waren in den USA 15.000 Fachkräfte zertifiziert (More/Mandell 1997: 4). Zehn Jahre später wird die Anzahl der Case Manager mit über 100.000 angegeben (Powell/Tahan 2007: 5). Zertifizierung

Als berufsständische Organisationen der vorwiegend privat-gewerblich tätigen Case Manager entstanden in den USA 1989 die *Individual Case Management Association* (ICMA) und 1990 die *Case Management Society of America* (CMSA). Sie schlossen sich 1996 in der größeren *CMSA* mit Sitz in Little Rock, AR, zusammen. Die Gesellschaft zählte zu diesem Zeitpunkt 7.300 Mitglieder. Ihre Zahl ist bis 2007 auf 10.000 Mitglieder gestiegen. Die CMSA hat Standards für die Praxis publiziert (Standards 1995; sie sind in deutscher Übersetzung im Abschnitt 5.4. wiedergegeben; eine rev. Fassung erschien 2002). Offizielles Organ der Vereinigung ist die Zeitschrift Lippincott's *Professional Case Manager: The Leader in Evidence-Based Practice* sowie das Magazin *Case In Point*.

Gleiche Bedeutung wie der Einführung managerialer Steuerung im amerikanischen Gesundheitswesen kommt in den europäischen Ländern dem *New Public Management* zu. Im Gegensatz zu den USA dominiert in Europa die öffentliche Hand im Sozial- und Gesundheitswesen. Wegen der enormen Aufwendungen in diesem Bereich und der beklagten Unwirtschaftlichkeit, Schwerfälligkeit und Bürgerferne der Verwaltung kamen ab 1980 nicht nur in Großbritannien, sondern bald auch in anderen Ländern Reformvorschläge zur Verwaltungsmodernisierung auf den Tisch, die auf ein unternehmerisches Handeln, Orientierung am Bürger und Kunden und auf Leistungsanreize durch marktförmige Konkurrenz im öffentlichen Sektor setzten. Die Konzepte im sogenannten *New Public Management* haben sich im Laufe der Zeit verändert. Nacheinander wurden die folgenden Zielsetzungen und Strukturprinzipien betont (Ferlie u.a. 1996: 10ff.): New Public Management

(1) Mehr *Effizienz* (durch Kontrolle der Finanzen, Leistungsnachweise, Orientierung auf die Konsumenten, Übergang von Verantwortung von der fachlichen auf die betriebliche Leitung) war die erste Zielsetzung.

(2) *Verschlankung* und *Dezentralisierung* hießen die nächsten Ziele der Reorganisation. Man will sich flexibler auf wechselnde Anforde-

31

rungen einstellen. Es tritt eine Verlagerung auf freie und gewerbliche Anbieter ein (Outsourcing und Privatisierung).

(3) *Leistungssteigerung* („in search for excellence") wurde als Losung auch für den Nonprofit-Sektor ausgegeben. Die Dienste und Einrichtungen sollen zu „lernenden Organisationen" werden, die immer besser in der Lage sind, ihre internen und externen Ressourcen zu erschließen.

(4) *Gesellschaftliche Verantwortung* und *Rechenschaftspflichtigkeit* bewegen neuerdings das Management öffentlicher Dienstleistungen zunehmend. Sie äußert sich in einem wachsenden Qualitätsbewusstsein, der Sicherung von Standards, in mehr Öffentlichkeitsarbeit und zivilem Engagement.

Neue Steuerung

Praktisch geworden ist das New Public Management als wirkungsorientierte Verwaltungsführung in Deutschland in Form der *„Neuen Steuerung"*, bzw. der „Neuen Steuerungsmodelle", die seit 1993 von der Kommunalen Gemeinschaftsstelle für Verwaltungsmanagement (KGSt) zur bundesweiten Anwendung empfohlen werden. Die Schlüsselworte sind hier: dezentrale Ressourcenverantwortung und Budgetierung, Wettbewerbsdenken, Kundenorientierung, Produktbeschreibung und Outputorientierung. Behörden sollen sich zu Dienstleistungsunternehmen wandeln. Ämter und Einrichtungen treffen intern und extern Leistungsvereinbarungen. Sie entsprechen im sozialen Bereich den Kontrakten im Managed Care des amerikanischen Gesundheitswesens (zu den neuen Steuerungsmodellen siehe: Dekert/ Wind 1996; Merchel/Schrapper 1996). Die Verwaltung handelt fortan wie ein Produktionsbetrieb. Vertreter sozialer Berufe haben gegen dieses Modernisierungsvorhaben eingewandt, es bedeute eine Ökonomisierung zu Lasten der Fachlichkeit. Es gibt ihr aber – in der Zusammenführung von Fach- und Ressourcenverantwortung – tatsächlich nur eine neue Form. Wer argumentiert, „bei uns geht es um Menschen, nicht um Produkte", verkennt den Sachverhalt: Mit Menschen soll etwas zustande gebracht und erreicht werden, ein soziales Resultat – und das sollte sich auch darstellen und bewerten lassen.

Die mit der „Neuen Steuerung" entstehenden teilautonomen Strukturen in Fachämtern und betriebswirtschaftlich geführten Einrichtungen bringen denjenigen, die in ihnen arbeiten, einen Gewinn an Flexibilität, die im Interesse der Leistungsnehmer genutzt werden kann. Legt man zum Beispiel in einer Kommune oder einem Kreis den Allgemeinen Sozialdienst und die Wirtschaftliche Jugendhilfe in einem Leistungsbereich zusammen, lässt sich die so dezentralisierte Ressourcenverantwortung ganzheitlich wahrnehmen. Die Sozialarbeiterin, die einer Familie helfen will, ist nicht länger abhängig von einer anderen Stelle, die für die Finanzierung zuständig ist. Nun muss aber auch fachlich die Kostenwirksamkeit (cost-efficiency) von Anfang an mitbedacht werden.

Im konzeptionellen Milieu der „Neuen Steuerung" richtet sich die Aufmerksamkeit auf zielwirksame Arbeitsweisen, die der verlangten Umorientierung entsprechen. *Case Management bietet für Sozialdienste eine Prozesslenkung an, in der die einzelnen Vorgänge transparent, jeweils für sich handhabbar und zu kontrollieren, zu bewerten und abrechenbar sind.* Man setzt „Hilfeprozess-Manager" und „Versorgungsmanager" ein, die bei personenbezogener Arbeit eben jene Aufgaben erledigen, die unter den Begriff des Case Managements fallen.

LITERATUREMPFEHLUNGEN
ZUM CASE MANAGEMENT IM RAHMEN GESTEUERTER
VERSORGUNG (MANAGED CARE):

Arnold, Michael/Lauterbach, Karl W./Preuß, Klaus Jürgen (Hrsg.) 1997: Managed Care: Ursachen, Prinzipien, Formen und Effekte. Stuttgart: Schattauer
Grundlegendes Werk zum Thema. Das Buch geht der Entwicklung von Managed Care in den USA und seiner Übersetzbarkeit in das deutsche Gesundheitssystem nach.
Amelung, Volker Eric/Schumacher, Harald 2007: Managed Care. Neue Wege im Gesundheitsmanagement. 4. Aufl., Wiesbaden: Gabler
Beschreibt die verschiedenen Organisationsformen und Instrumente einer integrierten und komplexen Versorgung. Ergänzend:
Preuß, Klaus-Jürgen/Räbiger, Jutta/Sommer, Jürg H. (Hrsg.) 2002: Managed Care. Evaluation und Performance-Measurement integrierter Versorgungsmodelle. Stuttgart: Schattauer
Cortekar, Jörg/Hugenroth, Susanne 2006: Managed Care als Reformoption für das deutsche Gesundheitswesen. Gießen: Metropolis
Flarey, Dominick L./Blancett, Suzanne Smith (eds.) 1996: Handbook of Nursing Case Management. Gaithersburg, MD: Aspen Publishers

Beiträge zum Verhältnis von Case Management und Managed Care, zur Entwicklung von Case Management in der Krankenpflege, zum Qualitäts- und Kostenmanagement.

Mullahy, Catherine M. 1995: The Case Manager? Handbook. Gaithersburg, MD: Aspen Publishers

Für in selbstständiger Funktion oder freiberuflich tätige Case Manager in den USA geschriebenes Handbuch, das deren Arbeitsweise und die Beziehungen zu Auftraggebern sowie die geschäftlichen Möglichkeiten im Rahmen von Managed Care in den Mittelpunkt rückt.

Raiff, Norma Radol/Shore, Barbara K. 1997: Fortschritte im Case Management. Freiburg: Lambertus).

Die vielfältigen Entwicklungen im Case Management in einzelnen Bereichen des amerikanischen Sozial- und Gesundheitswesens werden beschrieben und kritisch analysiert.

2. Grundlagen des Managements im personenbezogenen Dienst

Als in vormodernen Zeiten noch alle Aufgaben der Versorgung im „ganzen Haus" zu erledigen waren, war zu deren Handhabung auch viel Kenntnis und Geschick, aber keine besondere Steuerungs- und Organisationsarbeit vonnöten. Das Leben und Arbeiten im „ganzen Haus" schloss den Versorgungszusammenhang der ihm angehörenden Personen ein. In unseren Tagen ist dieser Zusammenhang aufgelöst. Seine Bestandteile sind formellen Systemen (Betrieben, Versorgungseinrichtungen, Ämtern) zugeordnet worden. Ihnen gegenüber besorgt der einzelne Mensch sein alltägliches Leben und bewältigt die in ihm auftretenden Probleme allein oder mit Hilfe der Dienste, die jene Systeme für ihn vorhalten.

Case Management ist eine professionelle Verfahrensweise, mit der personenbezogen ein Versorgungszusammenhang (*continuum of care*) gestaltet und bearbeitet wird. Er verknüpft formelle Dienste mit informeller, „häuslicher" Lebensführung einer Person oder Familie in ihren sozialen und gesundheitlichen Belangen. Das Case Management nimmt eine *intermediäre* Position ein und leistet eine *Transaktion* aus der Lebenswelt von Menschen und ihrem Handeln in ihr in das humandienstliche Handeln und aus seinem System in den persönlichen Zuständigkeits- und Handlungsbereich. *(Versorgungszusammenhang)*

Menschen haben in ihrem eigenen Lebenskreis Probleme und Belastungen zu bewältigen, und im Sozial- und Gesundheitswesen sind Ressourcen der Unterstützung und Behandlung vorhanden. Case Management bringt im Einzelfall beide Seiten, das Bewältigungssystem von Klienten und das formale Ressourcensystem, zusammen. Louis Lowy hat deshalb für die Ausgangslage des Case Managements die als Abbildung 1 wiedergegebene einfache Darstellung gewählt (Lowy 1988: 34):

Abbildung 1: Die Verknüpfungsaufgabe

KLIENT-(PATIENT-)SYSTEM Einzelne Menschen und Gruppen mit Problemen/ in Notlagen/Belastungen		RESSOURCEN-(HILFE-)SYSTEM Soziale Umwelt, Mitmenschen (Familie, Freunde, Kollegen usw.), natürliches Netzwerk und professionelle Einrichtungen (institutionelles Netzwerk)
Was soll erreicht werden?	➡ ⬅	
Wie können diese beiden Systeme (zeitlich, räumlich, kompetent) bestmöglich zusammengebracht werden?		Was haben sie zu bieten?

2.1. MANAGEMENT IN DER ARBEIT FÜR MENSCHEN UND MIT IHNEN?

Wir haben es im Sozial- und Gesundheitswesen mit „Diensten an Menschen" zu tun. Jenseits von bloßer mitmenschlicher Fürsorge sind die berufliche Sozialarbeit, die medizinische Behandlung, die Rehabilitation und die Pflege Prozesse, in denen Menschen (mindestens zwei) in der Absicht auf eine Besserung des Ergehens einer Person oder mehrerer Personen zielgerichtet zusammenwirken. Es muss organisiert, geplant, disponiert und kontrolliert werden. Dabei kommen Kenntnisse, Fähigkeiten und andere Ressourcen zum Einsatz, und es sind strukturelle und situative Gegebenheiten, sach- und personenbezogene Aspekte zu berücksichtigen. In ihrer komplexen Anlage und in ihren Abläufen sind solche Prozesse auf den Weg zu bringen und zu steuern. Die gemeinte Handhabung wird mit dem Begriff „Management" belegt. Regelmäßig gehören zu den Management-Aktivitäten, aufeinander bezogen und im Zusammenhang einer Aufgabenstellung:

(a) Ziele setzen,
(b) Klären und Planen,
(c) Entscheiden,
(d) Realisieren,
(e) Kontrollieren und Bewerten.

Weil der Ausdruck „Management" oft unbedacht verwandt wird, sei *Begriff* kurz auf den wortgeschichtlichen Hintergrund des Begriffs eingegan- *„Manage-* gen. Der moderne Ausdruck ist in Europa zuerst in Italien gebraucht *ment"* worden. *„Maneggiare"* sagte man in der Renaissance, wenn wilde Pferde einzureiten und dabei zu zügeln waren. Englisch *„managen"* meint seither: etwas im Griff haben und geschickt fertig bringen; „die Sache deichseln". Das englische Verb hat aber auch eine französische Wurzel: Zu Zeiten des Absolutismus war am Hofe von Versailles das Küchenregiment derart komplex geworden, dass dieser Haushalt und Betrieb eine eigene Leitung brauchte. Franz. *„ménager"* heißt einen Haushalt führen, haushalten, etwas mit Sorgfalt gebrauchen. In diesem Sinne wurde Management zum Synonym für Betriebsführung.

Gegenstand sind Sachverhalte, Veranstaltungen, Vorgänge. In einem gewerblichen Unternehmen ist es die Produktion. In einem Unterneh-men, das Dienste für Menschen leistet, wird in Abstimmung mit ihnen die Leistungserbringung gesteuert. Es werden also nicht Menschen „gemanagt", weder (im Betrieb durch Vorgesetzte) die Fachkräfte noch (von ihnen) die Nutzer ihrer Dienste. „Gemanagt" wird beider Handeln und ihre Kooperation in einem strukturierten Ablauf. Die direkte Beeinflussung und Lenkung von Menschen, ein *„management of people"* also, bleibt als explizite Aufgabenstellung Erziehern, Trai-nern und charismatischen Heilern überlassen. Allerdings sind dem managerialen Handeln durchaus verhaltensmodifizierende, edukative und therapeutische Wirkungen insofern eigen, als die personenbezo-gene Problembearbeitung die Lebenserfahrung und Lebensführung der betroffenen Menschen ändert.

In der Vorgehensweise des Case Managements ist es der einzelne *Fall* „Fall", auf den hin die Zusammenarbeit zu managen ist. Ein *Fall* (case) ist ein abgrenzbarer Sachverhalt. In ihm liegt vor, „was der Fall ist". Damit lässt sich im System der Dienste und Einrichtungen etwas anfangen: Was vorliegt, ist ein Fall von Hilfebedürftigkeit, der in sozi-alrechtlich geregelter Form mit medizinischer oder pflegerischer Behandlung, mit einer „Hilfe in besonderen Lebenslagen", einer „Hil-fe zur Erziehung", einer „Hilfe zur Arbeit" oder mit rehabilitativen Maßnahmen beantwortet werden kann, und es ist ein Fall für den Experten, der sich auf ihn mit seinem fachlich geschulten Blick und mit seinen Methoden versteht. Vielleicht ist es ein Pflegefall, ein medizinischer Notfall oder ein Fall für die Justiz (zur Unterscheidung von „Fällen von" und „Fällen für" siehe: Müller 1993: 28ff.). Bei dieser Zuordnung erfolgt im Grunde erst einmal die Feststellung der Zugehörigkeit zu einer *Fallgruppe*, ohne dass schon klar sein muss, um was es sich „im Einzelfall" handelt.

Konzeptuell denkt man bei einem Fall im Handlungszusammenhang der Sozialen Arbeit an eine Person in ihrer Umgebung (*person-in-environment*) und spricht kurz von der „persönlichen Situation". Niemand wird sich selber in der eigenen Situation als „Fall" bezeichnen; es ist der professionelle Blick, in dem diese Einheit der Betrachtung gewählt wird. Er fasst auf, was fachlich relevant ist und zum beruflichen Handeln Anlass gibt. Was vorkommt, lässt sich in eine Kasuistik einordnen. Ärzte haben die Krankheitslehre (Nosologie) im Kopf, wenn sie untereinander z.B. feststellen, es liege ein Fall von Morbus Crohn vor. Die Sozialarbeiterin bekommt es – allem Anschein nach – mit einem Fall von sexuellem Missbrauch zu tun. Die fachliche Einengung der Betrachtung vorab auf einen klassifizierten Morbus oder einen Typus von Auffälligkeit sollte im individuellen Case Management nun allerdings vermieden werden. Es ist eine Verfahrensweise, in deren Verlauf erst bestimmt wird, was und wie etwas vorliegt.

Die sprachlichen Wendungen im Berufsalltag verweisen auf Grundhaltungen, die in der Steuerung des Handelns (in der Art und Weise, wie Fälle gehandhabt werden) wirksam und deshalb zu hinterfragen sind. Ich will, wenn ich mich an einen Dienst oder an eine Einrichtung im System der Versorgung wende, nicht bloß ein „Fall" sein, der nach „Schema F" behandelt wird. Aber im Gespräch mit einem Berater oder Behandler über meine Situation trenne ich doch die sachlichen Gesichtspunkte von mir als Person. In schwieriger Lage ist *Nüchtern-*

Objektivität   heit gefragt und möglichst Objektivität. Ich beziehe Stellung und erwarte, dass auch mein Gegenüber Stellung bezieht und sich zur Lage der Dinge äußert. Seine Anteilnahme und sein Mitgefühl tun mir gut – ohne weitere Einmischung in mein Privatleben. Auch will ich nicht wissen, wie der Professionelle privat lebt und was er ansonsten für eine Person ist, es sei denn, ich verfolge noch andere Absichten neben der in Rede stehenden Problematik oder vermute solche anderen Absichten bei meinem Gesprächspartner. Sie sind der Klärung der Aufgabe und ihrer Erledigung abträglich. Die Konzentration auf den Fall dient gerade dazu, sich auf die Gegebenheiten „in situ" festzulegen und sich nicht in den Tiefen und Weiten des Lebens zu verlieren.

Wenn sich das Management in Humandiensten auf Fälle bezieht, übernimmt es eine Zuständigkeit für sie, ohne deshalb die Zuständigkeit und Verantwortlichkeit der beteiligten Personen aufzuheben. Sie wirken an der Bewältigung oder Lösung des Falles mit. Oft sind es Angehörige, die etwa bei Pflegebedürftigkeit in der Familie mindestens so betroffen sind wie der zu Pflegende. Auch in der Kinder- und Jugendhilfe hat sich das Management der Unterstützung mehr auf Arrangements für die Familie und mit den Familienangehörigen zu richten als auf pädagogische Interventionen bei dem jungen Menschen. Nicht er ist der Fall, sondern seine problematische Situation, die von ihm, von seinen Eltern, von der Schule oder Ausbildungsstätte und vielleicht noch von anderen Stellen oder Akteuren auszuhalten und zu bewältigen ist.

Die gemeinsame Beschäftigung mit dem Fall setzt voraus, dass er sich in gewisser Weise abheben und unterscheiden lässt von allem Übrigen im Leben von Menschen. Bei systematischer Betrachtung können sozialwissenschaftlich auf die Frage, *was ein Fall ist*, vier Antworten gegeben werden (Ragin 1992: 7ff.):

(1) Fälle kommen vor.
(2) Fälle sind Objekte.
(3) Fälle sind gemacht.
(4) Fälle kommen durch Übereinkunft zustande.

Gehen wir dieser Unterscheidung etwas nach:

(1) Wir haben eine Vielfalt von Geschehnissen und Dingen vor uns – und unter ihnen gibt es einige, die in einer bestimmten Hinsicht „auffallen". Fälle sind das Ergebnis einer Selektion. Man findet oder entdeckt eine Gegebenheit; man identifiziert sie; man sucht sich Fälle aus oder stellt einfach fest, dass es sie gibt.

(2) Hat man sie „festgestellt", kann man mit Fällen umgehen. Sie werden zum Gegenstand von Untersuchungen, Analysen, Bearbeitung und Verhandlung, auch von Besitzansprüchen („das ist mein Fall") und von Arbeitszuteilungen („den Fall übernehmen Sie!"). Als Objekt ist ein Fall transportabel. Er kann weitergereicht, neu aufgerollt oder

abgeschlossen werden. Rede ich auch nicht von mir selber als einem „Fall", so kann ich doch sagen, dass mein Fall irgendwo aktenkundig ist, besprochen wird, zur Verhandlung oder Behandlung ansteht.

(3) Ob ein Fall vorliegt und welcher, das hängt von denen ab, die sich mit der fraglichen Materie beschäftigen. Es gibt juristische Fälle, Fälle von kindlichem Fehlverhalten, von Dissozialität, Krankheitsfälle, Betreuungsfälle und Pflegefälle. Sie werden im Raster des Rechtswesens, der Pädagogik und Psychologie, der Krankheitslehre, der Pflegeversicherung oder nach dem Urteil von Laien „ausgemacht".

(4) Man verbindet mit einem Fall bzw. mit einer Fallgruppe bestimmte Vorstellungen (von Gebrechlichkeit, Neurose oder schädlichen Neigungen) und hält sich an charakteristische Zeichen, um sagen zu können, dass ein solcher Fall vorliegt. Ändern sich im wissenschaftlichen und im gesellschaftlichen Diskurs die Vorstellungen, ändert sich auch die intersubjektive Einschätzung eines Falles.

Die ersten drei Antworten formulieren Einsichten, die es im Case Management erlauben, sich an die vierte Aussage zu halten. Das Verfahren bleibt neutral gegenüber den Definitionen der Beteiligten; es bietet Gelegenheit für ein erstes Aushandeln wie für die Revision von dem, was gegeben und ausgemacht scheint. Es setzt zeitliche und räumliche Grenzen. Zum Case Management gehört die Erfahrung der Relativität von Fällen: verglichen miteinander sind es schwere oder leichte Fälle, mehr oder weniger dringliche, komplizierte oder einfache, aufwendige oder schnell abzuhandelnde Fälle. Case Management schließt einen Diskurs darüber ein, was vorliegt und was demnach zu tun ist.

Sachlichkeit Dabei wird zunächst ein „impersonaler" Standpunkt bezogen. Das heißt, die soziale Problematik im Leben einzelner Menschen oder Familien kommt erst einmal unabhängig davon in Betracht, wie sie persönlich gefühlt und verstanden wird. Schulschwänzen, Scheidungsfolgen, Schulden, Alkoholabhängigkeit, Wohnungslosigkeit usw. rufen als solche Sozialarbeit auf den Plan; ärztliches Handeln nimmt pathologische Zustände in den Blick; Gebrechlichkeit erfordert Pflege, andauernde Arbeitslosigkeit Eingliederungsmaßnahmen, fehlende Geschäftsfähigkeit eine sachwaltende Betreuung. Impersonal sagen wir: etwas kommt vor; etwas muss getan werden. Der impersonale Standpunkt schließt persönliches Engagement keineswegs aus. Das Engagement wird vielmehr von allen Beteiligten gefordert. Statt dass man zuerst Betroffenheit wahrnimmt, macht man einen Zustand oder eine Lage aus, in der gehandelt werden muss. Nicht die Betroffenheit ist der Gegenstand, sondern ins Auge zu fassen sind Sachverhalte oder Probleme, die eine Person betreffen. Auch andere Menschen sind in einer vergleichbaren Lage. Es handelt sich um *soziale* Probleme. Meist ist aber die Person von ihren Problemen derart eingenommen, dass sie deren Relativität nicht wahrnimmt. Der Professionelle erkennt sie so. Er kann sie ohne privat-persönliche Verwicklung in sie auslegen und bearbeiten. Der impersonale Standpunkt ist Voraussetzung für ein objektives Herangehen an die Probleme und für ein intersubjektives Aushandeln dessen, was getan werden kann und soll.

Fachkräfte im Sozial- und Gesundheitswesen handeln *sachwaltend* für ihre Klienten. Der Arzt, die Pflegekraft, die Sozialarbeiterin setzen ihre Kenntnisse und Fähigkeiten entsprechend sachlichen (medizinischen, pflegerischen, sozialen) Erfordernissen ein. In diesen Belangen vertrauen sich kranke, pflegebedürftige und mit sozialen Problemen belastete Menschen der Führung professioneller Helfer an, die dafür ausgebildet, darin erfahren und dafür angestellt oder zugelassen sind. Die Professionellen gehören aber wie ihre Klienten der Gesellschaft an, die das Handeln ihrer Angehörigen beobachtet und reflektiert – zumal in den kritischen Bereichen sozialer Unterstützung und medizinischer Behandlung. Die Sachwalter wirken in das persönliche Leben ihrer Klienten hinein; diese Einwirkung ist jedoch nicht unbestimmt und unbegrenzt. Hinter ihr steht ein Auftrag. Er legitimiert das Handeln von Sachwaltern.

(Marginalie: Sachwalter)

Die Legitimation ist bei Humandiensten meistens eine doppelte:

(1) Der Bürger sucht um Hilfe, Behandlung oder anderweitige Versorgung nach. Er gibt einen Auftrag oder erklärt sein Einverständnis mit fachlich empfohlenen Maßnahmen.

(2) Sie sind auch gesellschaftlich gerechtfertigt, ableitbar aus den allgemeinen Wohlfahrtsbestrebungen des Gemeinwesens. Den Rechten der Bürger – auf soziale Unterstützung, medizinische Versorgung, auf Rehabilitation und Teilhabe, auf Erziehung und Bildung stehen Pflich-

ten des staatlich organisierten Gemeinwesens gegenüber, dafür Dienste und Einrichtungen vorzuhalten.

Der Case Manager nimmt seine sachwaltende Rolle nach beiden Seiten hin wahr. Er handelt im öffentlichen Raum, in dem der Bedarf erkannt wird und die Abhilfen bereitgestellt werden.

Beziehung Die sachliche Orientierung im Case Management wirft die Frage nach der persönlichen *Beziehung* zwischen den Professionellen und denen auf, die ihre Dienste in Anspruch nehmen. Bei Eintritt in ein Case Management ist unbestimmt, wie sich die Kommunikation entwickeln wird. Die beruflich Handelnden stellen allerdings klar, dass sachlich und fair, vernünftig und möglichst zielwirksam vorgegangen werden sollte. Da erst im Verfahren selber die Art der Unterstützung, Behandlung oder andere Maßnahmen ausgemacht werden, bleibt auch der Charakter der Beziehungen offen, die sich dabei ergeben. Die Begriffe „helfende Beziehung", „Pflegebeziehung", „Arzt-Patient-Beziehung", „therapeutische Beziehung" sagen nur sehr allgemein etwas über die Beschaffenheit konkreter Beziehungen aus.

Arbeits-beziehung Die sachliche Orientierung im Case Management legt eine *Arbeitsbeziehung* nahe, die in der Regel frei eingegangen wird, auf die man sich aber auch in einer Zwangslage (zum Beispiel in der Bewährungshilfe) verständigen kann. Man bekommt etwas mit einander zu tun, und dieses „etwas" ist der Gegenstand der Arbeit. Auf ihn beziehen sich die Professionellen, und sie halten ihre Klienten dazu an, sich auf ihn zu beziehen und zu konzentrieren. Während der Arbeit am Problem mag sich auch eine gute, sich emotional ausprägende persönliche Beziehung zwischen dem Klienten und seinem Helfer oder Behandler ergeben; sie ist aber keine Voraussetzung für eine Kooperation. Innere Einstellungen und Gefühle schwanken; an einer verabredeten Arbeit hält man (sich) gerade dadurch fest, dass man sie macht. Im Zweifel oder im Konflikt zwischen Personen lässt sich stets wieder auf die objektive Aufgabe oder Veranlassung zurückgehen und von ihr her im Case Management – per Klärung der Lage, Einschätzung des Bedarfs, Zielvereinbarung und Planung neu ansetzen.

Im modernen Sozialstaat ist die Versorgung der Bürger mit Sozial- und Gesundheitsdiensten prinzipiell nicht von Personen und ihrer individuellen Bereitschaft zu helfen abhängig. Zum Management in diesem

Bereich gehört auch die Lenkung des Personaleinsatzes, so dass geeignete Fachkräfte zur Verfügung stehen. Wer in ein Krankenhaus eingeliefert wird, kann damit rechnen, behandelt zu werden, ohne dass vorher eine persönliche Arzt-Patient-Beziehung hergestellt ist. Wer Sozialhilfe braucht, ist nicht auf das Wohlwollen einer bestimmten Sachbearbeiterin angewiesen. In der Betreuung und Erziehung von Kindern übt die staatliche Gemeinschaft ein *Wächteramt* aus, und die Sozial- *Wächteramt* arbeiterin vom Allgemeinen Sozialdienst, die eine Familie betreut, muss es wahrnehmen, auch wenn das Wächteramt die therapeutische Beziehung zu einem Familienmitglied stört. Wir haben grundsätzlich nicht ein isoliertes, in individuellem Altruismus begründetes Helfen vor uns, sondern ein zivilisiertes Gemeinwesen, in dem es rechtmäßig zugeht, in dem Regeln des Zusammenlebens zu beachten sind und Verbindlichkeiten sowohl von den einzelnen Angehörigen dieses Gemeinwesens als auch von den sozialen und gesundheitlichen Diensten, die in ihm organisiert sind.

In diesem Bezugsrahmen kommen Humandienste nicht umhin, ihre *Adressaten* Adressaten zugleich als Bürger, Kunden und Konsumenten, Klienten bzw. Patienten anzusehen und die Einstellung zu ihnen entsprechend zu differenzieren. Was ist mit dieser Unterscheidung gemeint?

(a) *Klient* (client) ist ein Mensch, wenn und soweit ein Professioneller mit seiner Expertise Sorge für ihn übernimmt. Die Person begibt sich in Abhängigkeit von der Fachkraft, die auf einem Gebiet kompetent ist, auf dem es der Person an Kenntnissen und Fähigkeiten oder an Zuständigkeit fehlt. Im medizinischen Bereich wird der Klient als *Patient* bezeichnet, im psychosozialen Bereich auch als *Proband*. Es ist jeweils die Profession, die über den Klientenstatus entscheidet.

(b) *Kunde* (customer) ist ein Mensch, der an einen Dienst herantritt, um seine Leistungen zu beanspruchen. Die Kundenbeziehung ist eine ökonomische: die Person wird in ihrer Funktion als Auftraggeber und Abnehmer einer Dienstleistung wahrgenommen.

(c) *Konsument* (consumer) ist der Kunde, in der Art und Weise, wie er die Dienstleistung nutzt oder verbraucht. Jemand kann sie konsumieren, auch ohne sie in Auftrag gegeben oder nachgefragt zu haben. In Humandiensten ist der aktive *Nutzer* gefragt, der als Koproduzent an der Leistungserbringung mitwirkt.

(d) *Bürger* (citizen) bleibt die Person als Angehörige eines staatlich organisierten Gemeinwesens, unabhängig von den Rollen oder Funktionen, in die sie bei den eben genannten Beziehungen eintritt.

Bürger, und als solcher ausgestattet mit Rechten und Pflichten, ist der Mensch in politischer Beziehung. Er partizipiert in dieser Hinsicht auch an der Art und Weise, wie er sozial und gesundheitlich versorgt wird (Beresford/Croft 1993).

Nutzer

Im Case Management wird der Mensch als Bürger angesprochen, mit dem sich prinzipiell eine Zusammenarbeit – in der Nutzung von Humandienstleistungen – vereinbaren lässt. In deren Rahmen wird er fachlich als Klient angenommen und von Leistungserbringern als Kunde bedient. Unspezifisch (und geschlechtsneutral) wird im vorliegenden Buch vom „Nutzer" der Dienste und Einrichtungen gesprochen. Kunde ist für einen Leistungserbringer aber nicht nur der Leistungsempfänger, sondern auch der Auftraggeber. Im Sozialwesen ist das oft ein kommunales Amt, im Gesundheitswesen eine Versicherung. Letztlich liegt ein gesellschaftlicher Auftrag zur Versorgung vor, formuliert in Gesetzen und Verordnungen und beobachtet in der interessierten Öffentlichkeit. Insofern ist die Gesellschaft „Kunde", und die sozialen und gesundheitlichen Akteure sind ihr (der Öffentlichkeit) gegenüber rechenschaftspflichtig.

Insbesondere in der Sozialen Arbeit hat die Betrachtung der Klientel als Kunden Protest hervorgerufen: Kinder und ihre Eltern, hilfebedürftige Familien, behinderte und pflegebedürftige Menschen träten nicht als „Käufer" von sozialen Dienstleistungen auf und sie besäßen keine Marktmacht. Mag die Abneigung des Sozialberuflers gegen die Sprache der Ökonomie auch zu verstehen sein, sie trübt die Sicht auf die Fakten der Leistungsberechtigung. Die sozialen Rechte bringen den Bürger in die Position eines Verbrauchers. Und für die Zusammenarbeit mit ihm kommt es darauf an, dass er ein mündiger Verbraucher ist und keine passive Konsumentenrolle übernimmt. Der Gesetzgeber hat ihn – insbesondere mit dem Anspruch auf ein Persönliches Budget – in die Lage versetzt, als selbstständiger Auftraggeber an Dienstleister heranzutreten. Sprechen wir den Leistungsnehmer in seiner Mündigkeit und Selbstverantwortung an, bewegen wir uns auf der Beziehungsebene von Bürger zu Bürger. Auf dieser Ebene des dienstlichen Kontakts können die anderen Relationen geklärt werden: dass der Bürger ein Wunsch- und Wahlrecht hat und insofern Kunde ist, dass er sich in Abhängigkeit von professionellem Handeln begibt und insoweit Klient oder Patient wird, dass diese Rolle den Nutzer aber nicht davon befreit, nach Kräften auf die Bewältigung und Lösung der erkannten Problematik hinzuwirken. Zur Sozialen Arbeit gehört es, mit der Beziehungsvielfalt administrativ, professionell und persönlich umgehen zu können (Wendt 1996: 233ff.).

Das Beziehungsproblem verweist uns auf *ethische* Fragen des Case Managements. Wer einen helfenden Beruf gewählt hat, legt Wert auf seine altruistischen Motive. Er tut Gutes, und weil er dies uneigennützig und ohne Erwartung einer direkten Gegenleistung tut, möchte er darüber keine Rechnung aufmachen. Mitmenschlichkeit unterliegt keinem Kalkül, und wenn Bürger für Bürger eintreten, können sie sich am Gemeinwohl orientieren. Die Dienste, in denen ein Case Management erfolgt, sind großenteils gemeinnützige (non-profit-)Organisationen, aber sie erfüllen ihren Zweck schlecht, wenn sie Mittel vergeuden und den Bedürftigen nicht wirklich (effektiv) helfen. Die moralischen Beweggründe des einzelnen Helfers garantieren eine sinnvolle Gestaltung der Dienste keineswegs. Sind sie aber zweckmäßig eingerichtet und tragen sie in effizienter Weise zur Wohlfahrt von Menschen bei, ist die Haltung und das Engagement der Mitarbeiter eine wesentliche Komponente der Dienstgestaltung. Wie in jedem Management ist ethisch zunächst dasjenige von Belang, was unternommen und in seinen Abläufen gelenkt wird, und sodann das Verhalten derjenigen, die an diesem Unternehmen beteiligt sind und in ihm Verantwortung tragen.

Die ethische Grundfrage im Case Management lautet: *Wohin soll das führen, was wir unternehmen?* Die Unterstützung und Behandlung betrifft die Lebensführung von Menschen. Ihre Selbstbestimmung und die Bestimmung des professionellen Handelns kommen überein oder konfligieren. Darüber muss man sich im Prozess des Case Managements austauschen: in der Einschätzung der Lage, in der Hilfeplanung und in der gemeinsamen Evaluation. Der Konsens, der gefunden wird, und der Konflikt, der auszutragen ist: beide beziehen sich auf Normen und Werte im menschlichen Leben und im gesellschaftlichen Miteinander. Jedoch, die Position des Case Managers an der Schnittstelle des Dienstleistungssystems mit dem Leben einzelner Menschen bleibt

45

eine kritische. Er soll für Effizienz sorgen (und das heißt am Ende doch: Kosten sparen) und persönlichen Bedürfnissen nachkommen (was sehr aufwendig sein kann). Der Case Manager gerät leicht in ein ethisches Dilemma – und sollte darauf vorbereitet sein, eine solche Zwangslage zu meistern (Kane/Caplan 1993: 5).

Von welchen Normen und Werten lässt sich ein Case Manager leiten? Die *Case Management Society of America* hat 1995 eine Erklärung zu den ethischen Prinzipien in der Praxis von Case Management veröffentlicht Das Statement soll den individuellen Case Manager anleiten, eine Umgebung zu entwickeln und zu erhalten, die eine ethische Ausführung von Case Management erlaubt. Zunächst einmal müsse sich ein Case Manager an den ethischen Code seines Berufes halten. Als leitende Prinzipien des Case Managements gelten zudem: Autonomie, Wohltätigkeit, Nichtschädigendsein, Gerechtigkeit und Wahrhaftigkeit. Die Selbstbestimmung des Klienten wird als Voraussetzung dafür gesehen, dass ein Case Manager ihn anwaltlich begleitet. Das Prinzip der Autonomie schließe ein, dass im Case Management die Würde des Individuums und der Familie gewahrt wird. Eine Diskriminierung von Klienten aus sozialen oder ökonomischen Gründen, wegen persönlicher Eigenheiten oder der Natur von Erkrankungen verbiete sich. – Das wohltätige und nicht schädigende Verhalten des Case Managers müsse vor Paternalismus und Verletzungen der Autonomie bewahrt werden und auf die Qualität von Erträgen hin angelegt sein. – Die ethische Bedeutung von Gerechtigkeit liegt beim Case Management besonders darin, dass hier Ressourcen erschlossen und verteilt werden, die begrenzt und unterschiedlich zugänglich sind. Entscheidungen über sie müssen in einem fairen Verfahren getroffen werden. Offenheit und Ehrlichkeit sind hier angebracht. Darauf beruhe auch das für eine gute Zusammenarbeit nötige Vertrauen.

Die Erklärung der CMSA schließt mit der Feststellung:

„Der professionelle Case Manager erstrebt eine moralische Umgebung und Praxis, in der sich ethische Prinzipien anwenden lassen. Ethische Zwangslagen werden offen gelegt, und vernünftige Lösungen werden durch hinreichende Beratung und moralisches Handeln gesucht. Ethisch ist ein Case Manager mit den Resultaten seiner Entscheidungen und Handlungen sowohl gegenüber dem Klienten als auch gegenüber dessen Angehörigen, gegenüber dem, der die Kosten trägt, sich selber und der Gesellschaft gegenüber rechenschaftspflichtig."

Der Case Manager ist das menschliche Bindeglied zwischen dem Klienten und dem Dienstleistungssystem, hatte James Intagliata bereits 1982 betont. Er sei der einzige Dienstleister, der als Koordinator und Integrator ganzheitlich für den Klienten eintrete und deshalb das Versorgungssystem „vermenschlichen" könne. Die Beziehung des Case Managers zu seinen Klienten müsse als Fundament betrachtet werden, auf dem der Hilfeprozess verlaufe (Intagliata 1982: 660). Wenn die Zuständigkeit von Sozialer Arbeit darin besteht, Menschen mit persönlichen und sozialen Problemen zu einem besseren Zurechtkommen zu verhelfen, dann sorgt ein Case Management für eine angemessene, planmäßige und wirksame Ausführung dieser Unterstützung. Der ganze Prozess Sozialer Arbeit lässt sich in die Phasen und Verfahren gliedern, die dem Case Management eigen sind (so bei: Sheafor/Horejsi/Horejsi 1997).

Informelle Lebensgestaltung trifft auf formelle Dienstleistungen und soll aus ihnen möglichst großen Nutzen ziehen. An der Schnittstelle von formellem Versorgungssystem und informeller Bewältigung ist eine Übersetzungs- und Vermittlungsarbeit erforderlich, die sich nur auf eine persönliche Art und Weise erledigen lässt. Ein technisches System kann man maschinell steuern; die persönliche Lebensführung orientiert sich sozial im Umgang unter Menschen. Case Management erfolgt in ihrer Arbeit miteinander. Es gestaltet sie als Verfahren, ersetzt aber keineswegs das Engagement der Beteiligten in seiner persönlichen Art und Weise.

LITERATUREMPFEHLUNGEN ZUM MANAGEMENT
ALS PERSONENBEZOGENE VERFAHRENSWEISE

Beresford, Peter/Croft, Suzy 1993. Citizen Involvement. A Practical Guide for Change. Basingstoke: Macmillan
   Die Mitwirkung des Bürgers in der Erbringung personenbezogener Dienstleistungen – bei Beratung, bei Entscheidungen und im gemeinsamen Handeln – wird in diesem Buch überzeugend begründet und in ihren praktischen Konsequenzen dargestellt.
Hasenfeld, Yeheskel (ed.) 1992: Human Services as Complex Organizations. Newbury Park, CA: Sage
   Ein anspruchsvolles Buch zur Theorie und Technologie von Humandiensten. Es beschreibt sie in ihrer Organisation, in ihren Beziehungen zu Klienten und in ihrer Wirksamkeit.

2.2. Das Leiten und Steuern von Dienstleistungsprozessen

Personenbezogene Dienstleistungen haben einen zeitlichen Ablauf und werden in einem situativen Kontext erbracht. Darin erfolgt eine zielorientierte Gestaltung des Handelns, das möglichst effektiv (wirksam) und effizient (in einer günstigen Relation von Aufwand und Ertrag) erfolgen soll. Funktional bezeichnet Management die strategische und operative Führung des Handlungszusammenhangs (was unternommen wird und wie es unternommen wird) und der dabei beteiligten Mitarbeiter (Personalführung). Institutionell verwendet man den Ausdruck „Management" auch für die Inhaber der Positionen (Stellen) auf der Führungsebene eines Unternehmens. Mit dem „Management" wird hier die Gruppe der Handlungsbevollmächtigten bezeichnet, denen Verrichtungsgehilfen gegenüberstehen, die auf Anweisung handeln. Die professionellen Mitarbeiter in Sozial- und Gesundheitsdiensten sind nun keine Beschäftigten, denen vorgegeben wird, wie sie zu verfahren haben. Sie müssen von Berufs wegen den Umgang mit ihren Klienten und ihre Zusammenarbeit untereinander selbstständig gestalten.

Es gehört zur Tradition der Humanberufe, mit ihrem Handeln in das Leben von Menschen einzugreifen. Der behandelnde Arzt greift in die physische Verfassung seines Patienten ein. Pädagogen weisen junge Menschen oft sehr direkt an, was sie tun oder lassen sollen. In der Sozialarbeit intervenierte die Fürsorgerin herkömmlich sehr direkt im Familienleben ihrer Klienten. Mit der Zeit ist man aber in psychosozialen Diensten zu einer eher nicht-direktiven Beeinflussung übergegangen und hat sich dabei mehr mit dem Feld der Beziehungen von Menschen beschäftigt als mit Maßgaben für ihr Verhalten. Im Management der Unterstützung kommen nun alle Formen indirekter und direkter Einwirkungen auf das individuelle Leben vor. Die Überlegung, welche im Einzelfall angemessen sind, gehört in die Kompetenz eines Case Managers. Er hat sich in seinem dienstlichen Handlungsrahmen für die eine oder andere Rolle zu entscheiden, die er im Unterstützungsprozess spielt. Moxley (1989) benennt sechs solcher Rollen – in einer Reihenfolge, in der die „Direktivität" des Managers abnimmt und die Fähigkeit des Klienten zunimmt, über seine Angelegenheiten selbstständig zu verfügen:

Rollen
der Case
Manager

(a) Der Case Manager als „implementer": Er nimmt eine „Sache in die Hand" und geleitet sachwaltend den Klienten aus seiner Krise oder Not heraus;

(b) der Case Manager als Lehrmeister oder Instrukteur, der etwas vormacht und Fähigkeiten entwickeln hilft;

(c) der Case Manager als „guide", als beratender Begleiter bei der Erschließung von Ressourcen und der Nutzung diverser Dienste im Verlauf der Hilfe;

(d) der Case Manager als „processor", der eine Art technischer Assistenz leistet; er hilft den Klienten, geeignete Hilfen auszuwählen und in der Problemlösung voranzukommen; der Case Manager bringt auf diese Weise sein Expertenwissen instrumentell zum Einsatz;

(e) der Case Manager als Spezialist für Informationen über das Sozialleistungssystem;

(f) der Case Manager als „supporter", der den Klienten dazu anhält, sich selber fähiger zur Situationsbewältigung und Problemlösung zu machen (Moxley 1989: 83ff.).

Die Arbeitsweise ist zu dem doppelten Zweck eingeführt worden, der komplexen Problematik von Menschen und gleichzeitig der Komplexität des Dienstleistungssystems zu entsprechen. Deshalb spielt der Case Manager nicht nur gegenüber dem Klienten eine Rolle; das Case Management erfüllt auch *indirekt* für den Nutzer im sozialen und administrativen Umfeld Funktionen. Dazu gehören nach Moxley:

(a) das Vermitteln von Diensten oder anderen Ressourcen („brokering"),

(b) die Überweisung der Klienten an Dienste und Einrichtungen („referral"),

(c) das Koordinieren von Dienstleistungen im Einzelfall über die Grenzen einer Organisation (freier oder öffentlicher Wohlfahrtspflege) hinweg,

(d) anwaltliches Handeln für Klienten beim Korrigieren mangelhafter oder unpassender Dienstleistungen („advocating"),

(e) das Knüpfen sozialer Netze, von denen Unterstützung verantwortlich übernommen werden kann,

(f) die Bereitstellung technischen Beistandes und Rates (Moxley 1989: 93ff.).

49

Die Vielfalt der Funktionen und Rollen ist charakteristisch. Man hat die Arbeitsweise eingeführt, weil eine flexible Steuerung zwischen informellen Bewältigungsweisen und einer Menge diverser Dienste und Einrichtungen nötig wurde. Um diese Zwischenstellung von Case Management richtig zu verstehen, wollen wir etwas Abstand von seinen Aufgaben nehmen und den größeren Gestaltungsraum betrachten, in dem sowohl die Dienste und Einrichtungen als auch die informelle Lebensbewältigung ihren Platz haben.

Die Spannweite sozialer Systeme reicht vom Einzelhaushalt einer Person oder Familie bis zum staatlich organisierten Gemeinwesen, das sich unter anderem auch für ein gewisses Maß an Daseinsvorsorge für seine Angehörigen zuständig sieht und dafür soziale Sicherungssysteme und Systeme der Gesundheitsversorgung vorhält. Menschen handeln für sich in ihren Lebenskreisen und nehmen dabei die größeren formellen Systeme in ihrer Spezifität und mit ihrer Eigenlogik in Anspruch. Systeme von Handlungen sind unterschiedlich komplex, und ebenso verschieden stellen sich deren Führung und Steuerung dar. In dem personenbezogenen Dienstleistungsbereich, der uns hier beschäftigt, empfiehlt sich die *Unterscheidung von Selbstmanagement, Case Management und Sozial- bzw. Gesundheitsmanagement.*

Selbst-management

Primär kommen Menschen in ihren sozialen und gesundheitlichen Belangen selbst zurecht: sie führen ihr Leben in eigener Verantwortung. Sie erledigen ihre Alltagsaufgaben, versorgen sich und ihre Angehörigen, führen einen Haushalt, pflegen soziale Kontakte und halten sich gesundheitlich mehr oder minder „fit". Diese Funktionen lassen sich in den Begriffen Selbstsorge (*self care*) und Selbst- oder Lebensmanagement (*life management*) zusammenfassen. Der einzelne Mensch ist gefordert, sein eigenes Leben unter Einsatz der ihm verfügbaren Mittel und Möglichkeiten so zu gestalten, dass es nach subjektiven oder objektiven Maßstäben gelingt. Zu bewerkstelligen (zu managen) ist das tägliche Leben durch vernünftige Einteilung von Zeit und Kraft und in einer Vielzahl von Besorgungen in der privaten Sphäre, von Handlungen im sozialen Umgang, im Arbeits- und Geschäftsleben und in der Gestaltung von Freizeit. Auf diese Weise wird die persönliche Wohlfahrt erreicht und erhalten, soweit sie in der Macht des einzelnen Menschen steht.

50

Jeder leistet in der Bewältigung seines Lebens ein *Alltagsmanage-*  Alltags-
ment. Es fällt gerade deshalb nicht weiter auf, weil und insoweit es management
gelingt. Man lernt es von Kindesbeinen auf in seiner Familie, und wer
in schlechten Verhältnissen aufwächst, ist oft besonders geübt darin,
mit geringen Mitteln zurechtzukommen. Andere Menschen scheitern
dabei und brauchen dann Hilfe und Anleitung in der Bewältigung ihres
Alltags. Diese Unterstützung wird bei der Rehabilitation von lernbehinderten oder psychisch kranken Menschen zu einer methodisch
anspruchsvollen Aufgabe: *Alltagsbegleitung* ist eine Form von Case
Management (Bock/Weigand 1991: 259ff.; Clausen/Dresler/Eichen-
brenner 1996: 142ff.). Dabei wird deutlich, dass man fachlich und
dienstlich immer nur begrenzt zu einem eigenständigen Dasein beitragen kann. Was hier zu erledigen ist, lässt erkennen, wieviel zur
gewöhnlichen Bewältigung des individuellen Lebens in unseren Zeiten gehört.

Auf Dauer tragen soziale und gesundheitliche Dienste nur einen ver-
gleichsweise geringen Teil zur individuellen und gesellschaftlichen
Wohlfahrt bei. Der größte Teil wird von den Menschen selbst in ihrer
Lebensführung, ihrer Arbeit und ihrer Alltagsgestaltung bewerkstel-
ligt.

Die Feststellung, dass die meisten Menschen *informell* Unterstützung,
Rat und Wegleitung aus ihrer sozialen Umgebung beziehen, wenn sie
in Schwierigkeiten oder von Hilfen abhängig sind, hat die Entwicklung von Case Management wesentlich beeinflusst. Es sieht zuerst auf
das informell Mögliche, um dann im erforderlichen Umfang *formelle*,
d.h. im System der sozialen Sicherung und des Gesundheitswesens
eingerichtete Dienste beizuziehen. Die formellen Hilfen sind dazu da,
Selbsthilfe und Hilfe durch Angehörige (Pflegepersonen) zu erleichtern und zu stärken, und sie sind nicht dazu da, sie zu verdrängen. Die
Entwicklung eines (besseren) Selbstmanagements kann das vorrangige Ziel eines Case Managements sein, etwa bei chronisch Kranken, die
mit ihrer Situation zurechtkommen müssen.

Die Dienste unterstützen, ergänzen und ersetzen generell Versorgung
nur in Stücken dort, wo Menschen nicht allein zurechtkommen. Bei
einer gesundheitlichen Störung erfolgt ein medizinischer Eingriff; bei
Gebrechlichkeit übernimmt eine ausgebildete Pflegerin (vielleicht
neben einer Pflegeperson in der Familie) einen Teil der Selbstbesor-

gung; eine Behinderung versucht man mit Hilfsmitteln zu kompensie-
ren; einen Mangel an Fähigkeiten z.B. in der Erziehung oder im
Umgang mit Geld soll Beratung ausgleichen. Allgemein formuliert
beziehen sich die Unterstützung und Behandlung auf den Bewältigungsprozess *(coping),* in dem jeder Mensch sein Leben mit mehr
oder minder Erfolg zu meistern sucht. Die Bewältigungsweise stellt
einen Zusammenhang dar, auf den eine einzelheitliche dienstliche
Versorgung eingestellt werden muss, damit sie Erfolg hat und nicht
fehlgeht. Das Case Management übernimmt diese Steuerung und
Abstimmung. Sie ist umso nötiger, als die Hilfebedürftigen oft viele
Probleme zugleich haben und dauernd in Schwierigkeiten leben.
Deren Bewältigung erfordert auf längere Zeit eine vielseitige Unterstützung und Behandlung. Der Case Manager wird hier teils als „Res-
sourcen-Manager" gebraucht, teils als Trainer *(Coach)* in der zielwirksamen Verwendung von Mitteln.

Im psychosozialen Sektor haben sich in den letzten Jahren viele zuvor
therapeutisch orientierte Dienste auf Beiträge zur Lebensführung
umgestellt. Dem allgemeinen Trend folgend, wollen sie persönliche
Probleme nun nicht mehr gleich und selber „therapieren" (gar „weg-
therapieren"), sondern „managen". Sie stellen sich an die Seite ihrer
Klienten und unternehmen mit ihnen eine Problembewältigung. Sozialpädagogen und Psychologen bieten nun Beratung als Beitrag zum
Selbstmanagement an. Nehmen wir den Prospekt eines solchen privaten Dienstes zur Hand, lesen wir dort unter dem Titel *„Life Management"* die Stichworte

(a) Beziehungsklärung (Trennung, Mediation, Scheidung, Vereinsa-
mung, Partnerverlust usw.),

(b) Lebensberatung (Altersplanung, Kinderwunsch, Erziehungsfra-
gen, elterliche Sorge, Umgangsregelung, Alleinerziehung usw.),

(c) Berufskrisen (Burn-out, Mobbing, Kündigung, Umorientierung
usw.),

(d) Krisenmanagement (Einstellung, Entlassung, Mitarbeiterfüh-
rung, Mitarbeiterbegleitung, Teamtraining usw.).

Effektivität, Effizienz Wie oben dargestellt, ist *Case Management* nicht als einzelnes Bera-
tungs- oder Behandlungsangebot entstanden. Vielmehr ging es darum,
das formale Dienstleistungssystem im Sozial- und Gesundheitswesen

auf der operativen Ebene leistungsfähiger zu machen und zu rationalisieren – in der Absicht also auf mehr Effektivität und auf mehr Effizienz:

(a) *Effektivität* beschreibt die Zielwirksamkeit eines Handelns und die Leistungsfähigkeit eines Dienstes: ob und in welchem Maße der mit seinem Handeln beabsichtigte Erfolg eintritt. Dazu muss man „die richtigen Dinge tun".

(b) *Effizienz* meint die Ergiebigkeit des Einsatzes, die Relation des in der Vorgehensweise getriebenen Aufwands zum Ertrag, also wie kostengünstig gearbeitet wird. Dazu muss man „die Dinge richtig tun".

Es ist Sache des *Sozialmanagements*, genauer eines *Versorgungsmanagements*, auf institutioneller Ebene (politisch und betrieblich) eine rationale Steuerung und Gestaltung der sozialen Dienstleistungen zu erreichen. Dazu müssen sich die Träger untereinander abstimmen, und ein einzelner Anbieter wird innerbetrieblich darauf sehen, dass ein vorhandener Bedarf in einer qualifizierten Weise gedeckt wird. Sozialmanager führen die Geschäfte eines Dienstes oder einer Einrichtung, organisieren Abläufe, treffen Entscheidungen, planen, überwachen und evaluieren, und sie sind für den Betrieb rechenschaftspflichtig. Eine besondere Aufgabe des sozialen Managements der Versorgung (*care management*) besteht darin, den Einsatz einzelner Dienste in einem Gebiet bzw. für eine bestimmte Personengruppe zu koordinieren. Case Management führt ein solches *klientenorientiertes Versorgungsmanagement* auf der Ebene einzelner Personen und Situationen aus. Der Case Manager greift auf Mittel und Möglichkeiten der Administration zurück. Sie steckt im Dienstleistungssystem einen Rahmen für das Case Management ab (Skidmore 1995).

Sozial-
management

Entsprechend obliegt es einem *Gesundheitsmanagement* der Leistungsträger und Leistungsanbieter, die medizinische Versorgung effektiv und effizient zu gestalten, dafür die geeigneten Strukturen zu schaffen und zu unterhalten und (wiederum als Versorgungsmanagement) die Prozesse im Versorgungssystem zu optimieren. *Managed Care* bezeichnet eine Reihe von amerikanischen Modellen des Gesundheitsmanagements; es wird bei aller Kritik auch in Europa und in Deutschland bei den Reformen im Gesundheitswesen als Muster betrachtet (Nachtigal 1996: 726ff.). Case Management stellt eine professionelle Durchführungsweise gelenkter Versorgung dar: die fallbe-

Gesundheits-
management

zogene Ausführung des *patientenorientierten Gesundheitsmanagements*.

LITERATUREMPFEHLUNGEN ZUM MANAGEMENT ALS
PERSONENBEZOGENE DIENSTLEISTUNG

Duncan, W. Jack/Ginter, Peter/Swayne, Linda (eds.) 1997: Handbook for
Health Care Management. Oxford: Blackwell
In drei Teilen (Beziehungsmanagement in der Gesundheitsversorgung,
Organisation der Prozesse, Instrumente der Gesundheitsökonomie) wer-
den in einzelnen Beiträgen Mittel und Wege zu Effektivität und Effi-
zienz beschrieben.
Orme, Joan/Glastonbury, Bryan 1994: Care Management. Tasks and Wor-
kloads. Hampshire: Macmillan
Das Buch geht von der Ebene des Case Managements auf die Ebene der
Organisation der Dienste über, die mit diesem Verfahren arbeiten. The-
ma ist die Gestaltung der Arbeitssituation und des Personaleinsatzes.
Skidmore, Rex A. 1995: Social Work Administration: Dynamic Manage-
ment and Human Relationships. Third edition, New York: Allyn &
Bacon
Ein Lehrbuch, in dem die Soziale Arbeit als Management im Einzelfall
und im Management der Dienste abgehandelt wird.
Whiteley, Sara/Ellis, Richard/Broomfield, Sinclair 1996: Health & Social
Care Management. A Guide to Self-Development. London: Arnold
Führt systematisch in die einzelnen Funktionen und Rollen von Mana-
gern innerhalb der (britischen) medizinischen und pflegerischen Versor-
gung ein.

2.3. HANDHABUNG DER UNTERSTÜTZUNG UND VERSORGUNG: DEFINITIONEN

Im Laufe ihrer Entwicklung ist die Verfahrensweise Case Management
unterschiedlich verstanden und entsprechend enger oder weiter definiert worden. Sie hat sich auch tatsächlich verändert, und sie wird sich
in ihrem Gebrauch weiterhin verändern. Deshalb sind alle folgenden
Begriffsbestimmungen Arbeitsdefinitionen, die für einzelne Zwecke
geeignet erscheinen und für andere Zwecke weniger brauchbar sind.

In der amerikanischen „Encyclopedia of Social Work" beginnt in der
18. Edition 1987 Allen Rubin seine Ausführungen unter dem Stichwort „Case Management" mit der Feststellung:

„Case Management ist ein Ansatz der Erbringung von Dienstleistungen, der für Klienten mit komplexen und vielfältigen Problemen und Behinderungen sicherzustellen sucht, dass sie rechtzeitig und in angemessener Form die Leistungen erhalten, die sie benötigen. Es handelt sich um einen bereichsübergreifenden Ansatz, der nicht einen spezifischen direkten Dienst bietet, sondern Case Manager einsetzt, die den Klienten an das unübersichtliche Angebot der Erbringer direkter Leistungen heranführen. Von diesen Case Managern wird erwartet, dass sie die letzte Verantwortung dafür übernehmen, dass das System der Leistungserbringung den Erfordernissen bei jedem einzelnen Klienten nachkommt. Case Management hat in verschiedenen Praxisfeldern Anwendung gefunden, speziell in der Eingliederungshilfe für Geistigbehinderte, in der Altenhilfe, bei Körperbehinderten, Lernbehinderten und in der Jugendhilfe." (Rubin 1987: 212)

Etwas später heißt es im „Social Work Dictionary" von Robert Barker (1991) unter dem Stichwort *Case Management*:

„Ein Verfahren, in dem die Leistungen einer Vielfalt von Diensten und Mitarbeitern für einen Klienten geplant, ausfindig gemacht und steuernd begleitet werden. Gewöhnlich übernimmt eine Dienststelle die Hauptverantwortung für den Klienten und benennt einen Case Manager, der die Dienstleistungen koordiniert und anwaltlich für den Klienten eintritt. Manchmal ist der Case Manager auch derjenige, der den Ressourceneinsatz kontrolliert und Dienste für den Klienten einkauft. Das Verfahren gestattet vielen Sozialarbeitern, die in einer Einrichtung oder bei verschiedenen Trägern tätig sind, ihre Bemühungen aufeinander abzustimmen, so einem bestimmten Klienten in professioneller Teamarbeit zu helfen und dabei die Bandbreite bedarfsgerechter Leistungen zu erweitern. Case Management kann die Überwachung der Fortschritte einschließen, die ein Klient macht, der von verschiedenen Fachkräften, Einrichtungen, von Gesundheits- und Sozialdiensten versorgt wird. Das Verfahren umfasst in der Regel das Herausfinden der Bedürftigen, eine umfassende, mehrdimensionale Abklärung und wiederholte Neueinschätzungen. Case Management kann innerhalb einer großen Organisation oder im Rahmen eines kommunalen Programms erfolgen, das die Koordinierung der Leistungen verschiedener Dienste bezweckt. Sozialarbeiter und Pflegekräfte sind die Berufsgruppen, denen diese Funktion am häufigsten übertragen wird. Case Management wird als ein zunehmend wichtiger Weg betrachtet, die Probleme zu bewältigen, die aus der Fragmentierung der Dienstleistungen, der Personalfluktuation und unzulänglicher Koordination unter Dienstleistern herrühren." (Barker 1991: 29)

1995 wird in der 19. Edition der „Encyclopedia of Social Work" der Rahmen weiter gesteckt. Die Autoren Stephen M. Rose und Vernon L. Moore schreiben dort:

„Seit den Siebzigern hat sich das Case Management in den Sozialdiensten verbreitet, etwa in den Bereichen der Dienste für psychische Gesundheit, für
Behinderte, für HIV-infizierte und aidskranke Menschen, für dauernd Pflegebedürftige, in den Diensten für ältere Menschen, für Immigranten und für Kinder und Jugendliche. Das komplexe ökonomische und organisatorische Bedin-
gungsgefüge, in dem Case Management entstand, beeinflusst weiterhin sein
Funktionieren. Seit den frühen Achtzigern hat Case Management in dem
Bemühen außerordentlich zugenommen, neuen Klientengruppen mit einem
breiten Unterstützungsbedarf in unterschiedlichen Leistungsbereichen gerecht
zu werden. Im Case Management kommt auch der Wandel in der Politik des
Bundes und der Einzelstaaten und in der Priorität der Finanzierung zum Ausdruck, nämlich weg von den stationären Diensten (zum Beispiel in psychiatrischen Krankenhäusern, Kliniken, stationären Behandlungszentren, Heimen für
in ihrer Entwicklung beeinträchtigte Menschen oder für mehrfachbehinderte
Kinder und für jugendfürsorgerische Unterbringungen und Inobhutnahmen)
und hin zur offenen Hilfe in den Kommunen." (Rose/Moore 1995: 335)

Die Verbreitung von Case Management in den verschiedenen Humandiensten bereitet ein sprachliches Problem. Im Englischen kann je
nach Fachbereich dem Terminus ein Adjektiv zur näheren Kennzeich-
nung beigefügt werden (siehe unten). Im Deutschen hat sich für die
Soziale Arbeit inzwischen die von mir vorgeschlagene Übersetzung

Unter-
stützungs-
management
„Unterstützungsmanagement" eingebürgert. Im Medizinbereich passt
dieser Ausdruck nicht. Hier wird in der deutschsprachigen Literatur
von „klinischem Fallmanagement" oder einfach von „Fallmanagement" gesprochen. Auch im Bereich der Beschäftigungsförderung hat
sich dieser Terminus eingebürgert.

Die praktische Sozialarbeit ist sich insgesamt auf den Nenner des
Unterstützungsmanagements gebracht worden, so dass dessen Gliederung zugleich auf die ganze berufliche Arbeitsweise zutrifft (so bei:
Sheafor/Horejsi/Horejsi 1997). Als allgemeine Technologie des sozi-
aldienstlichen Vorgehens im Einzelfall braucht ein Case Management
dann nicht mehr als ein gesondertes Verfahren aufgeführt zu werden.
Methodisches Arbeiten bringt es mit sich. Dermaßen der ganzen
beruflichen Sozialarbeit einverleibt, verblasst der übergreifende Charakter der Arbeitsweise und auch der spezifische fachliche Anspruch,
der sich mit ihr verbindet.

In der Literatur zur Sozialarbeit wird auf die zeitlich parallele Verbreitung von Case Management in der professionellen Krankenpflege und

überhaupt im medizinischen Bereich wenig eingegangen. Umgekehrt kümmert, nachdem hier Managed Care der Verfahrensweise Case Management breiten Raum lässt, viele Case Manager im US-amerikanischen Gesundheitswesen der ursprüngliche Zusammenhang mit der Sozialarbeit kaum noch. Sie betonen den systembezogenen instrumentellen Wert von Case Management und definieren es (Howe 1994: …) als

(a) ein Modell und eine Technologie, womit Behandlungsprozesse ergebnisorientiert gestaltet und verbessert werden,

(b) die Methode multidisziplinärer Zusammenarbeit, in der fallspezifisch die Qualität und die Kosten der Versorgung in zweckmäßiger und kontrollierter Weise aufeinander abgestimmt werden,

(c) den Prozess der Koordination von Diensten, wobei der Klient mit den formellen und informellen Hilfen verbunden wird, die seinen Bedarf decken,

(d) eine Reihe von logischen Schritten und Interaktionen im Netzwerk des Dienstleistungssystems, mit denen gesichert wird, dass ein Patient das erforderliche Maß an Leistungen erhält, die zugleich wirksam und kostengünstig sind,

(e) ein Prozess der Zusammenarbeit, in dem geklärt, geplant, umgesetzt, koordiniert, überwacht und bewertet wird, was an Dienstleistungen zur individuellen Bedarfsdeckung notwendig und im Hinblick auf verfügbare Ressourcen qualitäts- und kostenbewusst erreichbar ist.

Als ein Prozess soll Case Management die Regelung und Lenkung aller gesundheitsbezogenen Angelegenheiten in einem Fall durch eine dazu berufene Fachkraft oder ein Team von Fachkräften abdecken. Für die Zwecke der Zertifizierung von Case Managern im amerikanischen Gesundheitswesen ist 1992 definiert worden: „*Case management is a collaborative process which assesses, plans, implements, coordinates, monitors and evaluates the options and services to meet an individual's health needs, using communication and available resources to promote quality, cost effective outcomes*" (CCM Certification Guide, zit. nach Mullahy 1995: 9).

Eine angemessene Versorgung *(care)* soll zustande gebracht werden. Gesundheits- und berufspolitisch sind in Großbritannien und in den USA die Begriffe *case management* und *care management* verschie-

Care Management

dentlich voneinander abgegrenzt und aufeinander bezogen worden. Im Sprachgebrauch der CMSA kommen beide Begriffe vor und es wird erlaubt, sie gleichsinnig oder auch mit unterschiedlicher Akzentuierung zu benutzen (Powell/Tahan 2007: 10). Die Mehrdeutigkeit sowohl von „care" als auch von „case" macht eine wechselnde Verwendung der Bezeichnungen möglich. „Care" meint Fürsorge, Pflege und Versorgung. Wie bereits erwähnt, hat man regierungsamtlich in Großbritannien 1991 empfohlen, statt des amerikanischen Begriffs *case management* in der Gemeindepflege von *care management* zu sprechen – und zwar mit dem Argument, dass nicht eine Person als „Fall", sondern vielmehr der Prozess der pflegerischen Versorgung zu managen sei (Department of Health 1991 a: 12).

Ver-sorgungs-management Die britische Wortwahl hat dazu geführt, dass nun das Management der Versorgung in einem Dienst bzw. seitens eines Fachamtes und das Unterstützungsmanagement im Einzelfall mit dem gleichen Ausdruck „care management" belegt ist. In ihrem Buch zum Versorgungsmanagement sehen sich Joan Orme und Bryan Glastonbury (1997) deshalb veranlasst, alternativ für das dienstliche Arrangement den Terminus *service management* heranzuziehen. Man muss Sorge dafür tragen, dass die im Einzelfall benötigten Dienstleistungen verfügbar sind und dass die Leistungserbringung effektiv und effizient erfolgt. Was hier gemeint ist, wurde oben bereits mit den Begriffen *klientenorientiertes Sozialmanagement* und *patientenorientiertes Gesundheitsmanagement* und allgemein mit *Versorgungsmanagement* umschrieben.

Organisatorisch kann das Management der Versorgung dem Case Management sowohl übergeordnet wie auch ihm unter- bzw. nachgeordnet werden. Die Dienste sind auf der institutionellen Ebene bereitzustellen. Dass sie geschaffen und hinreichend angeboten werden, ist Sache politischer Entscheidungen, der Infrastrukturentwicklung und der Administration der Träger. Case Management erschließt die Dienste den Menschen mit einem entsprechenden sozialen, gesundheitlichen und pflegerischen Bedarf. Die Leistungserbringung stellt danach die unmittelbare Versorgung (care) von Klienten oder Patienten dar: sie werden behandelt, gepflegt, betreut, beraten, geschult. Das Unterstützungsmanagement verschafft dem Menschen fallweise diese Versorgung, führt sie aber nicht selber durch. Ein Dienstleister übernimmt die Versorgung und managt sie.

Gary Albrecht und Karen Peters (1995: 1ff.) haben organisations-
theoretisch dieses Care Management dem Case Management in der
Weise nachgeordnet, wie die medizinische Behandlung oder pflegerische Versorgung erfolgt, *nachdem* bei jemandem ein Versorgungsbedarf festgestellt und er in das Leistungssystem aufgenommen worden ist. Die Autoren folgen dabei einer Unterscheidung, die Yeheskel
Hasenfeld (1972) für Humandienste getroffen hat: die einen betreiben ein *„people processing"*, die anderen ein *„people changing"*.
Die Bearbeitung von Anliegen und Problemen der Menschen, *people
processing*, erfolgt im Case Management indirekt per Information,
Zugangseröffnung, gemeinsamer Einschätzung der Situation, Hilfeplanung und Koordination von Maßnahmen. *People changing*, eine
Änderung des physischen, psychischen oder sozialen Zustandes von
Menschen, tritt infolge direkter Behandlung ein, deren Prozeduren
wiederum organisiert und gesteuert werden müssen, wofür Care
Management als Handhabung der Versorgung steht. Es hat seinen
Platz vornehmlich innerhalb einer Einrichtung oder eines Dienstes,
während Case Management entweder außerhalb oder an der Schnitt-
stelle von Dienstleistungsorganisation und Nutzern angesiedelt ist
(Albrecht/Peters 1995: 7).

„Case Management sucht die ganze Person im Kontext ihrer Umgebung zu
erfassen, während Care Management die Behandlung oder Versorgung des
Individuums umfasst, bezogen auf ein bestehendes Problem oder einen
Zustand, ohne im allgemeinen die Einflüsse der individuellen Umgebung zu
berücksichtigen." (Albrecht/Peters 1995: 8)

Zur Illustration beschreiben die Autoren zwei Scenarios:

„Zum Vorgehen im Case Management mag gehören, dass ein älterer Mensch
an eine städtische Koordinationsstelle verwiesen wird, die ihm im Rahmen des
Case Managements ‚Essen auf Rädern' verschafft. Um an diesen Dienst zu
kommen, muss der *Klient* eine Berechtigungsprüfung durchlaufen, in der auf
sein Einkommen, sein soziales Unterstützungsnetz, geistige und physische
Beeinträchtigungen, Ernährungsstatus und vorhandene Ressourcen gesehen
wird. Wenn der Klient den Anforderungen an eine Leistungsberechtigung entspricht, wird er für den Empfang von ‚Essen auf Rädern' akzeptiert. Auf diese
Weise hat man den Klienten abgefertigt (processed) und seinen Status
bescheinigt, ohne an seinem Verhalten oder seinem Gesundheitszustand etwas
zu ändern.

In einem Care Management-Szenario mag die gleiche Person einen Unfall erlitten und sich an der Hüfte verletzt haben, so dass sie chirurgisch versorgt werden muss Der *Patient* wird in ein Krankenhaus gebracht, wo der Bereitschaftsdienst seine Behandlung managt. Nach der Operation kommt er auf eine Station, und das Team aus Arzt und Pflegepersonal übernimmt in eigener Zuständigkeit das weitere Management der Versorgung. Der gesundheitliche Status der Person ändert sich infolge der Krankenhausbehandlung. Dazu war es nötig, dass ein medizinischer Dienstleister die Versorgung übernahm." (Albrecht/ Peters 1995: 8f.)

Die Behandlung der Krankheit wie die Bearbeitung eines sozialen Problems bedeuten aber nicht, dass der Patient oder der Klient das „Rohmaterial" der Humandienste sind, wie Hasenfeld findet (Hasenfeld 1992: 4f.). Mit oder ohne aktive Beteiligung der Person wird die Materie ihrer Problematik, ihrer Erkrankung oder ihrer Behinderung in Beziehung auf die Umwelt behandelt. Das System der humandienstlichen Versorgung ist nicht darauf angelegt, aus einem Menschen eine andere Person zu machen, so sehr er sich auch im Verlauf seiner Unterstützung und Behandlung ändern mag. Die Person bleibt unverfügbar.

Das Case Management hebt auf die Probleme ab, vor die ein Individuum oder eine Familie die vorhandenen Dienste stellt. Unter den verschiedenen genannten Gesichtspunkten können wir das Case Management in einer Zwischenposition betrachten, die es im Verhältnis zum Sozial- und Gesundheitsmanagement und dessen Versorgungsauftrag einerseits und der direkten Versorgung in Diensten und Einrichtungen sowie im Verhältnis zur Selbstsorge und zu informeller Unterstützung andererseits einnimmt. Die Abbildung 2 bildet diese Beziehungen ab.

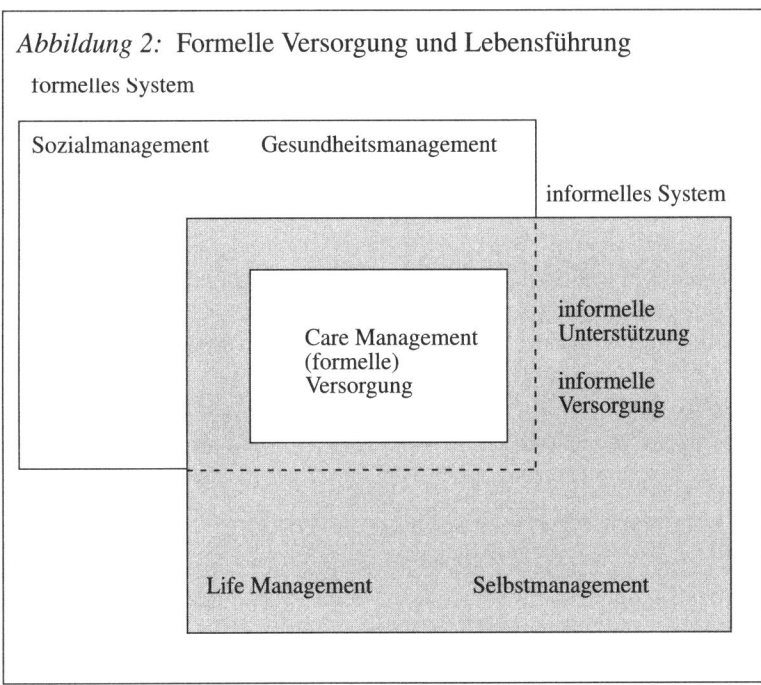

Abbildung 2: Formelle Versorgung und Lebensführung

formelles System

Sozialmanagement   Gesundheitsmanagement

informelles System

Care Management
(formelle)
Versorgung

informelle
Unterstützung

informelle
Versorgung

Life Management   Selbstmanagement

Im vorliegenden Buch wird *care management* durchgehend mit dem *Versorgungsmanagement* im lokalen Gemeinwesen und im betrieblichen Bereich von Diensten und Einrichtungen gleichgesetzt (siehe auch Abschnitt 2.6.). Dabei ist auch, wie eben dargelegt, die direkte Versorgung (stationäre Behandlung, ambulante Pflege, Jugendfürsorge) zu managen. In Beziehung auf die Fälle, für die ein Versorgungsauftrag gegeben ist, dem im „management of cases" nachgekommen wird, wie auf die Arbeitsweise im Einzelfall (aber nicht auf einzelne therapeutische, pflegerische oder erzieherische Handlungen) wird durchweg von Case Management gesprochen. Es konzentriert sich an der Schnittstelle der individuellen Lebensführung und Lebenswelt mit dem sozialen und gesundheitlichen Dienstleistungssystem auf die Erbringung der person- und situationsbezogen nötigen Unterstützung, Behandlung und Pflege. Es lässt sich dabei im Rahmen von Sozialarbeit nach Moxley (1989) in der Praxis von sechs *Grundsätzen* leiten:

(1) Case Manager arbeiten auf Höhe und Stand des Klienten. Da dessen Wohlfahrt angestrebt wird, ergibt sich der Handlungsbedarf in seiner konkreten Lage und gemäß seinen Interessen. Die Sozialarbeit hält sich generell an das Prinzip, dort anzufangen, wo der Klient steht. In der Bewerkstelligung passender Unterstützung kommt es darauf an, in der persönlichen oder familiären Lebenswelt gestaltend und lenkend zu agieren.

(2) Case Manager pflegen eine *Systemperspektive*, indem sie den Klienten und seine Probleme in einem ganzheitlichen Bezugsrahmen interagierender Komponenten sehen. Menschen müssen heutzutage in den Systemen, in die sie einbezogen sind, zurechtkommen. Also im Beschäftigungssystem, mit dem Verkehrssystem, mit dem Rechtssystem, mit dem Sozialleistungssystem.

(3) Case Manager haben mit *Verwaltungsprozessen* zu tun und müssen administrativ kompetent sein. Sozialleistungen werden wohlfahrtsstaatlich auf administrativen Wegen transportiert. Es gehört daher zu den besonderen Stärken eines Unterstützungsmanagements, sich auf diesen Wegen geschickt bewegen zu können. Case Management geht im dienstlichen Rahmen über in Sozialmanagement und wendet es im konkreten Hilfevollzug an.

(4) Case Manager nutzen *klinische Verfahren* und Fähigkeiten. Die Abgrenzung des Vorgehens im Case Management von einem therapeutischen Verfahren bedeutet nach Moxleys Meinung keineswegs, dass sich das Unterstützungsmanagement von der Mensch-zu-Mensch-Beziehung absetzt und aus der psychosozialen Problembearbeitung heraushält. Die Individualisierung der Unterstützung und ihre Verkoppelung mit persönlichen Bewältigungsweisen gebietet – mehr oder minder – eine tiefgreifende Beschäftigung mit dem Verhalten des Klienten und den Hintergründen seines Verhaltens.

(5) Der Case Manager konzentriert *Verantwortlichkeit* mit seinem Wissen über Klienten und ihre Lage auf sich. Er besetzt eine zentrale Stelle im Informationsaustausch, von der her für die notwendige Unterstützung nach Art und Umfang zu sorgen ist.

(6) Unterstützungsmanager versuchen, eine *Integration* sozialer Dienstleistungen zu erreichen, auf dass diese komplementär zu den Bewältigungsmöglichkeiten der Menschen zum Zuge kommen (Moxley 1989: 142ff.).

Nach der *beruflichen* Verortung von Case Management können unter- Fachspezifik
schieden werden (nach Easterling u.a.: 1995):

(a) *Privates Case Management (Private Case Management),* das gewerblich ausgeübt wird, bezahlt entweder vom privaten Nutzer oder von einem Auftraggeber, der die qualifizierte und kostengünstige Abwicklung eines Falles in die Hand eines Case Managers (Sozialarbeiter oder Pflegefachkraft) legt.

(b) *Soziales Case Management (Social Case Management)* zur Unterstützung einer Person oder Familie mit einer Mehrzahl von Diensten, die planmäßig und koordiniert zum Einsatz kommen sollen.

(c) *Primärärztliches Case Management (Primary Care Case Management):* Der Hausarzt bzw. ein Vertragsarzt ist zuständig für die medizinische Behandlung eines Patienten im Kontinuum seiner Versorgung. Der Arzt eröffnet den Zugang (als sogenannter „gatekeeper") zu anderen medizinischen Diensten, koordiniert und überwacht Behandlungen und achtet dabei (in den USA) auch auf die Einhaltung eines Kostenrahmens.

(d) *Case Management bei Versicherungen (Insurance Case Management):* Es sorgt für eine angemessene und kostengünstige Versorgung von Versicherten (speziell in schwierigen und kostenaufwendigen Fällen) und kontrolliert die Leistungserbringung. Die Versicherung setzt dafür eigene Kundenberater, Patientenberater oder Rehabilitationsberater ein.

(e) *Krankenpflegerisches Case Management (Nursing Case Management):* Eine Pflegefachkraft übernimmt die Verantwortung für den Ablauf der Behandlung und Versorgung eines Patienten im ambulanten oder stationären Setting (Easterling u.a. 1995: 3f.)

Eine andere Einteilung richtet sich nach dem *Einsatzgebiet* von Case Einsatz-
gebiete
Management und unterscheidet

(a) *Häusliches Pflegemanagement (Home Care Case Management):* Die ambulante Versorgung Pflegebedürftiger wird mit dessen Selbstversorgung (Eigenpflege) und der Hilfe Angehöriger (Angehörigenpflege) abgestimmt. Hauswirtschaftliche Hilfen, Mobile Dienste, Behandlungspflege sind zu koordinieren.

(b) *Geriatrisches Case Management (Geriatric Case Management):* Die spezialisierte medizinische und pflegerische Versorgung alterskranker Menschen wird ausgehend von einer stationären Versorgung arrangiert.

(c) *Case Management im Krankenhaus (Hospital Case Management):* Die Versorgung des einzelnen Patienten in Zusammenarbeit aller Beteiligten ist von der Aufnahme bis zur Entlassung auf Qualität und den kostengünstigen Einsatz der Ressourcen hin zu organisieren.

(d) *Notfall-Verfahrensmanagement (Catastrophic Case Management):* Bei einer akuten medizinischen, psychiatrischen oder sozialen Krise bedarf es schneller und routinierter Reaktionen und einer für ihren Ablauf gerüsteten Einrichtung (Aufnahme-, Intensivstation, Notfalldienst, Krisenintervention). Versicherungen wollen bei schwerverletzten Unfallopfern eine abgestimmte, kosteneffiziente Behandlung erreichen.

(e) *Langzeit-Versorgungsmanagement (Long-Term Care Case Management):* Wenn chronisch Kranke oder Behinderte auf Dauer versorgt werden müssen, wird ihnen ein Case Manager an die Seite gestellt, der für eine Langzeit-Planung, die Beschaffung der erforderlichen Dienstleistungen und für deren Abstimmung mit informeller Unterstützung im sozialen Umfeld verantwortlich ist.

(f) *Klinisches Case Management (Clinical Case Management):* Sozialarbeiter und Psychologen, die Menschen mit psychischen Problemen und Störungen behandeln, beziehen in diese Behandlung die soziale Umgebung und verschiedene formelle Dienste und informelle Hilfen ein. Patienten werden zu Therapietreue (compliance) angehalten und ihnen wird Psychoedukation geboten. Dieses Behandlungsmanagement wird in den USA vom Case Management in der Arbeit mit psychisch kranken Menschen oft nicht unterschieden.

(g) *Psychiatrisches Case Management (Mental Health Case Management):* Mit der medizinischen Behandlung psychisch kranker Menschen ist die Aufgabe nicht erledigt, ihnen (wieder) zu einem selbstständigen Leben und zu sozialer Integration in Familie, Beruf und Freizeit zu verhelfen.

(h) *Case Management mit Straffälligen (Correctional Case Management):* Die Resozialisierung Straffälliger vor und nach ihrer Entlassung aus dem Strafvollzug oder mit Bewährungsauflagen erfordert eine vielseitige Unterstützung, die geplant, koordiniert und überwacht werden muss (zu diesem Case Management siehe: Enos/Southern 1996.)

(i) *Case Management am Arbeitsplatz (Employer Case Management, Vocational Case Management):* In den USA haben viele Unternehmen erkannt, dass es für sie am günstigsten ist, wenn sie ihre Mitarbeiter im Betrieb in ihrem Wohlbefinden, bei ihrer Gesunderhaltung und im Krankheitsfall individuell unterstützen. Sie bieten Präventionsprogramme an, arrangieren soziale Unterstützung bei einer Erkrankung oder Behinderung und kümmern sich um eine frühzeitige berufliche Wiedereingliederung von Arbeitnehmern nach einer Therapie. Vocational Case Management kann auch Teil der Rehabilitation behinderter Menschen sein (zu diesen bereichsspezifischen Arbeitsformen siehe: Satinsky 1995: 3ff.; Hessellund/Cox 1996: 34ff.)

Anzumerken ist, dass der Terminus Case Management auch im amerikanischen und britischen *Rechtswesen* Verwendung findet. Er bezeichnet hier – als „judicial case management", „legal case management" oder „criminal case management" das fallbezogene Management von Gerichtsverfahren in Zivil- und Strafsachen, also die rationalisierte Handhabung und Abwicklung juristischer „Fälle" (nicht zu verwechseln mit den Aufgaben der Straffälligen- und Bewährungshilfe und ihrem Case Management). Dabei gibt es Analogien zum Sozial- und Gesundheitswesen insoweit, als auch in der Justiz unter Effizienzgesichtspunkten die Ablauforganisation und die Leistung der Dienste verbessert werden soll. In seinen im Auftrag des britischen Parlaments erstellten Vorschlägen zur Justizreform hat Lord Woolf (Access to Justice 1996) folgende Anforderungen an ein zivilgerichtliches Verfahren formuliert: Es soll

„(a) be *just* in the results it delivers;
(b) be *fair* in the ways it treads litigants;
(c) offer appropriate procedures at a reasonable *cost*;
(d) deal with cases with reasonable *speed*;
(e) be *understandable* to those who use it;
(f) be *responsive* to the needs of those who use it;
(g) provide as much *certainty* as the nature of particular cases allows; and
(h) be *effective*: adequately resourced and organised" (Access to Justice 1996: 2).

An all dem, so Lord Woolf, mangele es bisher im Verfahren vor Gericht. Die aufgezeigten Punkte sind im sozialen und medizinischen Case Management ebenso wesentlich. Die Vorschläge im Report von Lord Woolf zum Case Management entsprechen denn auch den Prozeduren, die im Sozial- und Gesundheitswesen die Vorgehensweise effektiver und effizienter gestalten sollen.

Integrations-aufgaben

In den letzten Jahren hat das Case Management generell mit der Handhabung von *Integration* an Format gewonnen. Mit dem Begriff der Integration verbinden sich Aufgaben in der

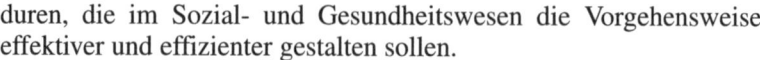

- Eingliederung von Menschen mit Behinderung,
- Integration von Migranten in das Leben der Gesellschaft,
- berufliche Eingliederung in das Beschäftigungssystem,
- betrieblichen Reintegration von Arbeitnehmern nach Krankheit oder Unfall.

Der Gesetzgeber hat diese Leistungsbereiche im sozialen Sicherungssystem geregelt und für sie ausdrücklich das Handlungskonzept Case Management bzw. seine Komponenten benannt. So im Sozialgesetzbuch IX für die Rehabilitation und Teilhabe behinderter Menschen und mit § 58 SGB XII, im Zuwanderungsgesetz mit der Vorschrift der Migrationserstberatung, in der Grundsicherung für Arbeitsuchende gemäß SGB II und mit § 84 SGB IX im betrieblichen Eingliederungsmanagement zur Sicherung der Beschäftigungsfähigkeit. Das Case Management wird dem Aufgabenbereich der Integration und Reintegration dadurch in besonderer Weise gerecht, dass es die ganze Lebenssituation in Betracht sieht und zu ihr das Umfeld mit seinen Möglichkeiten und Hindernissen in Beziehung setzt, um „das Machbare" auszuloten und es zielstrebig in Abstimmung mit den Beteiligten und mit ihrem Handeln zu realisieren.

In der Vielseitigkeit ihrer Verwendung ist die Entwicklung von Case Management nicht abgeschlossen. Sein Konzept bleibt offen und variationsfähig. Die Arbeitsweise trägt selber dadurch, dass mit ihr Erfahrungen gemacht werden, zu ihren Fortschritten bei.

EMPFOHLENE BÜCHER ZUM CASE MANAGEMENT ALLGEMEIN

Austin, Carol D./McClelland, Robert W. (eds.) 1996: Perspectives on Case Management Practice. Milwaukee, Wisc.: Families International
Führende Fachvertreter von Case Management in den USA stellen in diesem Band die berufliche Praxis in einzelnen Arbeitsfeldern des Sozial- und Gesundheitswesens dar.

Ballew, Julius R./Mink, George 1996: Case Management in Social Work: Developing the Professional Skills Needed for Work with Multiproblem Clients. Springfield, Ill.: Charles C. Thomas
Eine frühe Monographie (1986) zum Case Management in der Sozialarbeit in revidierter Auflage. Kapitelweise werden die einzelnen Schritte und die dienstliche Organisation abgehandelt.

Gursansky, Di/Harvey, Judy/Kennedy, Rosemary 2003: Case Management. Policy, Practice and Professional Business. New York: Columbia University Press
Behandelt die Rolle und Funktion des Verfahrens im amerikanischen sozialpolitischen und berufspolitischen Handlungsrahmen.

More, Phyllis K./Mandell, Sandy 1997: Nursing Case Management. An Evolving Practice. New York: McGraw-Hill
Einführender Text zur Entwicklung von Case Management in der Krankenpflege in den USA mit Betonung der Rolle professioneller Case Manager.

Moxley, David P. 1989: The Practice of Case Management. Newbury Park, CA: Sage
Ein grundlegender Text zu den Funktionen von Case Management in Sozialdiensten.

Moxley, David P. 1997: Case Management by Design. Reflections on Principles and Practices. Chicago: Nelson-Hall
Weiterführung von Moxleys früherer Darstellung mit den Schwerpunkten: systembetriebenes Case Management versus nutzergeleitetes Case Management.

Payne, Malcolm 1995: Social Work and Community Care. Basingstoke: Macmillan
Sorgfältige Erörterung der Rolle beruflicher Sozialarbeit im System der britischen Gemeindepflege und in den Funktionen von Case Management.

Powell, Suzanne K./Tahan, Hussein A. 2007: CMSA Core Curriculum for Case Management. Second edition. Philadelphia: Wolters Kluwer/Lippincott
Offizielle Publikation der Case Management Society of America, gibt einen detaillierten Überblick über das Handlungsverständnis und die Einsatzgebiete von Case Management.

Raiff, Norma Radol/Shore, Barbara K. 1997: Fortschritte im Case Management. Freiburg: Lambertus
Die vielfältigen Entwicklungen im Case Management in einzelnen Bereichen des amerikanischen Sozial- und Gesundheitswesens werden beschrieben und kritisch analysiert.

Rose, Stephen M. 1992: Case Management and Social Work Practice. New
York: Longman
Gibt einen historischen Überblick und analysiert verschiedene Formen
von Case Management; enthält wichtige frühe Aufsätze zum Thema.
Rothman, Jack 1994: Practice with Highly Vulnerable Clients: Case Mana-
gement and Community-Based Service. Englewood Cliffs, NJ: Prentice
Hall
Eingehende Beschreibung der Funktionen von Case Management und
seiner Möglichkeiten in der Unterstützung, Förderung und Behandlung
von Pflegebedürftigen, Behinderten, psychisch Kranken und unversorg-
ten Kindern.
Deutschsprachig liegen vor:

Brinkmann, Volker (Hrsg.) 2006: Case Management. Organisationsent-
wicklung und Change Management in Gesundheits- und Sozialunternehmen. Wiesbaden: Gabler
Ewers, Michael/Schaeffer, Doris 2005: Case Management in Theorie und
Praxis. 2. Aufl., Bern: Huber
Kleve, Heiko/Haye, Britta/Hampe-Grosser, Andreas/Müller, Matthias
2006: Sysztemisches Case Management. Falleinschätzung und Hilfe-
planung in der Sozialen Arbeit. Heidelberg: Carl-Auer-Systeme
Löcherbach, Peter/Klug, Wolfgang/Remmel-Faßbender, Ruth/Wendt,
Wolf Rainer (Hrsg.) 2005: Case Management. Fall- und Systemsteue-
rung in der Sozialen Arbeit. 3. Aufl., München: Reinhardt
Neuffer, Manfred 2007: Case Management. Soziale Arbeit mit Einzelnen
und Familien. 3. Aufl., Weinheim: Juventa
Riet, Nora van/Wouters, Harry 2002: Case Management. Ein Lehr- und
Arbeitsbuch über die Organisation und Koordinantion von Leistungen
im Sozial- und Gesundheitswesen. Luzern, Interact
Wendt, Wolf Rainer/Löcherbach, Peter (Hrsg.) 2006: Case Management in
der Entwicklung. Stand und Perspektiven in der Praxis. Heidelberg:
Economica

3. Gestaltungsaufgaben in personenbezogenen Diensten

Wie jemand fürsorglich etwas für andere Menschen tut, bleibt zunächst dem Gutdünken der handelnden Person überlassen. Ist sie sozial, medizinisch oder pflegerisch ausgebildet, darf erwartet werden, dass sie nach den „Regeln der Kunst" vorgeht. Die Sozialarbeiterin hat gelernt, sich (im Sinne von Carl Rogers) akzeptierend, empathisch und kongruent zu verhalten. Die Psychologin versteht die Hintergründe einer Symptomatik. Der Arzt diagnostiziert zuerst, bevor er behandelt. Die Pflegekraft ist im Ablauf der Grund- und Behandlungspflege geübt. Alle diese Professionellen wissen, dass es auf eine gute menschliche Beziehung zu ihrem Gegenüber ankommt und dass der Erfolg *personenbezogener* Dienste davon abhängt, dass deren Nutzer mitwirken. Die Fachkräfte rechnen mit der „*compliance*", dem Einverständnis und der Folge- und Mitwirkungsbereitschaft ihrer Klienten: sie sollten positiv zu den Hilfen, Behandlungen und pflegerischen Maßnahmen eingestellt sein, die man ihnen angedeihen lässt.

Das Vorgehen ist weniger einfach, wenn

(a) situative Gegebenheiten zu berücksichtigen sind (wenn z.B. der Arzt nicht in seiner eigenen Praxis tätig ist oder die Pflege statt im Heim in einer Wohnung erfolgt);

(b) mehrere Personen (Fachkräfte und/oder Angehörige) und verschiedene Dienste bei der Unterstützung, Behandlung oder Rehabilitation mitwirken;

(c) es weniger auf unmittelbare Hilfe und die Lösung eines akuten Problems ankommt, sondern vielmehr auf eine zeitlich längere Versorgung und Problembearbeitung, die überlegt und abgestimmt sein will;

(d) die zu versorgende Person selbstaktiv über ihre Angelegenheiten und über ihr Ergehen bestimmt, so dass das Vorgehen mit ihr ausgehandelt und abgestimmt werden muss.

Diesen Bedingungen kommt der personenbezogene Sozial- und Gesundheitsdienst in seinem *operativen Management* durch eine angemessene *Gestaltung* nach. Dabei wird das professionelle Verfahren (die Methodik fachlichen Handelns) überformt von dem Arrangement, in dem es vonstatten geht. Für die strukturelle Bahnung sind Leitungskräfte und/oder Stabsstellen zuständig, die sich in dieser Funktion (eines „zentralen Case Managements") auf das Verfahren verstehen müssen. In stationären Einrichtungen legen die räumlichen und sächlichen Gegebenheiten und die Funktionsverteilung großenteils das Regime im Hause fest. Aber selbst hier lassen sich die Kooperation der Fachkräfte, die internen Abläufe und die Mitwirkung der untergebrachten Personen sehr verschieden gestalten und unter dem Gesichtspunkt von Aufwand und Nutzen auch neu organisieren.

Bei ambulantem Handeln ist die Verbindung zwischen dem Bürger und den potentiellen Hilfen, die er braucht, erst einmal herzustellen. Die Infrastruktur der Dienste und Einrichtungen erschließt sich dem Bürger nicht ohne weiteres. Und unklar ist, wie sie einander personbezogen ergänzen können (siehe Abbildung 3).

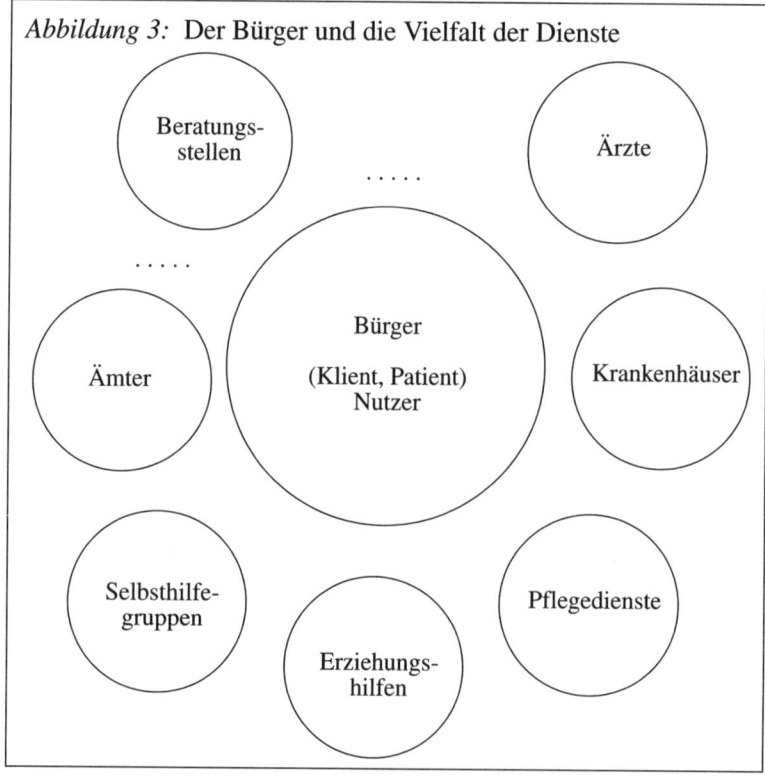

Abbildung 3: Der Bürger und die Vielfalt der Dienste

Beratungs-
stellen

Ärzte

Ämter

Bürger

(Klient, Patient)
Nutzer

Krankenhäuser

Selbsthilfe-
gruppen

Erziehungs-
hilfen

Pflegedienste

Das isolierte Gegenüber von formellen Diensten und Bürger in einen Prozeß zu überführen, in dem der Bürger die in seiner Situation geeigneten Dienste nutzen kann, ist nun Sache des Case Managements (siehe Abbildung 4).

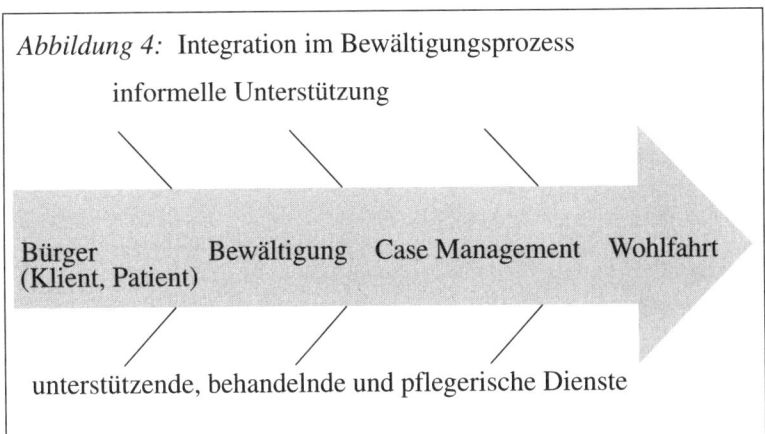

Abbildung 4: Integration im Bewältigungsprozess

informelle Unterstützung

Bürger (Klient, Patient)   Bewältigung   Case Management   Wohlfahrt

unterstützende, behandelnde und pflegerische Dienste

Der beschriebene Wandel professionellen Handelns ist generell als ein Übergang vom „Behandeln" zum „Managen" bezeichnet worden: der oder die Professionelle begibt sich mit den beteiligten Personen auf eine (zuerst strategische, dann auch operative) *Steuerungsebene*, auf der reflektiert und verantwortet, geklärt, geplant, arrangiert, kontrolliert und bewertet wird, was im einzelnen vorliegt und geschieht bzw. was machbar (*manageable*) ist und geschehen soll. Ausgeführt wird es dann auf der *operativen Ebene* in einzelnen Handlungen (Hilfestellungen, Behandlungen) der Beteiligten. So verstanden, braucht das Management nicht von einer Person allein übernommen werden. Es ist ein Prozess, dessen Funktionen unterschiedlich zugeordnet sein können – auch dem Selbstmanagement dessen, der Hilfen beansprucht oder eine Behandlung (Therapie) benötigt.

Die Gestaltung personenbezogener Dienstleistungen im Sozial- und Gesundheitswesen lässt sich generell nach Maßgabe bestimmter Prinzipien betrachten. Solche Prinzipien sind   Prinzipien

(1) die Nutzerorientierung (im Gegensatz zur Angebotsorientierung),
(2) das Handeln nach Vereinbarung (Kontrakt),

71

(3) die prozedurale Fairness,
(4) die Produktorientierung,
(5) die Qualitätssicherung und das Qualitätsmanagement.

Hinzu kommen:

(6) das Management der Versorgung,
(7) ein kooperatives und koordiniertes Vorgehen und
(8) die Rationalisierung
(9) die Rückwirkung auf die Sozialplanung.

Auf diese Punkte wird in den folgenden Abschnitten nacheinander näher eingegangen.

Die genannten Prinzipien haben eine strategische und eine operative Bedeutung. Sie betreffen das Konzept von Diensten, ihre strukturelle Anlage und das methodische Vorgehen in ihnen. Zum Beispiel bedeutet der Grundsatz des Aushandelns (Ziffer 2 bzw. Abschnitt 3.2.) konzeptionell, dass jeder Phase des Handelns eine Klärung der Veranlassung und Zuständigkeit vorangeht. Strukturell empfiehlt sich eine Trennung der Bedarfsermittlung und Hilfeplanung von den Leistungserbringern (*purchaser/provider split*). Und methodisch wird von Case Managern die Fähigkeit verlangt, auch mit weniger zugänglichen Klienten hinreichend kommunizieren zu können und mit ihnen Vereinbarungen zu erreichen. Generell gilt: *Man muss sich (strategisch) vornehmen, die richtigen Dinge zu tun, und (operativ) wissen, wie man die Dinge richtig tut.*

3.1. NUTZER- VERSUS ANGEBOTSORIENTIERUNG

Wer einen Dienst einrichtet, bietet Leistungen an. Richtet sich das Angebot primär nach den Absichten und Möglichkeiten des Veranstalters, spricht man von einer *Angebotsorientierung*. Das Dienste-Angebot steuert in diesem Ansatz (*service-led approach*) mehr oder minder die Nachfrage. Dies ist der Fall, wenn etwa eine Beratungsstelle eröffnet und dann vom Publikum mehr oder minder „angenommen" wird. Wer die Beratungsstelle aufsucht, richtet sich auf das Procedere dort ein. Herkömmlich besteht es darin, dass ein Experte oder mehrere zuerst herausfinden (diagnostizieren), welches Problem oder welche Störung vorliegt – und dann die eine oder andere Therapie vorschlagen. Wer sich auf das Expertenurteil A eingelassen hat, wird nun auch B sagen müssen, also aus der Varianz möglicher Behandlungen, die ihm aufgezeigt wurden, eine wählen. Das Angebot ist nach der Konzeption des Trägers und nach fachlichen Erwägungen gestaltet. Typisch ist die sogenannte „Komm-Struktur" solcher Dienste: Der Bedürftige muss sie von sich aus aufsuchen. Dadurch kommt eine Selektion der Nutzer zustande. Eine Erziehungsberatungsstelle etwa, bei der man sich telefonisch anmelden und auf einen Termin warten muss, erreicht kaum die einer solchen Beratung besonders Bedürftigen. Auf sie wäre besser auf geeignete Weise zuzugehen, „Schwellen" müssten abgebaut werden, und alternativ sollte ein Hausbesuch vereinbar sein („Geh-Struktur").

Wer einen Helfer-Beruf gewählt hat, möchte seine Kompetenz möglichst direkt und unvermittelt für Menschen einsetzen. Sein Ideal-Fall ist der akut behandlungsbedürftige Patient, der hier und jetzt auf ärztliche Hilfe, psychologischen Beistand, soziale Intervention oder pflegerische Versorgung angewiesen ist. Die Motivation der Experten und ihre Neigung zu Sofortmaßnahmen trüben den Blick für Alternativen. Die eigene Einrichtung hat Plätze frei und sollte „ausgelastet" werden. Ob und wie sich der Konsument der Dienste selbst helfen kann oder welche anderen Möglichkeiten er hat, muss im Akutfall nicht gefragt werden. Erst in der Nachsorge oder zur Ergänzung braucht man dann informelle Unterstützung – im Familienkreis, in der Nachbarschaft oder durch eine Selbsthilfegruppe.

Im Case Management wird prinzipiell die umgekehrte Richtung eingeschlagen und von der selbstständigen Lebensführung ausgegangen, mag sich auch beeinträchtigt und in der einen oder anderen Hinsicht nachteilig und korrekturbedürftig sein. Bei Klärung des Bedarfs stehen in diesem Ansatz (*needs-led approach*) die Ziele und Zwecke eines Menschen im Vordergrund. Er ist prinzipiell „Experte in eigener Sache" und soll in seinem Handlungsvermögen gestärkt werden. Das Unterstützungsmanagement betreibt eine Zürüstung (Empowerment) der Person zu ihrer Handlungsfähigkeit. Vorrang vor den Routinen eines Dienstes haben die individuellen Gestaltungsabsichten. Sie werden erörtert, und für sie ist nach informellen Unterstützungs- und Lösungsmöglichkeiten oder nach Alternativen zu fragen. Erst danach und darauf bezogen werden die formellen Serviceleistungen gebraucht. Natürlich muss man bei einer solchen Hinordnung des dienstlichen Handelns auf den Nutzer und seine Verhältnisse zuerst mit ihm ins Gespräch kommen, seinen Erfahrungshorizont und seine Situation kennen lernen. Im Gehäuse der Fachlichkeit besteht dazu, wenn man ihm verhaftet bleibt, wenig Anlass.

Ein vorstrukturiertes Angebot liefert den *Kontext* einer Unterstützung oder Behandlung gleich mit. Wer medizinische Hilfe braucht, begibt sich in eine ärztliche „Praxis". Sie besteht aus einem Zusammenhang von Praktiken und aus einer auf sie abgestimmten Umgebung. Ebenso das Behandlungsmilieu eines Krankenhauses, das Pflegemilieu eines Altenheims oder das Erziehungsmilieu eines Kinder- und Jugendheims. Die im Case Management geforderte Nutzerorientierung lässt sich in solchen stationären Einrichtungen nur bei weitgehender Flexibilisierung des Betriebes und Differenzierung des Vorgehens ermöglichen. Sie behalten ihre Zuständigkeit in all den Fällen, in denen Menschen für kürzere oder längere Zeit selber nur in geringem Maße zu der in ihrem Zustand nötigen Versorgung beitragen können.

Von diesen Fällen abgesehen, bedeutet die Orientierung am Nutzer auch, dass ein personenbezogener Dienst den Lebenskreis und Sozialraum seines Klienten von vornherein mit in Betracht zieht. In dieser seiner eigenen Umgebung liegen Ressourcen und Störquellen, Hindernisse und Stützen vor, die in einer Arbeitsweise zu berücksichtigen sind, welche die Unterstützung auf die individuelle Bewältigung des Lebens abstimmen will. In Sozialer Arbeit soll Case Management Menschen *befähigen* und *ermöglichen*, selber zurechtzukommen. Sie werden darin bestärkt, in ihrem Person-Umgebungs-Zusammenhang ihr Leben führen zu können. Das Konzept eines sozialen Unterstützungsmanagements hält sich daher an ein *ökologisches* Paradigma: zu bearbeiten ist der aktuelle Lebenskontext mit der ganzen inneren und äußeren Disposition einer Person.

„Dieses Paradigma betont die Notwendigkeit, ein transaktionales Verständnis der Individuen innerhalb des Kontextes ihrer Umgebung zu erreichen. Die Fähigkeiten von Klienten bei gleichzeitiger Förderung sozialer Unterstützung aufzubauen und dafür die Zugänglichkeit und die Nutzung der Sozialdienste zu steigern, sind die vorrangige Angelegenheit von Case Managern, die jenes Paradigma in ihrer Praxis zum Zuge kommen lassen." (Moxley 1989: 22f.)

Bei einer solchen Orientierung wird auch von einem „klientbetriebenen" (*client-driven*) Case Management gesprochen. Die Klienten geben die Richtung an und bleiben Subjekte des ganzen Prozesses. Der professionelle Unterstützer versteht sich in erster Linie *als Anwalt* seiner Klienten. Unterschieden davon ist ein vom Leistungsanbieter betriebenes (*provider-driven*) Case Management: Im Rahmen eines abgesprochenen Behandlungsplans oder getroffener Maßnahmen ist der Klient ein Objekt des Dienstes und des professionellen Handelns (Rose/Moore 1995: 337f.). Das erstgenannte Muster kann in das letztere übergehen, wenn sich jemand seines kritischen Zustandes wegen in stationäre Behandlung begibt, wenn der Grad seiner Bedürftigkeit eine weitgehende Versorgung nötig macht oder wenn durch richterliche Verfügung zwangsweise Maßnahmen ergriffen werden.

3.2. Handeln nach Vereinbarung (Kontrakt)

In einem demokratischen Gemeinwesen, das die Bürgerrechte ernst nimmt, sind die Dienste im Sozial- und Gesundheitswesen generell gehalten, die Menschen nicht bloß als Objekt einer Eingriffsverwaltung, der Fürsorge oder einer Heilbehandlung zu betrachten. Die Bürgerinnen und Bürger sind vielmehr *Subjekte* des Verfahrens in Bewältigung ihrer Situation und in der Bearbeitung sie betreffender Angelegenheiten. Was getan wird, ist mit ihnen zu vereinbaren. Damit sie ihre Rechte wahrnehmen und im Hilfe- oder Behandlungsprozess mündig mitwirken können, muss dieser für sie möglichst durchsichtig sein oder transparent gemacht werden. Information und Beratung sind angebracht. Man verständigt sich über Ziele und über die Mittel und Wege zu ihnen hin. Der Inhalt der Vereinbarungen wird in Form von *Kontrakten* festgehalten, um die Basis der Zusammenarbeit zu sichern und um überprüfen zu können, ob und inwieweit man vereinbarungsgemäß vorankommt.

Es gibt verschiedene Arten von Kontrakten, die in personenbezogenen Diensten und speziell in der Sozialen Arbeit Verwendung finden können (Corden/Preston-Shoot 1987: 39ff.). Es kann eine Vereinbarung zwischen einem Leistungsträger und einem Klienten sein, eine Eingliederungsvereinbarung bei Behinderung und zur Rehabilitation, ein therapeutischer Kontrakt mit einem Patienten in der Psychiatrie, eine pädagogische Abmachung per Zielvereinbarung und Hilfeplanung mit einem jungen Menschen in ambulanter Betreuung, oder, z.B. in der

Mediation, eine Vereinbarung von Elternteilen zur Erziehung ihres gemeinsamen Kindes. Ein Kontrakt bindet die Beteiligten. Er kann einem Klienten auch seine Verantwortung bewusst machen und ihm in seinem Handeln einen Halt bieten.

Nehmen wir ein Beispiel:

Eine lernbehinderte, alleinstehende junge Mutter verpflichtet sich nach vorübergehender Heimerziehung ihres Kindes wie folgt mit ihrer Unterschrift:

(a) Ich weiß, dass ich jetzt wieder die ganze Verantwortung für mein Kind trage.

(b) Frau A. (die Sozialarbeiterin vom ASD) oder eine Kollegin von ihr wird Kontakt mit mir halten und darauf sehen, wie es dem Kind geht.

(c) Ich achte darauf, dass das Kind jeden Morgen frühstückt und dann pünktlich zur Schule kommt.

(d) Das Kind besucht jeden Donnerstag nachmittag die Spielstunden bei der Caritas.

(e) Ich melde mich sofort bei Frau A., wenn ich mit dem Kind nicht weiter weiß.

(Unterschrieben von der Mutter und von der Sozialarbeiterin).

Ein solcher Kontrakt mag den Eindruck erwecken, dass hier Macht über eine erziehungsschwache Person ausgeübt wird. In der Tat kommt in der Abmachung das Wächteramt des Staates zum Tragen: das Wohl des Kindes muss abgesichert werden. In dieser Hinsicht sind deutliche Worte angebracht. Die Mutter hat das Recht und die Pflicht, für das Wohl des Kindes zu sorgen; der Sozialdienst hat die Pflicht, Gefährdungen des Kindeswohls nachzugehen und ihnen möglichst vorzubeugen. Der Kontrakt setzt bei der gegebenen Unsicherheit, wie die Mutter ihre „elterliche Gewalt" handhaben mag, das Gewicht der behördlichen Jugendhilfe ein. Der Kontrakt wird hier als ein Sicherungsinstrument benutzt. Die Beteiligten treffen die Vereinbarung, weil sie ein Wagnis eingehen und das Risiko beherrschen wollen.

In anderen Kontrakten ist es die Kundenmacht, die den Inhalt bestimmt. Eine 80jährige Frau will einen hauswirtschaftlichen Dienst und einen Fahrdienst in Anspruch nehmen. Sie lässt sich diese Dienste über eine Sozialstation vermitteln, bezahlt selber (oder nutzt bei entsprechender Leistungsberechtigung ihr Persönliches Budget) und schließt mit der Sozialstation einen Vertrag, der die Einzelheiten der Leistungserbringung regelt. Hier fungiert der schriftliche Kontrakt gewissermaßen als ein Instrument des Verbraucherschutzes. Die Kundin legt ihre Ansprüche an die Dienstleistung fest und kann auf Vertragserfüllung bestehen.

Im Rahmen öffentlicher Verwaltung und ihres „Neuen Steuerungsmodells" bedeutet in der vertikalen Lenkung des Geschehens das *Kontraktmanagement* eine Führung durch Leistungsabsprache bzw. nach Vereinbarung. Der Einsatz von Macht ist damit nicht ausgeschlossen; meistens legen aber die Verhandlungen die Positionen und Interessen genügend offen, um ihnen zu entsprechen. Die Politik beauftragt die Verwaltung mit der Erbringung bestimmter Leistungen und trifft mit ihr entsprechende Vereinbarungen. Sie umzusetzen obliegt der Administration in eigener Verantwortung. *[Kontraktmanagement]*

„Auch innerhalb der Verwaltung gilt der Grundsatz des Kontraktmanagements. Die Fachbereichsleitungen müssen ihren Leistungsauftrag auf die verantwortlichen Mitarbeiter, die im Fachbereich die Einzel- und Teilleistungen erstellen, herunterbrechen und mit ihnen ebenfalls Absprachen über Leistungen, Budgets und Handlungsspielräume treffen. Dabei sollte die Managementverantwortung soweit wie möglich nach unten verlagert werden." (KGSt 1993: 17)

Im Verfahren des Case Managements wird die berufliche Verantwortung in der Unterstützung, Pflege und Behandlung tendenziell mit der finanziellen Verantwortung verbunden. Der frei praktizierende Arzt hat beides schon immer miteinander verknüpfen müssen; ansonsten ist die Übertragung der Budgetverantwortung bis auf den einzelnen Mitarbeiter im Sozial- und Gesundheitsbereich in Deutschland noch nicht weit gediehen. Anders in Großbritannien: hier verwaltet der einzelne Care Manager für seine Klientel einen bestimmten Etat und „kauft" in diesem Rahmen für sie die nötigen Dienstleistungen ein. Die Praxis ist von einem Amtsleiter wie folgt geschildert worden: *[Budgetierung]*

„Die Care-Managerin hat eine Gesamtzahl von KundInnen, etwa 35 SeniorInnen, die noch zu Hause sind, und weitere 30, die schon in stationären Einrichtungen untergebracht sind. Der Etat für die 35 Personen beträgt rund 108.000 Pfund pro Jahr, und für die 30 Menschen, die in Alten- und Pflegeheimen wohnen, stehen pro Jahr rund 390.000 Pfund zur Verfügung. Also stehen jeder Care-Managerin rund 500.000 Pfund zur Verfügung, um 65 Kundinnen zu versorgen.

Die Care-Managerin darf nicht über diese Summen hinausgehen, außer wenn eine Kollegin weniger ausgegeben hat und freiwillig von ihrem Etat abgibt.

Kunde und Care-Managerin müssen darum zusammenarbeiten und zusammen überlegen, was dem Kunden innerhalb einer gewissen Preislage wirklich am meisten hilft. Die Care-Managerin sagt also zum Kunden: ‚Ich habe 1.000, 3.000 oder 5.000 Pfund pro Jahr zur Verfügung, die ich für Sie ausgeben kann. Davon können wir folgendes bestreiten: entweder zwei Stunden pro Tag Häusliche Pflege oder zwei Tage in der Woche Tagespflege oder zwei Wochen Kurzzeitpflege plus sieben Tage Essen auf Rädern.' Das Resultat ist ein sogenanntes ‚Package of Care' (maßgeschneidertes Pflegeprogramm), das für verschiedene Kunden jeweils anders aussieht. Wenn zusätzlich noch ein Nachbar oder ein Mitglied der Familie bereit ist, am Wochenende dieses oder jenes zu machen – entweder kostenlos oder gegen ein geringes Entgelt –, dann bedeutet es, dass dieser Kunde mehr professionelle Dienstleistungen bekommen kann."(Greenwood 1995: 723)

Das Budget erlaubt eine gewisse Gestaltungsfreiheit. Hier ist an den gesetzlichen Rahmen in Großbritannien zu erinnern: Die öffentliche Hand, vertreten durch die Care Managerin, entscheidet über die Leistungen, die auf dem Markt der Anbieter einzukaufen sind und schließt dazu Kontrakte mit den dienstleistenden Stellen ab. Die Entscheidungen sind sowohl vor dem einzelnen Bürger als auch öffentlich zu verantworten. Analog ist in Deutschland im Rahmen der Leistungsvereinbarungen zwischen dem Träger der Sozialhilfe und den leistungserbringenden Einrichtungen zu prüfen, ob die in einer Einrichtung gebotenen stationären und ambulanten Leistungen die Maßnahmen enthalten, die im Einzelfall nötig sind, bzw. ob ein Klient in eine bestimmte Hilfeempfängergruppe gehört, für welche die Einrichtung den Standard der Hilfe bietet, für den ihr dann eine *Maßnahmepauschale* gezahlt wird. Sie wird nach Gruppen für Hilfeempfänger mit vergleichbarem Hilfebedarf kalkuliert. Das Verfahren der Bedarfsklärung und Hilfeplanung im Einzelfall ist demnach so zu gestalten, dass es die erforderlichen Zuordnungen ermöglicht. Im Falle des Persönlichen Budgets gehört es zur Aufgabe eines individuellen Case Managements, den Budgetnehmer in der Umsetzung der Zielvereinbarung zu begleiten und zu beraten (Wessel 2007).

LITERATUREMPFEHLUNGEN ZUM KONTRAKTMANAGEMENT

Corden, John/Preston-Shoot, Michael 1987: Contracts in Social Work. Aldershot: Gower
Praktischer Wegweiser zur Vereinbarung von Kontrakten in britischen sozialen Diensten und Einrichtungen.

Deakin, Nicholas, et al. 1997: Contracting for Change: A Study of Contracts in Health, Social Care, and other Local Government Services. Oxford: Oxford University Press
Studien zu Verträgen, die von den britischen lokalen Sozial- und Gesundheitsdiensten mit freien Dienstleistern geschlossen werden.

Flynn, Rob/Williams, Gareth/Pickard, Susan 1996: Markets and Networks: Contracting in Community Health Services. Buckingham: Open University Press
Diskutiert das Kontraktmanagement im britischen Gesundheitssystem im konzeptionellen Rahmen von Quasi-Märkten.

Ruflin, Regula 2006: Wohlfahrtsstaatliches Kontraktmanagement. Die Verhandlung und Umsetzung von Leistungsverträgen als Herausforderung für Nonprofit-Organisationen. Bern: Haupt

3.3. PROZEDURALE FAIRNESS

Der zu managende Prozess steht unter den Anforderungen eines *fairen Verfahrens*: Die Selbstbestimmung und Mitbestimmung der Beteiligten ist zu achten. Dem Bürger, der Rat, Hilfe oder Behandlung sucht, wird unvoreingenommen begegnet. Er kann mit Gleichbehandlung (nach Standards) rechnen und damit, dass seine besonderen Gegebenheiten berücksichtigt werden. Humandienstliches Handeln greift in die persönliche Sphäre von Menschen ein und ist, außer im Notfall, nur nach Vereinbarung gestattet. Der Bürger braucht, um sich für eine Unterstützung oder Behandlung frei entscheiden zu können, hinreichende Information. Er wird in seiner informationellen Selbstbestimmung bestärkt. Andererseits wird man ihm, der Rat und Abhilfe sucht, erforderlichenfalls mit Nachdruck klarzumachen suchen, was aus professioneller Sicht zu tun ist oder warum von Amts wegen gehandelt wird. Auch bei Zwangsmaßnahmen muss ordnungsmäßig verfahren werden. Der Bürger hat einen Anspruch darauf, dass nicht willkürlich in sein Leben eingegriffen wird. In der Ordnung, in der personenbezogene Dienstleistungen erbracht werden, sind Rechtsprinzipien maßgebend.

Verfahrens-
gerechtigkeit

Verfahrensgerechtigkeit heißt nicht nur, dass mit dem Nutzer ein für seinen Bedarf und auf seine Verhältnisse passendes Verfahren gewählt wird, sondern dass es auch in allen seinen Momenten angebracht und den Rechten des Nutzers und mit seiner Würde als Person vereinbar ist. Dazu muss er vor fachlichen Entscheidungen gehört werden. Soweit sie einen Eingriff in sein Leben bedeuten, sind sie ihm zu begründen. Der Bürger hat ein Recht darauf, dass mit ihm in einer verständlichen Sprache gesprochen wird. Und zwar in der Sache, um die es geht, und nicht etwa neben ihr her. Das Verfahren sollte dem Bürger weitestmöglich transparent gemacht werden, damit er bewusst teilnehmen kann, und ihm muss ein Beschwerdeweg offen stehen. Er hat ein Recht auf Einsicht in die ihn betreffenden Akten. Für Sozialdienste ist dieses Recht vorbildlich in Großbritannien mit dem *Access to Personal Files Act* 1987 geregelt worden (siehe zum Umsetzung dieses Gesetzes: Shemmings 1991).

Ein Case Management wird ausgeführt, um prozessual und im Ergebnis den sozialen und gesundheitlichen Belangen von Menschen nachzukommen. Es bietet aber kein Rezept, das vorgibt, wie im Einzelfall einem Wohnungslosen zu helfen oder was bei einem Konflikt zwischen Eltern und Kindern zu tun ist. Es ist vielmehr ein Verfahren, in dem das mit den Beteiligten herausgefunden wird, ein Verfahren, in dem in ziviler und demokratischer Weise ein Hilfebedarf geklärt, Lösungen gesucht, Vereinbarungen getroffen und ausgeführt werden. In jedem dieser Schritte hat der Klient das Recht, über den Gang der Dinge zu bestimmen. Das Verfahren ist auch dazu da, dass der Klient sein Recht wahrnimmt. Es hält bei jedem Schritt inne, um deutlich zu machen, was gerade geschieht und was als nächstes geschehen kann – oder notwendig wird.

Anwaltschaft

Das Verfahren zieht die Beteiligten in ihre *Verantwortung*. Die Professionellen erklären ihr Engagement, Hilfebedürftige werden zur Mitwirkung angehalten; die gebotene Unterstützung oder Behandlung entlastet deren Empfänger nicht von Selbstverantwortung. Sind sie dazu aus objektiven Gründen unzureichend oder gar nicht in der Lage, muss die Verantwortung *anwaltschaftlich* von einer anderen Person wahrgenommen werden. Diese Stellvertretung und Sachwalterschaft ist wiederum rechtlich (speziell im Betreuungsrecht) geregelt. Case Management kann in diesen Fällen der Klarheit dienen, wie eine übernommene Betreuung angelegt und ausgeführt wird.

Bei sozialen Interventionen, in der Pflege und bei medizinischer Behandlung ist regelmäßig die Privatsphäre und die persönliche Integrität von Menschen berührt. Sie ist rechtlich geschützt, und das Verfahren ist darauf anzulegen, dass es nicht ohne ausdrückliche Einwilligung des Klienten oder Patienten vonstatten geht (sofern die persönliche Einwilligung nicht wegen Verhinderung rechtmäßig ersetzt wird). Die sachliche Aufgabeneingrenzung und förmliche Vereinbarungen minimieren eine Beeinträchtigung der persönlichen Sphäre durch die Dienste und Einrichtungen. Zur prozeduralen Fairness gehört auch die Unterscheidung zwischen der Notwendigkeit einer Hilfe und der Anerkennung des Zustandes einer Person, der die Unterstützung veranlasst, und des Verhaltens, das Behandlung nötig macht. Jemandem helfen heißt nicht seine Lebensführung akzeptieren. Heißt aber auch nicht eine bestimmte (gesunde, sozial angepasste) Lebensweise als Voraussetzung für humanen Beistand verlangen.

Alle Beteiligten sind für einen ressourcenschonenden und nachhaltigen Erfolg verantwortlich. In normativer Hinsicht kommen Humandienste einem zivilen, gesellschaftlichen Auftrag nach. Wenn sie darüber Rechenschaft ablegen, berichten sie auch über das Verhalten ihrer Klientel: wie sie – mehr oder weniger gesundheitsbewusst – bei Heilverfahren und präventiven Hinweisen Folgebereitschaft zeigt oder – mehr oder weniger leistungsbereit – Hilfen zur Arbeit akzeptiert oder bei Erziehungshilfen ihren Part wahrnimmt. In der öffentlichen Reflexion über die Interaktion von Diensten und Nutzern sind dann Schlussfolgerungen für die weitere Entwicklung des Sozialwesens und des Gesundheitswesens zu ziehen.

LITERATUREMPFEHLUNGEN ZUR PROZEDURALEN FAIRNESS

Galligan, Dennis 1992: Procedural Rights in Social Welfare. In: Coote, Anna (ed.): The Welfare of Citizens. London: IPPR. S. 55–68
Abhandlung zur Fairness in der Sozialen Arbeit (der Band enthält weitere Beiträge zu den prozeduralen Rechten).
Pichler, Johannes W. 1992: Internationale Entwicklungen in den Patientenrechten. Wien: Böhlau
Eine vergleichende juristische Darstellung der Rechte, die Patienten haben.
Shemmings, David 1991: Client Access to Records: Participation in Social Work. Aldershot: Avebury

> Vor dem Hintergrund des britischen Gesetzes über den Zugang zu persönlichen Akten wird die Praxis der Sozialarbeit in der Aktenführung untersucht und für eine offene Handhabung der Beteiligung und Einsichtnahme des Bürgers plädiert.

3.4. PRODUKTORIENTIERUNG

Im Einsatz von Sozial- und Gesundheitsdiensten wird *Wohlfahrt produziert*, soziale Wohlfahrt und gesundheitliches Wohlergehen erreicht. Das geschieht in direkter und in indirekter Weise. Direkt, indem bei sozialer Unterstützung im Einzelfall eine Person oder Familie besser zurechtkommt oder indem es ihr durch gesundheitliche bzw. pflegerische Leistungen besser ergeht. Indirekt, indem das Vorhandensein der Dienste und Einrichtungen für das Gemeinwesen eine infrastrukturelle Sicherheit darstellt. Die Bürger können mit ihnen rechnen; das macht ihre Lage komfortabler.

Wohlfahrts-produktion

Das Konzept der *Wohlfahrtsproduktion* stammt von Martin Knapp (1984). Er geht davon aus, dass in der modernen Gesellschaft ein erheblicher Aufwand getrieben wird, um erkannte Defizite im sozialen und gesundheitlichen Ergehen der Menschen („welfare shortfalls") zu beheben. Dafür setzt man in jedem Einzelfall Ressourcen ein und erwartet, dass im Zusammenwirken der Beteiligten und in einem überlegten Verfahren die erstrebte Wohlfahrt erreicht wird. „Die Produktion erfolgt in einer geeigneten Kombination des Mittel-Einsatzes (von Mitarbeitern, Kapital und Gebrauchsgütern) und des Einsatzes weiterer Faktoren (wie persönlicher Eigenschaften von Klienten und von Faktoren der sozialen Umgebung)" (Knapp 1984: 216). Der Effekt wird also immer gemeinsam und nicht von einem einzelnen professionellen Akteur hervorgebracht. Das Produkt setzt sich aus verschiedenen Komponenten während des Prozesses der Unterstützung oder Behandlung und bei seinem Abschluss zusammen. Das Case Management gibt die einzelnen Momente der *Wertschöpfung* in der Kette von Situationseinschätzung (Klärung als Gewinn für den Klienten), Planung (Gewinn an Perspektiven), Durchführung (in der Erfahrung von Pflege) und Evaluation (im Erfolg der geleisteten Arbeit) zu erkennen.

Bei der Erstellung einer sozialen oder gesundheitlichen Dienstleistung sind die Fachkräfte auf die Mitwirkung ihrer Klienten angewiesen.

Diese sind bereits vor Inanspruchnahme fachlicher Hilfe *Produzenten* ihres sozialen Ergehens und ihrer Gesundheit, und sie bleiben während der Unterstützung oder Behandlung *Koproduzenten* in der Herstellung des Arbeits- (Beratungs-, Behandlungs-, Erziehungs-, Pflege-)Ergebnisses. Der Dienst bringt mit dem Aufwand, den er treibt, ein *Output* zustande. Was der Dienst leistet, ist aber nicht gleich das, was erreicht wird. Er erfüllt bei Humandiensten seinen Zweck im *Outcome* bei den Nutzern – indem es ihnen anders und besser ergeht (dazu des näheren: Abschnitt 3.5.).

In dem seinerzeit von der Kommunalen Gemeinschaftsstelle für Verwaltungsmanagement (KGSt) vorgestellten „Neuen Steuerungsmodell" für die öffentliche Verwaltung wird unter *Produkt* „eine Leistung oder eine Gruppe von Leistungen" verstanden, „die von Stellen außerhalb des jeweils betrachteten Fachbereichs (innerhalb oder außerhalb der Verwaltung) benötigt werden" (Kommunale Gemeinschaftsstelle 1994a: 11). Das Produkt ist eine komplexe Dienstleistung, mit der einer Nachfrage oder einem Auftrag entsprochen wird. Das Hergestellte kommt also einem bestimmten Bedarf nach, den nicht der Hersteller definiert. Er handelt nach (Ziel-)Vorgaben. Das Produkt ist hier eine Steuerungsgröße, die nach Inhalt, Umfang, Qualität und Kosten beschrieben werden kann. Die einzelnen Produktbeschreibungen bilden zusammen den Leistungskatalog einer Verwaltung oder eines Dienstes. Die KGSt hat für sie nur ein grobes Raster erstellt, an dem viel Kritik geübt worden ist; die Fachkräfte sind gefordert, ihre qualitativen Kriterien an Produktbeschreibungen anzulegen (Müller 1996).

Die Neue Steuerung führt die Fachverantwortung und die Ressourcenverantwortung zusammen. Auf der Ebene des direkten Dienstes und der methodischen Arbeit bedeutet das die Aufhebung der Trennung von „Gutes tun" und „Güterbeschaffung". Der Arzt trägt in seiner Praxis im Rahmen der gesetzlichen Krankenversicherung Budgetverantwortung. Der einzelne Versicherte, der behandelt werden möchte, erkundigt sich vorsorglich nach den Kosten. Die Sozialarbeiterin im Amt oder bei einem freien Träger kann nicht länger, wenn sie „sozial" handelt, von dem Aufwand absehen, den sie treibt. Sie „wirtschaftet", wenn sie Rat und Unterstützung bereitstellt. Ein pflegerischer Einsatz ist immer auch eine Verfügung über Arbeitszeit und Arbeitsmittel. Allgemein werden an der Stelle, an der die Kosten entstehen, diese auch verantwortet. Die Prüfung der Kosteneffizienz ist Teil einer wir-

83

kungsorientierten Verwaltungsführung, und sie schließt eine wirkungsorientierte Fallführung ein.

In der Konsequenz ist in Sozial- und Gesundheitsdiensten auf eine kontinuierliche *Leistungserfassung* vom ersten Kontakt mit einem Nutzer bis zum Abschluss eines Falles zu sehen. Die Schrittfolge im Case Management gibt eine Gliederung der Leistungserfassung und Leistungsdokumentation vor, in die der berechtigte Bürger Einsicht nehmen und die im Controlling sowie zur Rechnungslegung des Leistungsträgers verwendet werden kann.

LITERATUREMPFEHLUNGEN ZUR PRODUKTORIENTIERUNG

Kommunale Gemeinschaftsstelle 1994: Berichte Nr. 8 und 9. Köln: KGSt
Die Kölner Stelle hat mit einer Reihe von Berichten die Implikationen des Neuen Steuerungsmodells beschrieben: hier, was „Produkt" und „Output" in der Verwaltung heißen soll.

Merchel, Joachim/Schrapper, Christian (Hrsg.) 1996: Neue Steuerung. Tendenzen der Organisationsentwicklung in der Sozialverwaltung. Münster: Votum
Diskussion der wichtigsten Komponenten der Neuen Steuerung in der Sozialadministration mit ihren Folgen für die Jugendhilfe und für freie Träger.

Müller, Burkhard 1996: Qualitätsprodukt Jugendhilfe. Kritische Thesen und praktische Vorschläge. Freiburg i.Br.: Lambertus
Auseinandersetzung mit dem Verständnis und der Praxis Neuer Steuerung im Feld der Jugendhilfe.

Mullen, Edward J./Magnabosco, Jennifer L. (eds.) 1997: Outcomes Measurement in the Human Services. Washington, DC: NASW Press
Handbuch mit Beiträgen zur Messung von Outcome in Diensten für Kinder, Jugendliche, Familien, alte, behinderte und kranke Menschen mit Fallbeispielen und methodischen Hinweisen.

Naschold, Frieder/Pröhl, Marga (Hrsg.) 1994: Produktivität öffentlicher Dienstleistungen. Gütersloh: Bertelsmann Stiftung
Erläuterungen zum Produktivitätsbegriff und zur Leistungsgestaltung im öffentlichen Sektor.

3.5. QUALITÄTSMANAGEMENT

Mit den Dienstleistungen im Sozial- und Gesundheitswesen werden individuelle und gesellschaftliche Erwartungen befriedigt. Die Leistungserstellung wird den Ansprüchen in unterschiedlichem Maße gerecht. Die Frage nach der *Qualität* stellt sich insbesondere dann, wenn sie nicht dem Gutdünken der Fachkräfte überlassen bleibt, sondern wenn darüber die Nutzer oder Kunden (individuelle Leistungsempfänger und die Gesellschaft) zu befinden haben. Zu ihrem Ergehen tragen Humandienste mit ihrer Leistungserstellung in unterschiedlichem Maße und in einer Vielzahl von Hinsichten bei.

Für alle Wirtschaftsbereiche definiert die DIN ISO-Norm 8402 die Qualität als „die Gesamtheit von Eigenschaften und Merkmalen eines Produktes oder einer Dienstleistung, die sich auf deren Eignung zur Erfüllung festgelegter oder vorausgesetzter Erfordernisse beziehen". Im humandienstlichen Bereich unterliegen die Anforderungen und Standards einem Prozess intersubjektiver Verständigung. Wir haben also zwischen der Klärung der Gütekriterien unabhängig vom Einzelfall und der Prüfung, ob sie im Einzelfall eingehalten werden, zu unterscheiden. Das Versorgungsmanagements eines Dienstleisters stellt die Ressourcen bereit, um den Erfordernissen nachzukommen, und es wirkt auf eine qualitätvolle Gestaltung des ganzen Leistungsgeschehens hin; das Case Management realisiert die Qualität der Versorgung person- und situationsbezogen gemäß den Standards und unter den Gegebenheiten des Einzelfalls.

ISO-Norm

Im Verständnis von Qualität wird unterschieden zwischen

(1) Strukturqualität,
(2) Prozessqualität und
(3) Ergebnisqualität.

Dimensionen von Qualität

(1) Dienstleistungen werden unter bestimmten Rahmenbedingungen erbracht, die in der Struktur eines Dienstes oder einer Einrichtung gegeben sind. Zur *Strukturqualität* der sozialen und gesundheitlichen Versorgung gehören die Angemessenheit ihrer Organisation und des Personaleinsatzes, bauliche und räumliche Gegebenheiten, Zugangserleichterungen oder -erschwernisse, die technische Ausstattung, die dienstlichen Kommunikations- und Informationsabläufe. Strukturen sind in Regeln festgelegt und bilden das Gerüst, in dem Ressourcen

Struktur-qualität

vorgehalten werden oder sich erschließen lassen. Strukturelle Mängel behindern die Arbeit und beeinträchtigen ihren Erfolg. Um strukturellen Erstarrungen entgegenzuwirken, wird ein organisationales Lernen nötig, das alle Mitarbeiter einbindet, sie z.B. an einer ständigen internen Weiterbildung, an Qualitätszirkeln und Teamsupervision beteiligt. Case Management setzt u.a. Flexibilität in der Dienstgestaltung voraus. Vernetztes Vorgehen und interdisziplinäre Zusammenarbeit sollten von der betrieblichen Struktur her möglich sein und erleichtert werden.

Prozess-qualität

(2) In seinem person- und situationsbezogenen Vorgehen eignet dem Case Management eine *Prozessqualität* in der Art und Weise der Leistungserbringung. Die Prozessqualität betrifft die Effizienz der Abläufe und des Ressourceneinsatzes, die Qualität der Zusammenarbeit sowohl mit den Nutzern als auch unter den beteiligten professionellen Mitarbeitern, die Gestaltung der Beziehungen unter den Beteiligten, und sie meint die von den Leistungsnehmern erlebte Qualität der Versorgung in deren Verlauf. Zu beachten sind gesetzliche Regelungen und Verordnungen sowie die von extern vorgegebenen und intern erarbeiteten Standards des Handelns. Die Prozessqualität ist in sozialen und gesundheitlichen Diensten Sache jedes einzelnen Mitarbeiters. Er erzeugt und kontrolliert in seiner Tätigkeit Qualität. Auf sie hin veranlagt Case Management die ganze Arbeitsweise.

Ergebnis-qualität

(3) Die *Ergebnisqualität* bezeichnet, in welchem Maße und auf welchem Niveau die Ziele, die man sich vorgenommen hatte, erreicht wurden. Die Ergebnisqualität wird in einem Soll-Ist-Vergleich ermittelt. In sozialen und gesundheitlichen Belangen kommt es auf die Zufriedenheit der Nutzer an, die jedoch auf die objektive und intersubjektiv feststellbare Lebensqualität zu beziehen ist, die sich im Hilfe- oder Behandlungsprozess ergeben hat.

Output, Outcome

In sozialen und gesundheitlichen Belangen haben wir (siehe Abschnitt 3.4.) zwischen dem *Output* eines Dienstes (was er leistet) und dem *Outcome* des Handelns (was mit ihm erreicht wird) zu unterscheiden.
-> Die geläufige Redewendung „Operation gelungen, Patient tot" trifft genau die gemeinte Differenz: Die Behandlung wird nach allen Regeln der Kunst geleistet, aber der Nutzer hat in diesem Fall nichts davon. Ein Pflegedienst stellt die nötige Versorgung fachgerecht und situationsangemessen sicher; dennoch bessert sich die Lebensqualität

der betreuten Person nicht. Das kann an deren körperlichen Verfassung, psychischen Disposition oder sozialen Verhältnissen liegen. Das gute „Produktionsergebnis" des fachlichen Handelns reicht nicht hin für den erstrebten Ausgang. Die Fürsorge, die man in Sozialer Arbeit einer Familie angedeihen lässt, mag sehr erwünscht sein und von ihr geschätzt werden; aber vielleicht ist diese Fürsorge mit ihrem Output an Hilfestellungen kontraproduktiv und vermehrt unbeabsichtigt die Abhängigkeit der Familie von fremder Hilfe.

Die Einschätzung von Auswirkungen schließt deren subjektive und objektive *Bewertung* ein. Ein Gewinn an Lebensqualität ist für eine Person nur auszumachen, wenn sie selber diesen Ertrag wahrnimmt. In sozialer und gesundheitlicher Hinsicht muss er aber auch objektivierbar sein, weil das Subjekt sich täuschen mag oder Maßstäbe verwendet, die gesellschaftlich und fachlich inakzeptabel sind. Wer eine finanzielle Zuwendung in Alkohol umsetzt, empfindet nach dessen Konsum vorübergehend eine Besserung, aber tatsächlich verschlechtert er sozial und gesundheitlich seine Situation. Indes wird die Rechenschaftslegung eines Dienstes oder die Auswertung eines Projektes diese individuellen Momente nicht einzeln wiedergeben. Im Outcome der Leistungserbringung sind sie integriert und ergeben ein buntes Bild der Wirkungen und Nebenwirkungen (Smith 1996).

Halten wir fest: Die am *Outcome* zu beobachtende Ergebnisqualität differiert in jedem Einzelfall. Die Prozessqualität dagegen weist im ambulanten Dienst und in stationären Einrichtungen überindividuelle Züge auf: die Routine der Mitarbeiter und der betrieblichen Abläufe bedingt eine Gleichbehandlung in vielen Fällen, bleibt aber personenbezogen variabel. Die Strukturqualität ist wenig personenbezogen. Sie bezeichnet die Güte des ganzen Dienstes, so wie er gegliedert, gefügt und ausgestattet ist.

Wird im Verlauf und im Ergebnis die Einhaltung von Qualitätsstandards systematisch kontrolliert und geprüft, spricht man von *Qualitätssicherung*. Sie ist ein notwendiger aber nicht hinreichender Teil des Qualitätsmanagements eines Dienstleistungsunternehmens. Sozialberufler missverstehen die Qualitätssicherung oft als Forderung, dass ihre Arbeit „gesichert" wird, sprich: dass nicht Mittel und Stellen gekürzt werden. Der bloße Erhalt eines bestehenden Angebots erfüllt keineswegs die Kriterien eines internen Qualitätssicherungssystems, — Qualitätssicherung das eine ständige Überprüfung der Leistungen und deren Weiterentwicklung bedeutet. Interne Qualitätssicherung stellt einen Aushandlungsprozess dar, an dem möglichst alle Mitarbeiter beteiligt sein sollten (siehe dazu: Meinhold 1996: 16ff.). Wenn dann zur Festlegung von Qualitätsstandards die Erwartungen der Nutzer gefragt sind und ihre Bedarfe erhoben werden müssen, zeigt sich die Wechselbeziehung zwischen dem Management von Qualität und der Gestaltung der Arbeit im Einzelfall.

Zur Qualitätssicherung können verschiedene Steuerungsinstrumente herangezogen werden. Im Case Management stellen neben der Bedarfsklärung die Zielvereinbarung und die Hilfeplanung ein solches Instrument dar. Darin wird deutlich, was im Einzelfall z.B. an „Hilfen zur Erziehung" oder an Rehabilitationsmaßnahmen gebraucht wird, welche Angebote herangezogen werden und wo es an Ressourcen – etwa der Kinderbetreuung oder der gerontopsychiatrischen Versorgung – fehlt. Ebenso lässt sich die Evaluation im Case Management zur Analyse der Wirkungen einzelner Faktoren im Prozess der Unterstützung oder Behandlung und zur Erfolgskontrolle, also für die Prüfung nutzen, ob und inwieweit Erwartungen befriedigt werden und Wohlergehen zustande kommt.

Unter *Qualitätsmanagement* wird die Führung eines Betriebes und die Lenkung seiner Abläufe unter Gesichtspunkten der Güte dessen, was da geschieht und wie es geschieht, verstanden. Modelle für ein umfassendes Qualitätsmanagement werden unter dem Begriff *Total Quality Management (TQM)* beschrieben. Der Titel zeigt an, dass alle Prozesse in einem Betrieb qualifiziert werden und dass daran alle Mitarbeiter verantwortlich beteiligt sind (zum TQM in Sozialdiensten siehe: Gunther/Hawkins 1996; im Krankenhaus: Plocek/Nagorny 1997). Die Verfahrensweise Case Management kann als Total Quality Management in Aktion betrachtet werden (Moxley 1997: 94). Sie stellt in diesem Sinne einen gegliederten Prozess dar, der in allen Teilen eine zweckmäßige und zielwirksame Qualifizierung erfährt bzw. zur Qualitätssicherung beiträgt. Case Management realisiert in Humandiensten für den Bürger, der sie in Anspruch nimmt, und für die Mitarbeiter eine bestimmte *Kultur* der Aufgabenausführung und Problembewältigung.

LITERATUREMPFEHLUNGEN ZUM QUALITÄTSMANAGEMENT

Gerull, Peter 2007: Sozialwirtschaftliches Qualitätsmanagement. Grundlagen, Konzepte, Instrumente. Berlin: VdM Verlag Dr. Müller

Gunter, John/Hawkins, Frank (eds.) 1996: Total Quality Management in Human Service Organizations. New York: Springer
Übersicht über Konzepte und Anwendungen von TQM in Humandiensten, ausführlich erläutert an Beispielen aus einzelnen amerikanischen Sozial- und Gesundheitsorganisationen.

Jaster, Hans-Joachim (Hrsg.) 1997: Qualitätssicherung im Gesundheitswesen. Stuttgart: Thieme
Umfassende Einführung in Konzepte und Programme der Qualitätssicherung in Medizinbetrieben.

Kaltenbach, Tobias 1993: Qualitätsmanagement im Krankenhaus: Qualitäts- und Effizienzsteigerung auf der Grundlage von Total Quality Management. Melsungen: Bibliomed
Stellt die Elemente der Produktion im Krankenhaus, des Verständnisses, der Sicherung und Messung von Qualität dar und führt auf ein integriertes Qualitätsmanagement hin.

Kelly, Kathleen/Maas, Meridean (eds.) 1996: Outcomes of Effective Management Practice. Thousand Oaks, CA: Sage
Beiträge zur Messung und Evaluation von Resultaten in der medizinischen und pflegerischen Versorgung von Patientengruppen.

Martin, Lawrence L. 1993: Total Quality Management in Human Service Organizations. London: Sage
Kurzgefasste Einführung in das TQM im Bereich der Humandienste.

Meinhold, Marianne 1996: Qualitätssicherung und Qualitätsmanagement in der Sozialen Arbeit. 2. Aufl., Freiburg i.Br.: Lambertus
Einführung und Arbeitshilfe zu den Grundlagen der Qualitätsorientierung in Sozialdiensten: Festlegung von Standards, Praxis der Qualitätssicherung.

Merchel, Joachim 2004: Qualitätsmanagement in der Sozialen Arbeit. Ein Lehr- und Arbeitsbuch. 2. Aufl., Weinheim: Juventa
Stellt die fachpolitische Strategie des Qualitätsmanagements in der beruflichen Sozialarbeit dar.

Nocon, Andrew/Qureshi, Hazel 1996: Outcomes of Community Care for Users and Carers. Buckingham: Open University Press
Das Konzept „Outcome" in Sozialdiensten wird ausführlich erörtert, ebenso die Messung von Outcome in der Pflege und Förderung von alten und behinderten Menschen.

Plocek, Michael/Nagorny, Heinz-Otto (Hrsg.) 1997: Praxishandbuch Qualitätsmanagement Krankenhaus. Kulmbach: Baumann
Beschreibung des Aufbaus eines umfassenden Qualitätsmanagements, der Verfahrensweisen, der Handbucherstellung, des Abbaus von Widerständen, mit Erfahrungsberichten.

3.6. Versorgungsmanagement

Care in dem weiten Sinne des Umsorgens von Menschen verlangt im institutionellen Bereich, dienstliche Strukturen zu gestalten und die Prozesse der Leistungserbringung zu steuern. In Humandiensten ist zu besorgen, dass ihre Nutzer bekommen, was sie brauchen, und dass die vorhandenen Ressourcen dafür bereitgestellt und bestmöglich genutzt werden. Das eine ist vom anderen abhängig: stehen die Ressourcen nicht zur Verfügung, kann die im Einzelfall nötige Dienstleistung nicht erbracht werden. Befasst sich der Dienst unangemessen (zu lange, zu spät, an der falschen Stelle) mit einzelnen Fällen, wird von den Ressourcen nicht optimal Gebrauch gemacht. Sozial- und Gesundheitsdienste stehen unter dem *Wirtschaftlichkeitsgebot*. Für die gesetzliche Krankenversicherung ist (in § 12 Abs. 1 SGB V) geregelt, dass Versicherte Leistungen nur insoweit beanspruchen können, als sie *ausreichend, zweckmäßig* und *wirtschaftlich* sind.

Keine Wirtschaftlichkeit einer Institution ohne Wirtschaftlichkeit im Einzelfall. Und keine wirtschaftliche Leistungserbringung in der personbezogenen Versorgung ohne Wirtschaftlichkeit der Organisation, in der oder durch die diese Versorgung erfolgt. Komplementär zum Case Management ist darum die Steuerung der Ausnutzung vorhandener Dienste und Einrichtungen zu bedenken (*utilization management*). Ob die Verantwortung einer Fachkraft nun enger oder weiter gezogen ist, sie führt Versorgung aus und sollte deshalb auch an der Rechenschaft für den Einsatz des Betriebes, dem sie angehört, beteiligt werden. Die Führung und Verwaltung z.B. eines Krankenhauses oder einer Sozialstation kann die Kosten kaum dämpfen, wenn nicht diejenigen, die Fall für Fall dispositive Entscheidungen über die Versorgung von Patienten oder Klienten treffen, ressourcenbewusst handeln. Sie entscheiden über die Auslastung der Einrichtung mit und über die Quantität und Qualität ihrer eigenen Auslastung. Die Prüfung des Mitteleinsatzes (*utilization review*) gehört zu den Aufgaben von Case Managern (Powell 1996: 77ff.).

Sie sind im Dienstbetrieb person- und situationsbezogen tätig. Im Management der Versorgung wird darüber hinaus auf die Gestaltung der Leistungserbringung im ganzen gesehen. Der Zugang zum Dienst und die Ressourcennutzung lassen sich „bahnen" und dadurch verbessern. Muss man sich zu einer Beratung telefonisch anmelden oder kann man auch direkt vorsprechen? Wird der ambulante oder stationäre Behandlungsablauf durch Wartezeiten unterbrochen oder hat man ihn für bestimmte Indikationen (Therapieanzeigen) so optimiert, dass Patienten ihn ohne unnötige Verweilzeiten durchlaufen können? Wirtschaftliches Ziel des Versorgungsmanagements in einem Krankenhaus wird es sein, die Auslastung zu maximieren und die Kosten zu minimieren (bzw. die Kostenwirksamkeit zu steigern).

Im Case Management werden formelle Dienstleistungen und informelle Mitwirkung zielorientiert zusammengeführt. Voraussetzung ist, dass die nötigen Dienstleistungen lokal oder regional vorhanden sind. Ihre Bereitstellung ist eine logistische Aufgabe für die Leistungsträger. Entweder übernimmt ein einzelner Träger die Versorgung und kümmert sich darum, dass die erforderlichen Dienste verfügbar sind, oder es gibt einen Versorgungsverbund mit der dafür nötigen Abstimmung aller Beteiligten.

Mit dieser Koordination wird erreicht, dass im Einzelfall das Erforderliche getan werden kann. Das Case Management greift auf die Ressourcen des Versorgungssystems zurück. Das Case Management gehört diesem System auch selber funktional an, sofern es von den Mitarbeitern eines Dienstes oder einer Einrichtung ausgeführt wird. Die Versorgung des einzelnen Klienten übernimmt ein Case Manager im Rahmen des Versorgungsauftrags seiner Organisation. Versorgungsmanagement (*care management*) und Case Management sind auch hier in einer Wechselbeziehung und in einer organisatorischen Verbindung zu sehen. Das Management der Versorgung (z.B. in einem Krankenhaus, durch eine Jugendamt oder durch eine Agentur für Arbeit) differenziert sich in einem Management der Fälle. David Challis hat eine entsprechende Unterscheidung beider Begriffe getroffen: „Care Management halte ich für das ‚Management von Case Management' und finde es daher mehr systembezogen und auf einer höheren Etage der Organisation tätig als es die Koordination und Organisation der Fürsorge für einzelne Klienten erfordert." (Challis 1990: 10)

Auf der Versorgungsebene kommt es darauf an, den Umgang mit Klienten und die Behandlung von Kranken von vornherein so zu gestalten, dass optimale Ergebnisse erreicht werden können. Man hat deshalb für einzelne Patientengruppen bzw. Krankheiten Leitfäden und Protokolle ausgearbeitet, die zu allen Einzelheiten eines günstigen Behandlungsablaufs unter Berücksichtigung von Risiken und Variablen Aussagen machen und als Integrierte Versorgungspfade (*integrated care pathways*, ICPs) oder auch als Klinische Pfade (*clinical pathways*) bezeichnet werden (siehe dazu Abschnitt 6.9.). Care Management kann sich dann darauf konzentrieren, solche Behandlungswege zu bahnen, für die nötige materielle und personelle Ausstattung zu sorgen und die Qualität zu sichern. Im Case Management bietet für die eine oder andere *Fallgruppe* ein Pfad die Orientierung für das angemessene Vorgehen; *im Einzelfall* wird aber von dem vorgezeichneten Weg auch immer wieder abgegangen.

Zu bedenken ist auf der Versorgungsebene die räumliche und zeitliche Verteilung von Unterstützungs-, Behandlungs- und Pflegemaßnahmen. In einem Krankenhaus oder einer Erziehungseinrichtung ist klar, dass die ganze *Versorgungsumgebung* (*care environment*) eine wesentliche Rolle in der Behandlung spielt. Bekanntlich hat man speziell für psychisch gestörte Menschen ein „therapeutisches Milieu" entwickelt, in dem von der räumlichen Ausstattung bis zum Umgang der Mitarbeiter untereinander alles in seiner Wirkung auf das Gemüt und die Gedanken der Patienten bedacht ist. Nicht weniger Bedeutung hat die Versorgungsumgebung bei ambulanter Unterstützung, Pflege, Behandlung oder Hilfe zur Erziehung. Ihre Leistung kommt in der gegebenen häuslichen, familiären Situation zum Erfolg (outcome) – oder situative Gegebenheiten hindern am Erfolg. Der Dienst wird auf die Umstände eingerichtet sein müssen: mit der Wahl einer bestimmten Hilfeform (etwa Sozialpädagogischer Familienhilfe oder der Beratung von Pflegepersonen), mit komplementären Maßnahmen (etwa in der hauswirtschaftlichen Versorgung oder durch Beschaffung einer anderen Wohnung) oder Sicherungsvorkehrungen (zum Beispiel Anschluss an ein Notrufsystem).

Zur Logistik von Case Management gehört heute unabdingbar seine *informationstechnologische* Unterstützung. Sie beginnt bei den Formularen und anderen Formblättern, die zur Datenerhebung und in der Aktenverwaltung verwandt werden. Es gibt diese Vordrucke für die

Anmeldung, für das Assessment (siehe etwa: Runge/Wahl 1996: 41ff.) und die Hilfeplanung und zur Dokumentation und Evaluation eines Versorgungsverlaufs. Vorhanden ist inzwischen eine Menge Software für die EDV im Case Management. Weil die Steuerung seines Prozesses im Nebeneinander und Nacheinander verschiedener beteiligter Stellen und Personen erfolgt, ist ihre elektronische Vernetzung eine Voraussetzung für das Funktionieren einer effektiven und effizienten Leistungserbringung in Systemen der Versorgung.

LITERATUREMPFEHLUNGEN ZUM VERSORGUNGSMANAGEMENT

Johnson, Sue (Hrsg.) 2002: Interdisziplinäre Versorgungspfade. Pathways of Care. Bern: Huber

Whitely, Sara/Ellis, Richard/Broomfield, Sinclair 1996: Health & Social Care Management. A Guide to Self-Development. London: Arnold Führt systematisch in die einzelnen Funktionen und Rollen des Managements innerhalb der medizinischen Versorgung (nach dem britischen System) ein.

Wilson, Jo (ed.): 1997: Integrated Care Management. The Path to Success? Oxford: Butterworth-Heinemann Darstellung der Wege multidisziplinärer Behandlung und Versorgung in Krankenhäusern (im britischen Gesundheitssystem).

3.7. KOORDINATION UND KOOPERATION

In Humandiensten ist Zusammenarbeit nötig, weil die Problematik, die ihnen begegnet, gewöhnlich vielseitig ist und nicht nur auf eine spezielle Art und Weise vollständig behandelt und bewältigt werden kann. Eine isolierte einseitige Bearbeitung hat zusätzliche und ergänzende Behandlungen zur Folge, so dass die Leistungserbringung insgesamt ebenso ineffektiv wie kostspielig wird. *Integrierte Versorgung* steht deshalb auf der Agenda von Reformen im Sozial- und Gesundheitswesen und hat zu entsprechenden gesetzlichen Regelungen geführt (insbes. in den §§ 140 a–d SGB V).

Mit Konzepten integrierter Versorgung soll erreicht werden, dass sektorübergreifend und disziplinübergreifend und dabei qualitätsgesichert, wirksam, ausreichend, zweckmäßig und wirtschaftlich gehan- *Integrierte Versorgung*

93

delt wird. Alle an einer Versorgung Beteiligte sind einzubeziehen. Man muss die Integration strukturell bahnen, die Leistungserbringung verketten, Versorgungsdaten generieren (um ihnen Budgetansätze aus Komplexpauschalen zuordnen zu können), Teilprozesse in einen Gesamtprozess fügen, seine Qualität insgesamt kontrollieren und sichern, für eine Fallführung über Schnittstellen hinweg und überhaupt für Kontinuität und für Angemessenheit im Vorgehen sorgen. Diese Aufgabenstellung erfordert eine manageriale Kompetenz und Expertise.

Ein loses Nebeneinander von Diensten und die Vereinzelung professionellen Handelns stand am Anfang der Entwicklung von Case Management. Es ist für eine bessere Koordination von Dienstleistungen und für mehr Zusammenarbeit unter den Beteiligten konzipiert worden. Im Sozialwesen sind formelle und informelle Unterstützungsmöglichkeiten miteinander zu verbinden; Insellösungen sind zu vermeiden; im lokalen Umfeld ist eine Kooperation freigemeinnütziger und privater Anbieter geboten, um eine gute Versorgung zu sichern; stationäre, teilstationäre und ambulante Hilfen sind aufeinander abzustimmen. Im Gesundheitswesen geht es ebenfalls darum, Brücken zwischen der stationären und der ambulanten Behandlung zu schlagen. Prävention, Kuration, Rehabilitation und Pflege sind zu verzahnen.

Im Rahmen dieser Aufgaben setzt Case Management Akzente in der

(1) Kommunikation,
(2) Kooperation,
(3) Koordination und
(4) Vernetzung.

Kommunikation

(1) Ein koordiniertes Vorgehen und eine gute Zusammenarbeit setzen eine entwickelte *Kommunikation* voraus. Zu ihr gehören:

(a) eine hinreichende Information der Nutzer eines Dienstes oder einer Einrichtung,
(b) eine entsprechende Information der an der Leistungserbringung Beteiligten über die Anliegen von Nutzern,
(c) die Art der Gesprächsführung mit den Klienten und die Gestaltung der Beziehung zu ihnen,
(d) die Kultur des Umgangs in einem Dienst oder in einer Einrichtung,
(e) Verbindlichkeit in Absprachen und Vereinbarungen.

(2) Eine gute Kommunikation ist Voraussetzung und Teil der nötigen Kooperation in sozialen und gesundheitlichen Belangen. Die Verbindung von Unterstützung (social support) bzw. fachlicher Behandlung und Bewältigung (coping) gelingt nicht, wenn die Unterstützer oder Behandler ohne Arbeitsbeziehung zu ihren Klienten vorgehen. Kooperation meint also zunächst einmal Zusammenarbeit mit ihnen. Die Fürsorgerin, die bei einem Hausbesuch ein paar Fragen stellt und ihre Beobachtungen macht, erfüllt vielleicht einen amtlichen Auftrag, schafft aber mit dem Bürger weiter keine Veränderung. Solange beim Arzt nur Diagnostik per Einsatz von Medizintechnik betrieben wird, erfolgt noch keine Behandlung. Sie beginnt mit dem ärztlichen Gespräch, in dem der Arzt sich auf den Patienten einstellt und er sich mit seinem ganzen Befinden auf die medizinische Praxis einlässt. Es ergibt sich eine Kooperation. Dauert die medizinische Versorgung an, wird die Zusammenarbeit komplexer. Ebenso bei einem Pflegeprozess oder bei einer sozialpädagogischen Maßnahme. Es bleibt dann meist nicht bei der singulären Arbeitsbeziehung zwischen einem einzelnen Professionellen und dem individuellen Klienten. Andere Fachkräfte werden herangezogen, weitere Dienste beansprucht, und interdisziplinäre Zusammenarbeit wird nun verlangt.

Ist das System der Dienstleistungen erst einmal eingeschaltet, werden Kooperation und Koordination zu einem Erfordernis der Funktionsfähigkeit des Systems. Diese Erkenntnis drängt sich heute im Sozial- und im Gesundheitswesen auf. „Für den praktizierenden Arzt", schreibt David Blumenthal vom Massachusetts General Hospital, „ergeben sich die wesentlichen Veränderungen aus der wachsenden Komplexität der medizinischen Versorgung und der zunehmenden Notwendigkeit für verantwortungsvolle Ärzte, mit anderen Gesundheitsberufen und mit anderen Einrichtungen des Gesundheitswesens zusammenzuarbeiten. Vor hundert Jahren befand sich alles, was Ärzte für die Behandlung ihrer Patienten brauchten, zwischen den eigenen zwei Ohren oder in einem kleinen schwarzen Koffer. In den nächsten hundert Jahren werden Ärzte um der bestmöglichen Behandlung willen die Erbringung der gesundheitlichen Versorgung durch große Systeme zu orchestrieren haben, die ein unterschiedliches Personal umfassen, das von den Helferinnen in der häuslichen Pflege bis zu den Gentechnikern reicht." (Blumenthal 1996: 1148)

Schon seit einigen Jahren existieren Modelle, wie sich im medizinischen Behandlungsrahmen eine interdisziplinäre Kooperation veranstalten läßt. Eine biopsychosoziale Gesamtbehandlung von Patienten in ihrer Familie praktizieren in den USA Arbeitsgruppen, die sich zu einer *Collaborative Family Health Care Coalition* zusammengeschlossen haben. Darin wirken neben Ärzten, Psychotherapeuten, Krankenschwestern und Sozialarbeitern eigens bestellte „Health Care Manager" mit (Hendrischke/Kröger 1997: A–294ff.). Die Kooperation der Familienmitglieder während der Behandlung ist Bestandteil des Konzepts. Wenn nötig, wird diese Mitarbeit in einer systemischen Familientherapie in die Wege geleitet (Doherty/Baird 1986; Doherty 1997). Ein analoges Konzept ist Inhalt des Chronic Care Model von Ed Wagner et al. in der primärmedizinischen Versorgung (Gensichen u.a.: 2006). Die formell beteiligten Fachkräfte müssen in dem einen wie dem anderen Modell allerdings erst einmal lernen, in ihrem System herkömmlich getrennter Zuständigkeit interdisziplinär zu kooperieren (McDaniel 1996: 45ff.). Diese Lernaufgabe stellt sich bei interprofessioneller Teamarbeit generell (Casto/Julia 1994).

Koordination (3) In den gemeinten Versorgungssystemen wird von *Koordination* gesprochen, wenn Vorgänge aufeinander abgestimmt und Handlungen von Personen, Diensten und Einrichtungen einander zugeordnet und miteinander verknüpft werden. Die Koordination kann auch von außerhalb des eigentlichen Behandlungs- und Unterstützungskontextes erfolgen. Der „Fallberater" der Versicherung koordiniert Leistungen (ihre Gewährung und ihre Erbringung) für einzelne Kunden; eine Berufsgenossenschaft beauftragt eine unabhängige Fachstelle mit der Integrationsbegleitung eines verunfallten Versicherten. Der „Drogenhilfekoordinator" einer Kommune sorgt für ein abgestimmtes Vorgehen in der ambulanten Behandlung Suchtkranker. In Beziehung auf den Einzelfall kann „objektzentriert" oder „subjektzentriert" koordiniert werden (siehe die Unterscheidung von „provider-driven"- und „client-driven"-Case Management). Entweder wird im Dienstleistungssystem zusammengeführt, was in der fallweisen Versorgung nötig ist, oder mit einem Klienten wird abgesprochen, was zu seiner Problembewältigung beigezogen werden sollte. Nora van Riet und Harry Wouters treffen in ihrem niederländischen Lehrbuch zum Case Management diese Unterscheidung: Klientzentriert wird hier wie dort vorgegangen, aber die Versorgungskoordination erfolgt aus der Angebotsperspektive, während im Sinne des Case Managements in der Koordination bei den Aktivitäten und Stärken des Nutzers angesetzt wird (siehe Abbildung 5, S. 86; Riet/Wouters 1996: 38).

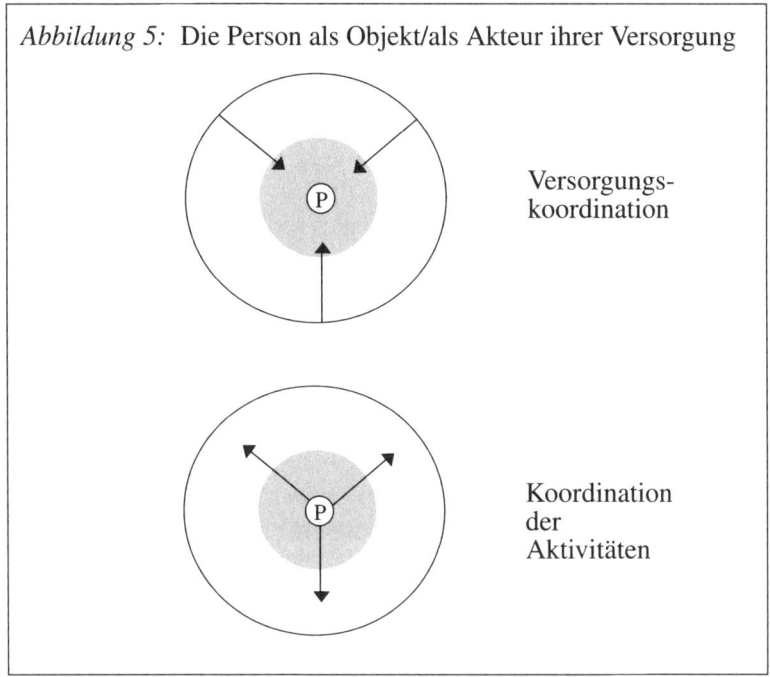

Abbildung 5: Die Person als Objekt/als Akteur ihrer Versorgung

Versorgungs-koordination

Koordination der Aktivitäten

Der Case Manager erschließt für den Bürger (P) Dienste, arrangiert sie und knüpft Kontakte zu den dienstleistenden Stellen. Die Aufgabe des Heranführens (*linking*) ist oft eine recht umfangreiche und setzt voraus, daß sich ein Case Manager gut im System der Dienste und mit Leistungsberechtigungen auskennt.

Die Wechselbeziehung von Koordination und Kooperation läßt sich in einem Vierfelder-Schema darstellen (siehe Abbildung 6).

Abbildung 6: Orientierungen der Zusammenarbeit

Kooperation mit dem Bürger	Koordination der Dienste
Koordination für den Bürger	Kooperation der Fachkräfte

Der Nutzerorientierung auf der linken Seite steht eine Angebotsorientierung auf der rechten Seite gegenüber. Die Kooperation mit dem Bürger und Nutzer respektiert seine Konsumentensouveränität weitestmöglich. Oft muss diese Souveränität eigens begründet werden. In der Einleitung von häuslicher Pflege für alte Menschen beispielsweise ist ein aktiver Verbraucherschutz und dafür hinreichend Information und Beratung nötig. Es sollte deshalb ein von den Leistungsanbietern unabhängiges Unterstützungsmanagement vorhanden sein (Langehennig 1996: 870ff.). Ansatzweise erbringen Pflegebüros und IAV-Stellen (siehe Abschnitt 6.1.) eine derartige Wegleitung. Eine Stärkung der Position der Nutzer gegenüber den Fachdiensten und im Versorgungssystem insgesamt bewirken Gruppen von Leistungsberechtigten und Angehörigengruppen: Der Case Manager diskutiert und erarbeitet mit ihnen ihre Anforderungen an eine gute Versorgung und wie sie sich aus subjektiver Sicht bewerkstelligen ließen (Beresford/ Trevillion 1995: 103ff.).

Die Beratung mit hilfesuchenden Menschen lässt Bedarfe und Angebote erkennen und Mängel in der Bedarfsdeckung. Diese sind auf die institutionelle Ebene zurückzumelden, damit die lokale Planung (Jugendhilfeplanung, Altenhilfeplanung, Krankenhausbedarfsplanung usw.) und die Infrastrukturentwicklung den Erfordernissen Rechnung tragen kann. Auf dieser Ebene erstellen die Leistungsträger ihre Pläne mit oder ohne Beteiligung einzelner Dienstleister, und diese koordinieren von sich aus oder nach staatlichen Verordnungen ihre Leistungsangebote. So gibt es in Großbritannien seit 1992 *community care plans*, in denen die lokalen Behörden darstellen, auf welche Weisen und mit welchen Diensten der Versorgungsbedarf in ihrem Zuständigkeitsbereich gedeckt wird (Nocon 1994: 29ff.).

Komplementär können die Dienstleister Arrangements zur Verteilung von Aufgaben und zu deren gemeinsamer Erledigung treffen.

Die personzentrierte Kooperation und Koordination einerseits und
die systemzentrierte Koordination und Kooperation andererseits
erlauben auch eine Scheidung der Aufgaben von Case Managern. Es
gibt eine Reihe von Projekten, in denen die Begleitung des Bürgers
einer Fachkraft und die Koordination auf der institutionellen Ebene
einer anderen Fachkraft übertragen wird. Der personbezogen arbei-
tende Case Manager wird als „Lotse", „Patientenbegleiter",
„Gesundheitsberater" oder „Betreuer" bezeichnet. Im Versorgungssystem gibt es den „Psychiatriekoordinator", einen „Pflegekoordina-
tor" oder „Suchtkoordinator" (siehe des näheren in Kapitel 6.). Er
kümmert sich um die Abstimmung der Dienste und um die interdisziplinäre Zusammenarbeit, etwa zwischen Allgemeinärzten, Psychotherapeuten und Sozialarbeitern. Natürlich werden die Koordinatoren auf der überindividuellen Ebene und die Case Manager in der
Einzelhilfe auf wechselseitigen Austausch und auf eine gute Zusammenarbeit Wert legen. Sie kann heute informationstechnologisch
unterstützt werden.

Wer ein *Computer-Netz* zu nutzen in der Lage ist, dass alle Dienste mit | Netze
ihren Kompetenzen verbindet, kann sich selbstständig einen Überblick über angebotene Hilfen verschaffen. Er wahrt seine Unabhängigkeit insbesondere dann, wenn er sich in ein Netz einschaltet, das
gleichzeitig der Kommunikation, Koordination und Kooperation von
Nutzern und Anbietern, Diensten und Einrichtungen zur Verfügung
steht. So gibt es beispielsweise in New York seit 1994 eine Computer-
Vernetzung, welche die National Information Infrastructure (NII) zur
Koordinierung der Gesundheitsversorgung nutzt. Begonnen hatte man
mit einer über diesen Informationsweg koordinierten Betreuung von
Tuberkulosekranken. Nach ihrer Entlassung aus dem Krankenhaus
sollte ihre Betreuung von verschiedenen Diensten verlässlich fortge-
führt werden. Die Beteiligten halten über das Netz Kontakt, geben
Informationen ein und haben – unter Wahrung des Datenschutzes –
Zugriff auf die gespeicherten Protokolle.

Mit einer auf Dauer gestellten Koordination wird auch faktisch eine | Vernetzung
Vernetzung von Diensten und Einrichtungen erreicht. Sie tauschen
sich untereinander aus und nutzen dazu formelle und informelle Ver-

99

bindungswege. Soziale *Netzwerke* sind Beziehungsgeflechte, die auf Grund eines gemeinsamen Interesses bestehen und von irgendeiner Stelle aus bei Bedarf aktiviert werden können. Es gibt sie auf der institutionellen Ebene und auf der Ebene persönlicher Kontakte und Verbindungen. Ein Case Manager baut, schon bevor er für eine einzelne Person tätig wird, ein möglichst weitreichendes und dichtes Netz von Beziehungen auf, so dass er bei Bedarf Ansprechpartner hat und weiß, wo Hilfen zur Verfügung stehen. Innerhalb des Netzes werden Klienten zur weiteren Unterstützung und Behandlung von einer Stelle an eine andere überwiesen. Oder aus dem Netz werden Ressourcen (Informationen, Hilfsmittel, Fachkräfte) bezogen, um an einer Stelle erfolgreich wirken zu können. Es gibt Modelle „vernetzter Praxen", die über ein gemeinsames Budget verfügen und am besten mit ihm wirtschaften, wenn dafür gesorgt wird, dass die Klienten oder Patienten immer an der für sie fachlich und der Ausstattung nach geeigneten Stelle im Netz versorgt werden. Dazu ist ein Case Management angebracht. Generell gilt, ein einmal entstandenes Netzwerk muss von den Beteiligten auch wirklich genutzt und so unterhalten werden; davon lebt es: das Netz besitzt per se keine Stabilität.

informelle
Netze

Vom Netzwerk des formellen Dienstleistungssystems sind die *informellen Netze* zu unterscheiden, in denen Menschen Beziehungen in ihren eigenen Lebenskreisen unterhalten. Die Netze der Familie, der Nachbarschaft, des Freundeskreises und beruflicher Kontakte geben dem einzelnen soziale Unterstützung. Wenn er informell nicht zurechtkommt, ist er auf formelle, dienstliche Unterstützung angewiesen. Man kann sagen, dass ein Case Management generell Mängel an informeller Unterstützung kompensiert bzw. eine Netzwerkarbeit leistet, durch die sich ersatzweise Unterstützung und Behandlung besorgen lässt (Pescosolido/Wright/Sullivan 1995: 39). Sie wird im formellen System der Sozial- und Gesundheitsdienste arrangiert, bindet nach Möglichkeit aber auch informelle Netze ein, stabilisiert sie oder fördert ihre Erneuerung (als aktive Nachbarschaft, als Unterstützung zwischen den Generationen, in Selbsthilfegruppen).

In der vorgestellten Differenzierung gehören Kommunikation, Kooperation, Koordinierung und Vernetzung zum Verfahren des Case Managements.

LITERATUREMPFEHLUNGEN ZU KOORDINATION UND
KOOPERATION DURCH MANAGEMENT

Beresford, Peter/Trevillion, Steve 1995: Developing Skills for Community
Care. A Collaborative Approach. Aldershot: Arena
Zusammenarbeit (im Rahmen von Community Care) findet in diesem
Band eine systematische Darstellung mit Hinführung auf die Fähigkei-
ten, die bei Kooperation von Fachkräften und mit Nutzern gebraucht
werden.
Casto, R. Michael / Julia, Maria C. 1994: Interprofessional Care and Colla-
borative Practice. Pacific Grove, CA: Brooks/Cole
Texte zur Theorie und Praxis der Teamarbeit bei Beteiligung verschiede-
ner Berufsgruppen, mit Fallstudien und ethischen Codes.
Greuèl, Marius/Mennemann, Hugo 2006: Soziale Arbeit in der Integrier-
ten Versorgung. München: Reinhardt
Wege und Strategien integrierter Versorgung im Gesundheitswesen bei
Einsatz von Sozialer Arbeit und Case Management werden, auch mit
Beispielen aus der Praxis, dargestellt.
Halbe, Bernd/Schirmer, Horst D. (Hrsg.) 2005: Handbuch Kooperationen
im Gesundheitswesen. Heidelberg: Economica
Nocon, Andrew 1994: Collaboration in Community Care in the 1990s.
Sunderland: Business Education Publishers
Erfahrungen mit der Zusammenarbeit von Sozialarbeitern, Ärzten und
Pflegekräften in der Hilfeplanung und bei deren Umsetzung in Großbri-
tannien.
Ovretveit, John 1993: Coordinating Community Care. Multidisciplinary
Teams and Care Management. Buckingham: Open University Press
Anwendungsorientierte Beschreibung der Teamarbeit in den einzelnen
Funktionen des Case Managements, insbesondere in der Koordination
von Sozial- und Gesundheitsdiensten.
Trevillion, Steve 1992: Caring in the Community: A Networking
Approach to Community Partnership. Harlow: Longman
Systematische Einführung in das Netzwerken für die Soziale Arbeit – im
Gemeinwesen, in der Nachbarschaft, zwischen Diensten, im Case
Management, mit Selbsthilfegruppen, mit Kindern und Erwachsenen.
Wendt, Wolf Rainer (Hrsg.) 1993: Ambulante sozialpflegerische Dienste
in Kooperation. Freiburg i.Br.: Lambertus
Im Kontext der Einführung von Informations-, Anlauf- und Vermitt-
lungsstellen und eines Verbundsystems ambulanter Dienste werden
Möglichkeiten und Probleme koordinierter sozialpflegerischer Arbeit
beschrieben.

3.8. RATIONALISIERUNG UND RATIONIERUNG

Zeit und Mittel sind sowohl im persönlichen Leben von Menschen als auch in der Sozialen Arbeit, in der Pflege und in der Medizin prinzipiell *begrenzt*. Deshalb will man sie zweckmäßig möglichst so einsetzen, dass sich der Aufwand vertreten und mit den erreichten Effekten rechtfertigen lässt. Gesundheits- und Sozialdienste haben ihre Leistungen *wirtschaftlich* zu erbringen. Um ein Vorgehen auf die zweckmäßige und zielwirksame Leistungserstellung hin zu *rationalisieren*, muss man sich über *Präferenzen* klar sein (siehe Finis Siegler 1997). Wären sie bei allen Menschen gleich und von der Gesellschaft gutgeheißen, deckten sich das Versorgungssystem und die gesundheitliche und soziale Lebensführung der Bürger vollständig. Entweder würden sie der Entscheidung wegen, dass Gesundheit Vorrang hat, vom Rauchen und Trinken lassen, oder aber die Allgemeinheit steht in jedem machbaren Umfang für alle Folgen ein, die sich aus der Präferenz des Genusses von Suchtmitteln ergeben. Tatsächlich bleiben die Präferenzen uneinheitlich und widersprüchlich. Unter diesen Umständen rationiert das Versorgungssystem seine Beiträge zur Schadensbehebung – und die meisten Menschen versuchen auch, ihren schädlichen Konsum möglichst zu beschränken.

Case Management ist ein Instrument zur Rationalisierung von Versorgung. Sie erfolgt auf diese Weise in einem Prozess des Aushandelns und des Entscheidens. Es wird von den Beteiligten selektiv geprüft, welcher Bedarf in welcher Dringlichkeit und Priorität vorliegt und wieweit und wie ihm abgeholfen werden kann. Sofort, an Ort und Stelle, insgesamt und vollständig wird sich ein Bedarf kaum decken lassen. Man entscheidet mit dem, was getan werden kann, auch darüber, was nicht getan wird oder an Nebenfolgen in Kauf zu nehmen ist. Rationalisierung heißt, dass ein Vorgehen in allen seinen Momenten überlegt wird.

Rationierung, die planmäßige und sparsame Zuteilung eines knappen Guts, ist ein Aspekt von Rationalisierung, nicht etwa das Gegenteil von ihr. In der Transplantationsmedizin muss rationiert werden, weil Organe nur sehr begrenzt zur Verfügung stehen. Die Transplantationsmedizin ist ohnehin ein weitgehend rationalisiertes Arbeitsgebiet, weil in ihm das Verhältnis von Aufwand und Erfolg von vornherein einer komplexen Abstimmung bedarf. Es kommt in anderen Bereichen aber vor, dass man den Prozess der Rationalisierung abkürzt und in einer bloßen Ersparnis das Heil sucht. Man verzichtet vielleicht in der gesundheitlichen Versorgung auf vorbeugende Maßnahmen, weil deren Wirkung schwer einzuschätzen ist. Man argumentiert: ohne Aufwendungen für Prävention können die verfügbaren Mittel auf eine gezielte Behandlung dann konzentriert werden, wenn sie wirklich nötig ist.

Oft wird bei einer Rationierung kurzgeschlossen, was bei rationaler Überlegung in der Diskussion bliebe und zu individuell verschiedenen Lösungen hinführen würde. Die Rationierung sieht von ihnen ab. Wenn begrenzte Ressourcen eine Zuteilung erzwingen, kann Rationierung auf unterschiedliche Weise erfolgen. In Betracht kommen (nach: Klein/Day/Redmayne 1996) eine

(a) „Rationierung durch Verweigerung": man schließt durch einfache Festlegung mögliche Nutzer von Leistungen aus;

(b) „Rationierung durch Selektion": es erfolgt eine Auslese der Personen, denen eine Unterstützung oder Behandlung am meisten nutzt;

(c) „Rationierung durch Umlenkung": Dienstleister schonen ihre Ressourcen, indem sie andere Leistungsformen für eher geeignet erklären (z.B. soziale Probleme zu medizinischen Aufgaben machen);

(d) „Rationierung durch Abschreckung": durch Erschwerung des Zugangs, finanzielle Hürden oder „Härtetests" werden mögliche Nutzer abgehalten, Leistungen in Anspruch zu nehmen;

(e) „Rationierung durch Verzögerung": nach Eröffnung des Zugangs lässt sich eine Leistung hinausschieben, indem z.B. eine Warteliste geführt wird;

(f) „Rationierung durch Ausdünnung": offerierte Dienste werden in ihrem Umfang eingeschränkt oder in minderer Qualität erbracht – niemand wird ausgeschlossen, aber jeder erhält weniger;

(g) „Rationierung durch Terminierung": man beendet eine Unterstützung oder Behandlung, indem man z.B. Patienten für „austherapiert", zum Pflegefall oder für nicht erziehungsfähig erklärt (Klein/Day/Redmayne 1996: 11f.).

Im Case Management soll nicht übersehen werden, dass dies alles geschieht. Statt die Augen vor Rationierungen zu verschließen, sie zu leugnen oder so zu tun, als beträfen sie das professionelle Handeln nicht, muss ein Case Manager sie gegenüber Leistungsnehmern vertreten. Er hat aber auch die Aufgabe, im Einzelfall den Bedarf zu begründen und für eine richtig gewählte, unverzügliche, nicht verkürzte, qualifizierte Unterstützung oder Behandlung zu sorgen.

In der Frage der Rationierung ist es sehr wichtig, die normative gesellschaftliche Entscheidung über die Verwendung von Ressourcen zu trennen von der personbezogenen Entscheidung, was im Einzelfall getan werden soll. In der Sozial- und Gesundheitspolitik wird festgelegt, welche Verwendung die stets knappen Mittel finden. So rationiert beispielsweise das Pflegeversicherungsgesetz die Ausgaben durch Unterscheidung von drei Pflegestufen und die Zuweisung von Geld- und Sachleistungen für sie. Auf der kommunalen Ebene mag man dem Bau von Altenheimen der Schaffung von betreuten Wohnungen für alte Menschen den Vorzug geben. Im individuellen Fall hält man sich in der Entscheidungsfindung an die vorhandenen Plätze. Wird eine Nieren- oder Herztransplantation notwendig, kann bei dem bestehenden Organmangel schlecht fallweise über Präferenzen entschieden werden.

Michael Arnold (1995) plädiert in diesen Belangen für einen möglichst rationalen Umgang mit Knappheit. Über den Leistungsumfang von Diensten könne nicht dann entschieden werden, wenn unmittelbar gehandelt werden muss.

„Der einzelne Arzt ist im Augenblick einer Entscheidung über die Art der Behandlung nur begrenzt in der Lage, deren wahrscheinlichen Nutzen beim Patienten A gegen den Nutzen der Behandlung des Patienten B abzuwägen. Zum Zeitpunkt der Verordnung steht er unter einer Art *therapeutischem Imperativ*, d.h. er fühlt sich zum Handeln gezwungen. Ihm fehlen die Fallzahlen, um aus eigener Erfahrung überzeugende Grenznutzenentscheidungen vornehmen zu können. Er wird seine Entscheidungen deshalb aufgrund seiner eigenen Präferenzen und *unterschiedlicher* Prioritäten (z.B. Alter, Geschlecht, Grunderkrankung der Patienten) treffen. Die Versorgung der einzelnen Patienten wird deshalb stark differieren (auch in Abhängigkeit von der jeweiligen Region, der vorhandenen Arztdichte und vor allem der Frequenz des Arztwechsels), mit der Folge, dass das Prinzip der *horizontalen Verteilungsgerechtigkeit* nicht mehr gewährleistet ist." (Arnold 1995: 186)

Die gleichen Argumente können aber auch für eine *implizite Rationierung* sprechen: der Arzt, der mit dem Einzelfall vertraut ist, entscheidet bei begrenzten Ressourcen doch am besten in seiner professionellen Verantwortung selber, wie er sie fallweise einsetzt (Mechanic 1995: 1655ff.).

Soll die dabei mögliche Willkür der Auswahl und Zuteilung vermieden werden, ist eine *explizite Rationierung* (Arnold) angebracht. Nicht allerdings dann, wenn es um das Schicksal eines einzelnen Kranken geht. Die Prioritäten werden vorher auf der gesellschaftlichen Makroebene gesetzt. Das geschieht immer schon insoweit, als Einrichtungen geschaffen, Häuser gebaut, erweitert oder geschlossen werden und Geldmittel für Dienste in größerem oder geringerem Umfang bereitgestellt werden. Gesundheitseinrichtungen übernehmen einen bestimmten *Versorgungsauftrag*, der es ihnen erlaubt, in ihrem Einzugsgebiet bestimmte Patientengruppen stationär oder ambulant zu behandeln, und der es ihnen verbietet, darüber hinaus tätig zu werden.

Im Case Management besteht, mit oder ohne Budgetrahmen, für die Beteiligten eine gewisse Entscheidungsfreiheit in der Allokation und Distribution von Mitteln. Schon bei der Art und Weise, wie ein Dienst seiner möglichen Klientel den Zugang eröffnet, wird von ihm darüber entschieden, wie er seine Ressourcen verwendet und welche Personengruppe sie nutzen kann. Bei der Bedarfsklärung und in der Hilfeplanung ist eine gewisser Spielraum vorhanden, wie die Beteiligten die Gewichte verteilen. Das gewährte oder vereinbarte Bündel von Leistungen *(package of care)* stellt immer eine Auswahl dar, deren Kriterien offengelegt werden sollten, statt dass die Fachkräfte sie verdeckt nach ihrem Gutdünken in Anwendung bringen. Bei Pflegebedürftigkeit können Leistungsberechtigte zwischen Geld- und Sachleistungen wählen. In der Jugendhilfe kommen verschiedene Hilfen zur Erziehung in Betracht. Medizinische Behandlungen können ambulant oder stationär vorgenommen werden.

In der Zuspitzung des Verfahrens auf kalkulierte Entscheidungen liegen für Humandienste aber auch *Gefahren*: Es geschieht leicht, dass die soziale Kommunikation auf Sachdienlichkeit eingeengt wird, dass man schematisch vorgeht (der einfacheren Datenverarbeitung wegen), dass der Ausdruck von Gefühlen abgewehrt wird und dass das Streben nach vorweisbaren (und abrechenbaren) Leistungen ganz allgemein den mitmenschlichen Umgang beschneidet. Diesen Gefahren der Rationalisierung wird man nur begegnen können, wenn in jeder Dimension des Verfahrens auf Zusammenarbeit und Partnerschaft, auf Ausformulierung von Interessen und Absichten, auf Fairness Wert gelegt wird.

LITERATUREMPFEHLUNG ZUR RATIONALISIERUNG UND RATIONIERUNG DURCH MANAGEMENT

Arnold, Michael 1995: Solidarität 2000. Die medizinische Versorgung und ihre Finanzierung nach der Jahrtausendwende. 2. Aufl. Stuttgart: Enke
Ein Beitrag zum Umdenken in der medizinischen Versorgung an den Grenzen ihrer Finanzierbarkeit. Erörterung der Voraussetzungen und der Folgen von Reformen.
Gutmann, Thomas/Schmidt, Volker H. 2002: Rationierung und Allokation im Gesundheitswesen. Weilerswist: Velbrück
Begründet wird die Notwendigkeit von überindividuell zu treffenden Rationierungsentscheidungen.
Klein, Rudolf/Day, Patricia/Redmayne, Sharon 1996: Managing Scarcity: Priority Setting and Rationing in the National Health Service. Buckingham: Open University Press
Eingehende Diskussion von Erfahrungen mit der Rationierung von Leistungen im britischen Nationalen Gesundheitssystem.

3.9. BEDARFSPLANUNG UND VERSORGUNGSSTEUERUNG

In der Strukturierung der humandienstlichen Versorgung kommt dem Case Management mittelbar eine steuernde Funktion zu. Die Prozessverantwortung auf der Ebene der einzelnen Fälle kann auf das Gefüge der Versorgungsangebote zurückwirken. Das Verfahren vermittelt zwischen ihnen und der eigenen Sorge und Bewältigungsweise von Menschen angesichts sie bedrängender Probleme. Im Case Management wird herausgefunden und zur Ausführung gebracht, was bei Lage der Dinge machbar (*manageable*) ist. Das System der Hilfen, Behandlungen und anderen möglichen Maßnahmen begegnet auf der personalen Handlungsebene in unserem Verfahren den Problemen ungeteilt und stellt im Verfahren fest, wie und inwieweit sie sich in Kommunikation und Kooperation mit den Betroffenen lösen lassen.

In der Infrastruktur der sozialen und gesundheitlichen Versorgung generell ist die Kenntnis gefragt, welche Problematik in welcher Quantität und in welcher Schwierigkeit und Verteilung vorliegt. Der humandienstliche Bedarf der Bevölkerung in einem Territorium wird für die Zwecke der Sozialplanung gewöhnlich aus der Makroperspektive betrachtet und fallunspezifisch an Hand von ausgewählten Sozialstrukturindikatoren und Kennziffern erfasst. Die Anbieter von Dienstleistungen melden ihre Auslastung. Erst die Berichterstattung aus dem Prozess des Case Managements, mit dem das Versorgungsgeschehen fallweise und an den Nutzern orientiert gestaltet und begleitet wird, lässt die angebotsorientierte Darstellung von einzelnen Leistungen und der Nachfrage nach ihnen hinter sich. Die „Mikrodaten" individuellen Bedarfs, fallbezogener Zielsetzungen und Hilfeplanung und von Erfahrungen mit der Leistungserbringung in jedem Einzelfall bleiben auch bei ihrer Aggregierung zu von der Sozialplanung auswertbaren Datenclustern erhalten. Sie sind das „molekulare" Material einer integrierten Sozialberichterstattung. Das Case Management kommt als eigenständige Allokationsinstanz der Forderung nach, kontinuierlich „Interventionsdaten", die in der Arbeit selbst entstehen, für die Planung und Organisationsentwicklung nutzen zu können.

Bei einer finalen Maßnahmenplanung, die sich danach richtet, was fallweise notwendig geschieht, was angestrebt und gebraucht wird, kann die Versorgungssteuerung der persönlichen und familiären Lebensführung folgen oder sie im Hinblick auf eine getroffene Zielsetzung moderieren Dazu wird die Planung auf Handlungsspielräume der personenbezogenen Wohlfahrtsproduktion, auf individuelle Potentiale und Ressourcen im Nahraum eingestellt. Was sich fallunspezifisch und fallspezifisch machen lässt, lässt sich im Sozialraum machen. Auf die Bedingungen im Sozialraum ausgerichtet, wie sie sich in vielen Fällen herausstellen, kann geplant werden. Case Management und Sozialplanung begegnen sich in ihrem Ressourcenmanagement. Im Verfahren werden die die Selbstsorge der Bürger und die formelle Versorgung aufeinander abgestimmt – und das ist jedes Mal eine Probe auf die Zweckmäßigkeit der humandienstlichen Infrastruktur.

Teil 2
Verfahren und Anwendungen

4. Dimensionen im Case Management

In diesem Kapitel wird die Ablauforganisation der Fallführung, das Procedere des Case Managements, beschrieben. Die Steuerung der Verfahren in der Prozesskette verlangt, dass sie einerseits als ganze überblickt und gestaltet wird und dass man sie andererseits in ihren einzelnen Gliedern wahrnimmt und zu handhaben weiß. Zu jeder Komponente von Case Management gehören Konzepte, Handlungsempfehlungen und methodische Varianten, die selbstständig bedacht und in verschiedenen Humandiensten Anwendung finden können. Die Selbstständigkeit der Komponenten geht soweit, dass sie auch ohne ein Case Management in den Handlungsfeldern der Sozialen Arbeit, der Pflege und der Rehabilitation beispielsweise als (Methoden von) Planung oder als (Methoden der) Evaluation und Qualitätssicherung vorkommen. Case Management bindet sie ganz oder teilweise in die zielgerichtete Steuerung von Unterstützungs-, Behandlungs- und anderen Versorgungsprozessen ein.

Bevor wir uns den Details des Verfahrens zuwenden, sei daran erinnert, dass es immer ein *Zusammenhang* von Handlungen ist, der im Case Management herbeigeführt, gestaltet und gesteuert wird. Eine einzelne Beratung, die medizinische Akutversorgung oder die soziale Nothilfe sind je für sich, singulär und simpel, kein Gegenstand von Case Management. Wer hungert, dem ist mit Nahrung, nicht mit einem Case Management geholfen. Wenn „auf der Hand liegt", was zu tun ist, braucht man keine Strategie für das richtige Nacheinander und Miteinander. Ein überlegtes Vorgehen ist angebracht, wenn Zeit und eine Menge Ressourcen benötigt werden, um an ein Ziel zu gelangen, oder wenn unter Alternativen zu wählen ist und wenn mehrere Fachstellen und Personen (mindestens zwei) beteiligt sind. Professionelle Helfer täuschen sich allerdings gern mit der Annahme, dass sie stets in akuten Fällen gebraucht werden und dringend eine Lösung parat haben müssen. Sie reduzieren das gesundheitliche, pflegerische und soziale Geschehen auf den Einsatz ihrer Person und ihrer fachlichen Fähigkeiten. Meistens geht es aber um mehr als einen kunstfertigen Eingriff. Es waren die Komplexität von Lebensproblemen, die chronische Belastung von Menschen sowie die Vielfalt der Dienste, die Frag-

Handlungszusammenhang

111

mentierung fachspezifischen Handelns und die Komplexität von Versorgungssystemen wie das unkoordinierte Nebeneinander ihrer Komponenten, die ein Case Management auf den Plan gerufen haben.

Funktion Die Vorgehensweise Case Management besteht in methodischer Hinsicht aus einer Reihe von Schritten, Phasen oder Dimensionen. Wenn auch das berufliche Verständnis von Case Management differiert und es in den humandienstlichen Arbeitsfeldern unterschiedlich Anwendung findet, so besteht doch Einigkeit über seine *Kernfunktionen*. Sie kommen nacheinander in der Ablauforganisation eines Hilfeprozesses vor. Sie werden in der Literatur nicht immer mit den gleichen Begriffen belegt. Terminologische Unterschiede in der Gliederung von Case Management ergeben sich insbesondere dadurch, dass die einen Autoren an die generelle, überindividuelle Gestaltung des Dienstleistungsprozesses denken, andere dagegen an das Procedere im individuellen Fall. Gehört zu der Etablierung eines Dienstes im ganzen dessen Positionierung im Markt, beginnt die personbezogene Arbeit damit, dass sich der Dienst in diesem Einzelfall engagiert. Wird er abgeschlossen, reiht sich der Fall in die Menge derer ein, an denen der Dienst seinen Erfolg messen und somit über seine Arbeit Rechenschaft ablegen kann.

Verschaffen wir uns zunächst einen Überblick anhand von graphischen Darstellungen des Verlaufs von Case Management. Es führt nach David Moxley (1989) einzelne Funktionen aus, die er wie folgt bezeichnet hat: *E. & E.*

(a) „assessment" (Einschätzung, Abklärung), *Anamnese*
(b) „planning" (Planung), *Diagnose*
(c) „intervention" (generell: die Durchführung), *Behandlung*
(d) „monitoring" (Kontrolle, Überwachung), *Evaluation*
(e) „evaluation" (Bewertung, Auswertung).

Eine etwas weitergehende Unterteilung in „Schlüsselkomponenten" hat Marie Weil vorgenommen und ist in ihrem 1985 zusammmen mit James M. Karls verfassten Buch „Case Management in Human Service Practice" enthalten (Weil 1995: 84):

(1) Ausfindigmachen und Auswahl von Klienten,
(2) individuelle Einschätzung und Diagnose,
(3) Planung der Dienstleistung und Bestimmen von Ressourcen,

(4) Heranführen des Klienten an von ihm benötigte Dienste,
(5) Implementation und Koordination der Dienstleistungen,
(6) Kontrolle der Erbringung von Dienstleistungen,
(7) Anwaltliches Handeln und
(8) Evaluation.

In der Literatur finden sich oft Unterschiede in der Gliederung und Bezeichnung der einzelnen Funktionen. Indes stimmt ihre Abfolge überein und bleibt die Logik ihrer Verbindung die gleiche.

Moxley hat den Zusammenhang der von ihm benannten Funktionen graphisch *zirkulär* angeordnet, wie aus der Abbildung 7 zu ersehen ist (Moxley 1989: 18).

Abbildung 7: Ein multifunktionaler Rahmen für die Case Management-Praxis

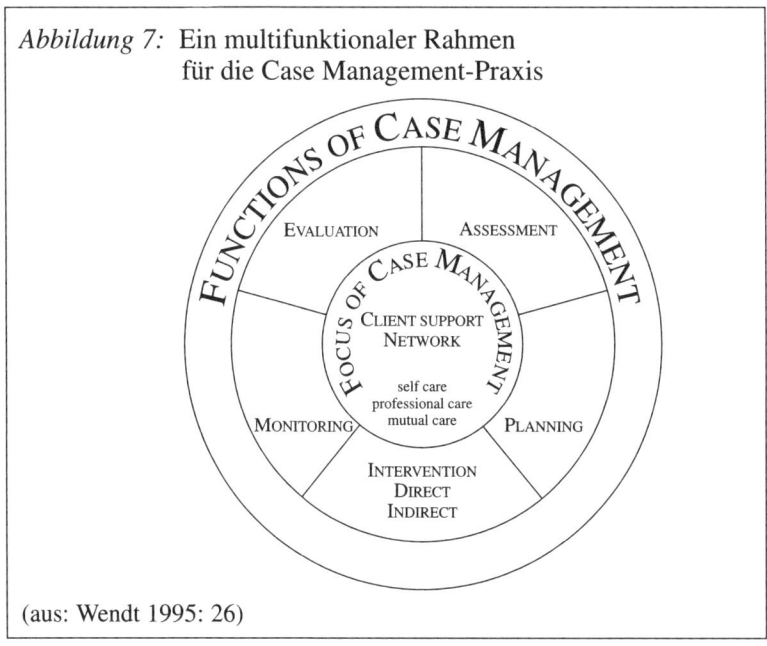

(aus: Wendt 1995: 26)

In dieser Darstellung sind die Funktionen zentripetal auf den von Moxley als „Kern" bezeichneten Aufgabenbereich des Case Managements fokussiert. Es soll in allen seinen Funktionen zur Stärkung des Netzwerks an Unterstützung beitragen, in dem der Klient seine Lage bewältigt. Das gemeinte Netz dehnt sich nach Moxley in drei Dimensionen aus: erstens in der Erstreckung der Selbstsorge (*self care*), zweitens in der Erstreckung der professionellen Fürsorge seitens der Sozialdienste (*professional care*) und drittens in der Erstreckung gegenseitiger Anteilnahme im persönlichen Beziehungsnetz von Menschen (*mutual care*). Selbstsorge, sozialdienstliche Versorgung (Moxley rechnet auch die staatlichen Sozialleistungen dazu) und informelle Unterstützung spielen bei allen Funktionen des Case Managements mit: im Assessment, in der Planung, in der Durchführung, bei der Kontrolle und Bewertung.

Abbildung 8: Die Stadien des Unterstützungsmanagements
(nach Julius R. Ballew und George Mink)

Entpflichten
Ergebnisse bewerten
Anzeichen für eine Beendigung finden
Schrittweise ablösen

Koordinieren
Übereinstimmung erreichen in gemeinsamen Zielen
Klienten und Helfer unterstützen
Hilfeanstrengungen organisieren

Erschließen der Ressourcen
Klient und Ressourcen verknüpfen
Verhandeln und fürsprechen, wenn nötig
Interne Ressourcen entwickeln

Planen
Ziele identifizieren
Ziele spezifizieren
Einen Plan des Vorgehens entwickeln

Einschätzen
Bedürfnisse/Ressourcen-Balance
Hindernisse in der Nutzung von Ressourcen
Stärken des Klienten

Verpflichten
Vertrauensbildung
Rollen klären
Erwartungen aushandeln

(aus: Wendt 1995: 67)

114

Moxleys zirkuläre Darstellung geht davon aus, dass ein Case Management eingerichtet, jedenfalls als geschlossenes Konzept vorhanden ist und praktiziert wird. Ein potentieller Nutzer bekommt mit dem Case Management zu tun, wenn ein Sozial- oder Gesundheitsdienst dazu Veranlassung sieht und ihm erklärt, bei seiner Problematik für ein Engagement zur Verfügung zu stehen. Dass sich der Dienst im Einzelfall engagiert (verpflichtet), ist der Beginn des personenbezogenen Managements der Unterstützung oder Behandlung. Der Klient hat damit den ersten Schritt auf der Treppe der dienstlichen Beschäftigung mit seinem Fall getan (siehe Abbildung 8, S. 99).

Aus der Sicht eines Dienstes oder einer Einrichtung ist das Engagement in einem Fall aber nicht der erste Schritt. Er bedarf einer systematischen Vorbereitung. Dienstlich sind die Kunden nicht ohne weiteres erreichbar. Zu managen ist bereits das Verfahren, durch das es überhaupt dazu kommt, dass in bestimmten Einzelfällen Dienstleistungen erbracht werden. Für den Leistungsanbieter beginnt seine Arbeit füglich damit, sich den möglichen Nutzern vorzustellen und für sie erreichbar zu werden. Der englische Ausdruck dafür ist „*out-reach*". Er bezeichnet in erster Linie eine Tätigkeit (siehe Abb. 9).

out-reach

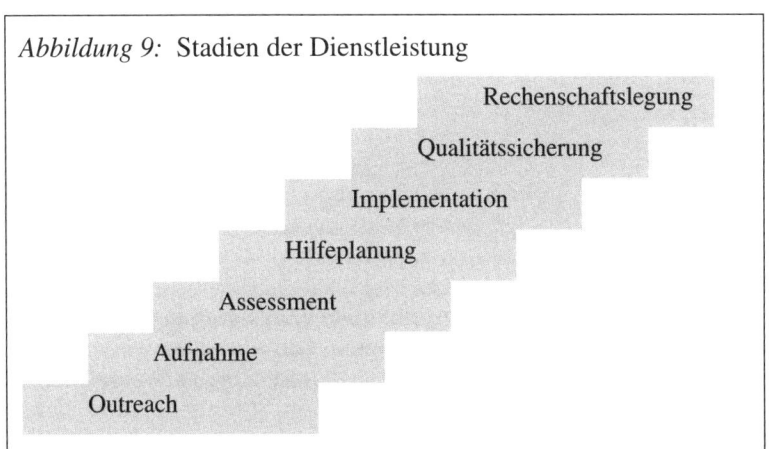

Abbildung 9: Stadien der Dienstleistung

Rechenschaftslegung

Qualitätssicherung

Implementation

Hilfeplanung

Assessment

Aufnahme

Outreach

Aus dem Vergleich beider Abbildungen ist zu entnehmen, dass Case Management als Arbeitsweise einer Dienststelle oder Einrichtung das Vorgehen im Einzelfall durch ein Arrangement in seiner Umwelt übergreift: sie stellt sich in ihr dar (positioniert sich in ihr) und leistet ihr (der

Gesellschaft) gegenüber Rechenschaft. Der Betrieb als ganzer rechtfertigt sich. Intern muss ein Sozial- oder Gesundheitsunternehmen darauf angelegt sein, einen gesellschaftlichen Bedarf zu befriedigen und dies in einer möglichst effektiven und effizienten Weise. Von daher ergibt sich eine Wechselbeziehung zwischen dem Sozial- und Gesundheitsmanagement auf der Makroebene des Dienstes und dem Case Management auf der Mikroebene beruflichen Handelns. Diese Beziehung der Managementfunktionen lässt sich analog zur zirkulären Anordnung nach Moxley (siehe oben) wie in der Abbildung 10 darstellen.

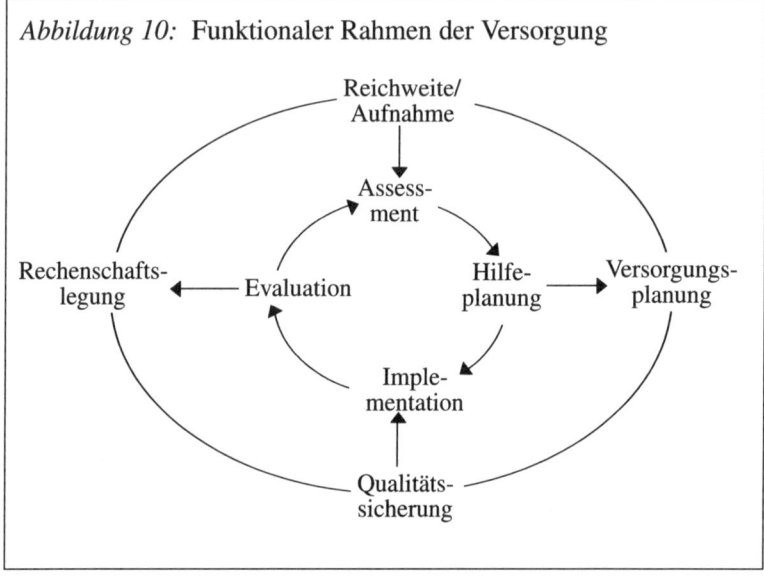

Abbildung 10: Funktionaler Rahmen der Versorgung

Reichweite/
Aufnahme

Assess-
ment

Rechenschafts-
legung

Evaluation

Hilfe-
planung

Versorgungs-
planung

Imple-
mentation

Qualitäts-
sicherung

Der Dienst oder die Einrichtung betreibt eine Versorgungsplanung, die der Hilfeplanung den Boden bereitet. Die Qualitätssicherung des Dienstleisters betrifft die angemessene Umsetzung (Implementation) der individuell vorgesehenen Versorgung. Ihre Evaluation liefert Daten für die Rechenschaftslegung des Dienstleisters. In der Eingangsphase des Case Managements bestimmt die Art und Weise, wie sich der Dienst oder die Einrichtung präsentiert (Outreach), über die Zusammensetzung der Klientel und somit auch darüber, ob ein Bürger hier die Unterstützung und Behandlung erhält, die er braucht. In der

Zugangsphase überschneiden sich die Perspektiven des potentiellen Nutzers und des Leistungsanbieters.

In der folgenden Beschreibung der einzelnen Dimensionen des Case Managements wird deshalb versucht, beide Betrachtungen miteinander zu verbinden. Der Ablaufprozess, wie er fallweise vonstatten geht, ist in das Versorgungsmanagement einer Organisation oder eines Netzes von Diensten und Einrichtungen eingeschrieben. Ein integriertes Versorgungssystem (Integrated Delivery System) andererseits gestaltet eine auf den Bedarf im Einzelfall zugeschnittene Leistungserbringung. Die von Marie Weil (1995: 86) stammende Abbildung 11 (S. 103) veranschaulicht die Zusammenhänge von betrieblichem Geschehen und personbezogenem Vorgehen.

Die Funktionen im Case Management verlangen vom Case Manager, dass er über entsprechende Fähigkeiten verfügt. Insofern beschreiben die einzelnen Phasen – Zugangseröffnung, Assessment, Planung, Überwachung, Evaluation und Rechenschaftslegung – auch die *Kernkompetenzen* in der fachlichen Arbeitsweise. Der Case Manager muss nach außen und mit Klienten kommunizieren, Rollen klären und Absprachen treffen, Situationen und Personen einschätzen können, sich in der Planung auf Mittel und Wege verstehen, koordinieren, anwaltlich handeln, Vorgänge und Ergebnisse bewerten und sie dokumentieren können. Mit diesen Fähigkeiten läßt sich im Einzelfall angemessen handeln – und eine *bloß mechanische* Ausführung der Schritte im Case Management vermeiden. Es ist *kein Rezept*, wie sich soziale Probleme lösen, Kinder erziehen oder Krankheiten behandeln lassen.

kein Rezept

4.1. Reichweite und Veranlassung

Eine wichtige Frage im Case Management ist, ob und wie man diejenigen Menschen erreicht, für die der Dienst gedacht (konzipiert und eingerichtet) ist. Der Dienst erschließt sich ihnen, und er geht auf sie zu. Er kann so seinem Versorgungsauftrag nachkommen. Der englische Terminus „*outreach*" für die Dimension, die hier in Rede steht, ist ein kaum zu übersetzender Ausdruck, denn er vereint den Sinn des aktiven Sicherstreckens eines Dienstes, der Reichweite eines Dienstes (wie er

117

Abbildung 11: Die Funktionen und der Prozeß von Case Management (nach Marie Weil)

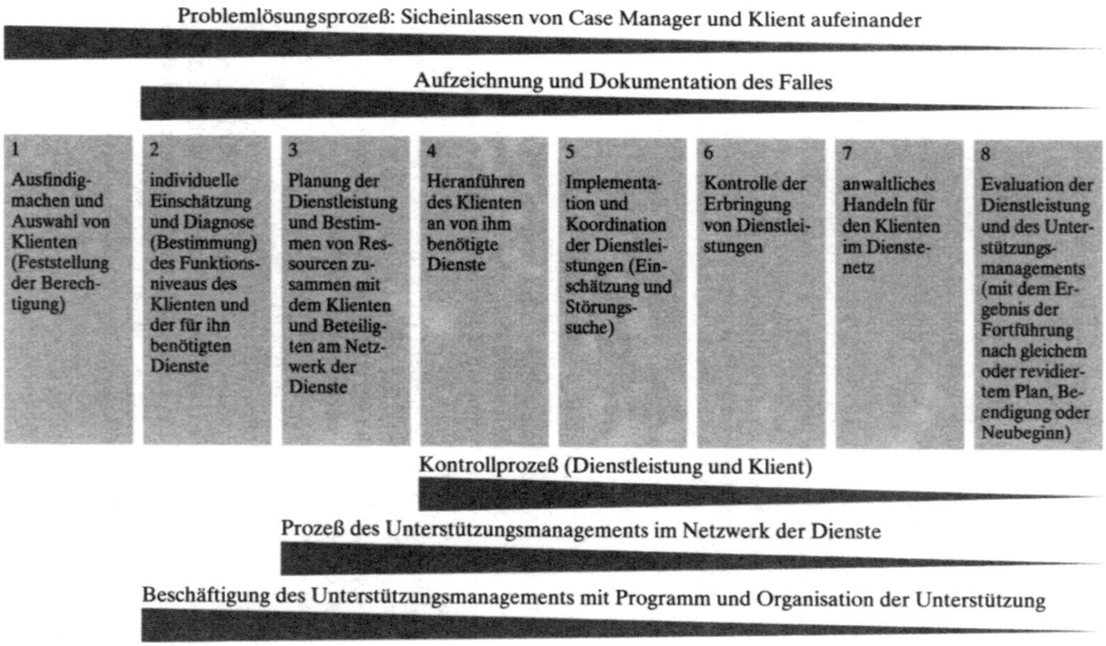

Problemlösungsprozeß: Sicheinlassen von Case Manager und Klient aufeinander

Aufzeichnung und Dokumentation des Falles

Kontrollprozeß (Dienstleistung und Klient)

Prozeß des Unterstützungsmanagements im Netzwerk der Dienste

Beschäftigung des Unterstützungsmanagements mit Programm und Organisation der Unterstützung

1	2	3	4	5	6	7	8
Ausfindigmachen und Auswahl von Klienten (Feststellung der Berechtigung)	individuelle Einschätzung und Diagnose (Bestimmung) des Funktionsniveaus des Klienten und der für ihn benötigten Dienste	Planung der Dienstleistung und Bestimmen von Ressourcen zusammen mit dem Klienten und Beteiligten am Netzwerk der Dienste	Heranführen des Klienten an von ihm benötigte Dienste	Implementation und Koordination der Dienstleistungen (Einschätzung und Störungssuche)	Kontrolle der Erbringung von Dienstleistungen	anwaltliches Handeln für den Klienten im Dienstnetz	Evaluation der Dienstleistung und des Unterstützungsmanagements (mit dem Ergebnis der Fortführung nach gleichem oder revidiertem Plan, Beendigung oder Neubeginn)

118

auf mögliche Nutzer zugeht) mit dem Sinn der Erreichbarkeit und des Zugangs (für Nutzer).

Zur Unterscheidung einzelner Aktivitäten lässt sich die erste Dimension im Case Management auch in drei Funktionen gliedern:

(1) *outreach*: wohin der Dienst reicht,
(2) *access*: wie der Zugang zum Dienst gestaltet ist,
(3) *intake*: die Aufnahme einzelner Personen, ihre Identifikation als Klienten oder Patienten.

(1) Die Frage nach der *Reichweite* und dem Erreichen kann natürlich nur beantwortet werden, wenn vorab die *Zielpopulation* feststeht bzw. die ihr zuzurechnenden Fallgruppen hinreichend definiert sind. Man mag sie nach der Art der Problematik abgrenzen, zu deren Bewältigung der Dienst beitragen will, nach der spezifischen Berechtigung, Leistungen zu erhalten, und mit dem Einzugsgebiet, für das der Dienst zuständig ist.

(2) Wie auch immer der Personenkreis umschrieben ist, für den Dienstleistungen erbracht werden sollen, er findet den *Zugang* (access) zu ihnen leicht oder nur schwer. Dabei spielen eine Reihe von Faktoren eine Rolle:

(a) Der Zugang kann rechtlich beschränkt sein.
(b) Der Zugang hängt an dem finanziellen Aufwand, der mit ihm verbunden ist.
(c) Die Öffnungszeiten der Dienststelle sind für die Zugänglichkeit von Bedeutung.
(d) Der Dienst weist eine „Komm-Struktur" oder eine „Geh-Struktur" auf, das heißt, ein Interessent muss ihn entweder von sich aus finden und aufsuchen – oder die Mitarbeiter des Dienstes gehen zu ihm hin.
(e) Es gibt soziokulturelle oder psychologische Barrieren, die bestimmten Personengruppen den Zugang erschweren.
(f) Die Zielgruppe verbirgt ihre Problematik und ist von daher schwer erreichbar.
(g) Die Dienststelle oder Einrichtung ist mehr oder weniger bürgernah angesiedelt, „niedrigschwellig" für potentielle Nutzer, geographisch günstig oder ungünstig gelegen.

119

Case Management hat hier mit *Öffentlichkeitsarbeit* zu tun. Da ein neuer Dienst oder ein neues Leistungsangebot seinen möglichen Nutzern zunächst unbekannt sein dürfte und die Dienststelle oder Einrichtung nicht weiß, welche die einzelnen Personen sind, für die sie nützlich sein kann, stellt sie sich in ihrem Einzugsbereich oder Versorgungsgebiet allgemein vor. Dazu wird man die örtlich verbreiteten Medien nutzen, mögliche Multiplikatoren informieren und speziell diejenigen ansprechen, die bereits Zugang zu der Zielgruppe des Dienstes oder Angebots haben. Ein ambulanter Pflegedienst stellt sich den Hausärzten vor; eine Beratungsstelle, die junge Mädchen in Sexualfragen und bei Schwangerschaft beraten will, lässt sich informell weiterempfehlen (Davis 1992: 27ff.); familienunterstützende Dienste führen sich beim Allgemeinen Sozialdienst, bei den einschlägigen Ämtern und Beratungsstellen ein, „Mundpropaganda" unter Müttern nicht zu vergessen. Das Ziel des Bekanntmachens besteht darin, den Dienst optimal einzusetzen – wenn und solange er erfolgreich wirken kann.

Der Erfolg sozialer und gesundheitlicher Maßnahmen hängt wesentlich davon ab, dass sie rechtzeitig erfolgen. Bedürftige und leistungsberechtigte Menschen verfügen oft nicht über hinreichend Informationen, dass ihnen geholfen und wie ihnen geholfen werden kann. Sie kennen die Zweckbestimmung einzelner Dienste und Einrichtungen nicht. Es gibt besser Informierte, und sie nutzen vielleicht das vorhandene Arbeitspensum eines Dienstes voll aus, so dass bedürftigere Personen gar nicht zum Zuge kommen. Der Einsatz des Dienstes wäre dann wenig „treffsicher", da er diejenigen, für die er vor allem vorgesehen ist, nicht erreicht. Seine „Zieleffizienz" (*target efficiency*) ist gering. Sie erhöht sich, wenn speziell den besonders Bedürftigen der Zugang erleichtert wird. Jedenfalls ist das Anmeldeverfahren daraufhin zu durchleuchten, ob es das „case finding" erleichtert oder aber unbeabsichtigt zu einer Selektion der Klientel führt.

Screening   Zum Case Management eines Dienstes oder einer Einrichtung gehört andererseits, mit Bedacht eine Auslese (*screening*) unter den möglichen Nutzern vorzunehmen und dafür Kriterien zu haben. Geprüft wird, ob der Status (die Berechtigung) und die Situation einer Person zu der möglichen Dienstleistung passen. Zum Beispiel sieht das deutsche Zuwanderungsgesetz für alle Immigranten eine *Migrationserst-*

beratung im Dienste einer planmäßigen Eingliederung vor. Für Arbeitsuchende erfolgt nach SGB II die Aufnahme in ein individuelles Fallmanagement nur bei schwerwiegenden Vermittlungshemmnissen. Eine Unfallversicherung entscheidet im Schadensfall, ob für ein Unfallopfer zur beruflichen Rehabilitation ein neutraler Fachdienst einzuschalten ist, der das Case Management übernimmt. Je nach rechtlichen oder sachlichen Voraussetzungen erfolgt also eine Zugangskontrolle. Im Medizinbereich spricht man vom „*gatekeeping*". Das Case Management – nicht notwendigerweise ein Case Manager – nimmt an der Schnittstelle von angemeldeten Bedürfnissen und Dienstesystem eine Schlüsselstellung ein. Die „Siebung" erfolgt sowohl im Interesse der Nutzer, die mehr oder weniger dringend, unspezifisch oder spezifisch, eine Hilfe oder Behandlung benötigen, als auch im Interesse des Anbieters, der seine Ressourcen optimal einsetzen will, und schließlich im Interesse der ganzen Gesellschaft an einer sinnvollen Mittelverwendung und angemessenen Versorgung. Mit Case Management ist eine *präventive Absicht* verbunden: Ambulante Unterstützung soll stationäre Unterbringungen vermeiden; informelle Bewältigung (Selbsthilfe) soll gestärkt werden anstelle von formeller Versorgung; Rehabilitation geht vor Pflege. Das Verfahren muss deshalb darauf eingerichtet sein, das ambulant Mögliche rechtzeitig zu erkennen, Selbstmeldern entgegenzukommen, Rehabilitation frühzeitig einzuleiten und zu fördern.

Eine besondere Aufgabe, der im *management of cases* in der Vorklärung nachzukommen ist, stellt die Bildung von *Fallgruppen* dar. Eine derartige Klassifikation wird gebraucht, um den humandienstlichen Einsatz fachlich und wirtschaftlich angemessen zu gestalten. In Krankenhäusern erfolgt eine diagnosebezogene Fallgruppenbildung, die sich am homogenen Ressourcenverbrauch in der Behandlung von Krankheiten ausrichtet und die Grundlage für die Leistungsabrechnung bildet. Analog den DRGs (diagnosis related groups) können in der Sozialen Arbeit (Brühl 2004) und in der Pflege (Isfort 2004) wie auch in der Rehabilitation und Eingliederung von Menschen mit Behinderungen Fallgruppen gebildet werden. Die Einteilung erfolgt zu Zwecken überindividueller Leistungsvereinbarungen in Hilfebedarfsgruppen (§ 76, 2 SGB XII: „Die Maßnahmepauschale wird nach Gruppen für Leistungsberechtigte mit vergleichbarem Bedarf kalkuliert). In der Bewährungshilfe bietet eine Aufschlüsselung der Klientel

Fallgruppen

nach Unterstützungsbedarf und Kontrollerfordernissen eine Hilfestellung für die Entscheidung, wie intensiv mit den Probanden zu arbeiten sein wird. Im Rahmen der Beschäftigungsförderung nach SGB III und SGB II wird im JobCenter eine Zuordnung von Arbeitsuchenden in die Kategorien „Marktkunden", „Beratungskunden" und „Betreuungskunden" vorgenommen.

Intake

(3) Im Einzelfall geschieht die Auslese der Klientel im Verfahren des sogenannten *„Intake"*. Als Muster kann die Prozedur der Aufnahme in ein Krankenhaus betrachtet werden. Das Intake umfasst die Anmeldung, die Erteilung von Auskünften, die Information über den Dienst oder die Einrichtung, die Feststellung, ob jemand an der richtigen Stelle ist oder an eine andere Fachstelle zu verweisen ist, schließlich die Feststellung oder Vereinbarung, dass jemand von nun an unterstützt, betreut oder behandelt wird (*engagement*). Im Case Management läuft das Intake auf die *Fallaufnahme* zu: Wer als Klient oder Patient identifiziert werden kann, der findet Eingang und für den und in dessen Situation engagiert sich der Dienst, – und die um Aufnahme nachsuchende Person wird engagiert (das heißt: aktiv in den beginnenden Prozess ihrer Beratung, Unterstützung oder Behandlung einbezogen). Ihr wird erläutert, was der eingeleitete Vorgang für sie bedeuten kann.

Diese Erläuterung ist in allen Fällen angebracht, in denen ein Mangel an Kenntnissen oder auch an Bereitschaft zu vermuten ist. Wenn bei Scheidung der Eltern Regelungen für ein Kind getroffen werden müssen, trifft die Sozialarbeiterin Vorkehrungen, dass sie in der Beratung (nach § 18 SGB VIII) nicht für den Streit der Geschiedenen von beiden Seiten in Anspruch genommen wird. Ein Bewährungshelfer erklärt, um Missverständnissen vorzubeugen, seine Position dem Probanden, der vielleicht weniger an seine Bewährung und mehr an die Hilfe denkt, die er gebrauchen kann. Anderen unfreiwilligen Klienten wird sachlich-nüchtern (oder wenn das Erfolg verspricht: emotional eindringlich) der Auftrag, die Rechtmäßigkeit und Notwendigkeit des Handelns vor Augen geführt und die Funktion erläutert, die der Case Manager dabei übernimmt (zum Umgang mit unfreiwilligen Klienten siehe: Ivanoff/Blythe/Tripodi 1994, Gehrmann/Müller 2005).

Manchmal wird das Intake sehr weit gefasst und reicht dann von der Feststellung, dass eine Unterstützung oder Behandlung angezeigt (indiziert) ist, über die Einschätzung der Ausgangslage bis zur Vereinbarung der Dienstleistungen. Peter von Splunteren vom niederländischen Nationalen Institut für Methodenentwicklung nennt zwei Ziele des Intake:

„1. Der Helfer informiert den Klienten über die Aufgabe und die Arbeitsweise der Institution.

2. Der Helfer entwirrt mit dem Klienten die Problematik und entscheidet danach, ob die Institution in seinem Fall ein Hilfeangebot machen kann" (Splunteren 1996: 2).

Die Intake-Gespräche schließen hier eine Bedarfsklärung und Hilfeplanung teilweise mit ein. Insbesondere in Fällen, in denen jemand zunächst nicht gewillt ist, sich helfen zu lassen, motiviert ihn vielleicht eine Darstellung, worin er unterstützt werden oder wohin ihn eine Behandlung bringen kann. Er gewinnt einen Einblick, gibt Vorurteile auf und fasst vielleicht Vertrauen. Seine Befürchtungen, falsch oder schlecht behandelt zu werden, lassen sich zerstreuen. Ihm werden die Chancen verdeutlicht, die mit einem Dienst oder einer Maßnahme verbunden sind. Wer keine Perspektive für sich sieht, dem sollte eine aufgezeigt werden. Ein Aufnahmegespräch lässt aber auch die Grenzen des Dienstes und des ganzen Versorgungssystems erkennen: In manchen Fällen fehlt der Ansatz für eine effektive Hilfe. Ein Süchtiger verweigert sich Therapieangeboten; ein Wohnungsloser zieht sein ungebundenes Leben auf der Straße einer festen Unterkunft und Betreuung vor. Ein auf längere Zeit angelegtes Case Management ist in diesen Fällen nicht möglich.

Eine andere Aufgabe in dieser Phase besteht in der Klärung des *Anliegens* einer hilfesuchenden Person, womit die Klärung der *Veranlassung* für den Dienst verbunden ist, sich in diesem Fall zu engagieren. Viele Menschen teilen zunächst nur undeutlich mit, in welcher Angelegenheit sie kommen. Durch die Gesprächsführung in der aufnehmenden Stelle lässt sich, angefangen mit sehr allgemeinen und offenen Fragen („Was führt Sie zu uns?") und hin zu gezielten Nachfragen („Ihre Angehörigen raten auch zu einer Behandlung?"), die Ausgangslage und das Problem präziser fassen. Gleichzeitig wird der Person erläutert, warum und wozu ihre Angaben nötig sind: „Wir müssen feststellen, was für Sie getan werden kann und ob Sie hier an der richtigen Stelle sind."

Veranlassung

Eine Rollenklärung ist besonders dann angebracht, wenn das dienstliche Handeln amtlich veranlasst ist. Unter Umständen kann auch eine Zwangsbehandlung erforderlich sein. Ein Case Management wird nicht immer freiwillig begonnen. Einem Straffälligen wird der Bewährungshelfer vom Gericht zugeordnet. In der Jugendhilfe mag die Fremdunterbringung eines Kindes gegen den Willen der Eltern erforderlich werden. Hier sollten sich die Beteiligten über den Charakter des Eingriffs keiner Täuschung hingeben.

Beim Intake in einem Sozialdienst oder Pflegedienst stellt sich betriebsintern die Frage der *Fallführung*. Dem Klienten kann ein von nun an zuständiger Case Manager (aus dem Intake-Team) zugeordnet werden, oder der aufnehmende Dienst gibt den Fall an einen anderen ab, der die weitere Leistungserbringung und auch das Case Management übernimmt.

Hat ein Dienst festgestellt, dass er im gegebenen Fall gebraucht wird, beginnt sein personbezogenes Engagement. Es empfiehlt sich, diesen Beginn auch ausdrücklich anzuzeigen: Der Bürger wird hiermit zum Klienten oder Patienten. Von ihm wird nun ein Engagement in eigener Sache und *Compliance* erwartet. Für die Dokumentation im Case Management ist eine Trennlinie zwischen der Phase der Vorklärung und weiterer Fallbearbeitung zu ziehen; für die Abrechnung beginnt eine neue Kostenstelle.

4.2. ASSESSMENT: EINSCHÄTZUNG UND BEDARFSKLÄRUNG

Im Case Management geht es um eine möglichst vollständige Erfassung und Beurteilung der Situation einer Person oder einer Familie: Wie kommt sie in ihrem Leben zurecht, wo liegen die Probleme und in welchem Bedingungsrahmen treten sie auf? Ob die Fragestellung nun eine primär soziale, gesundheitliche oder pflegerische ist, festzustellen ist die individuelle Disposition im relevanten Lebensumfeld. Zur Abklärung der Situation und Lage gehören ihre Beschreibung, die Analyse und die Bewertung des Ist-Zustandes. Aus der Einschätzung (dem Assessment) der Lage lässt sich dann schlussfolgern, welcher Bedarf an Unterstützung oder Behandlung bei einer Person, in einer Familie oder sonstigen Lebensgemeinschaft vorliegt.

Mit dem englischen Verb „to assess" ist der Vorgang einer kritischen Beurteilung und Bewertung eines Tatbestandes oder Sachverhalts bezeichnet. Etwas hat einen Gehalt, der eingeschätzt werden soll. *Assessment* heißt der Prozess der Einschätzung und ihr Produkt, das in schriftlicher Form im weiteren Verfahren verwendet und zu den Akten genommen werden kann. Die Einschätzung betrifft die Situation einer einzelnen Person oder einer Familie oder einen anderen sozialen Zusammenhang, und sie kann sich unterschiedlich weit erstrecken (siehe die Beiträge in: Rauch 1993). Welchen Umfang und welches Niveau das Assessment haben soll, ist in ihm selber, in seinem Verlauf zu klären (Department of Health 1991 c).

In der beruflichen Sozialarbeit hat die systematische Erfassung der äußeren und inneren Situation von Menschen eine lange Tradition. Die Professionellen suchen hier die Komplexität persönlicher Verhältnisse zu verstehen und sich ein Bild von den Ursachen der Probleme ihrer Klienten zu machen. Wenn wir uns einer schlichten Sprache bedienen, ist der Vorgang der Klärung gemeint, „was los ist", „was Sache ist" – „what is the matter" (Meyer 1993: 2). Im Alltag fragen wir so in einer unmittelbar gegebenen Situation, in die wir hineingeraten oder in der wir uns gerade befinden. In einem Problemfall, mit dem sich Humandienste beschäftigen, liegt die einzuschätzende Lage nur in einem sehr geringen Maße vor Augen: Die Person oder Familie bringt ihre Geschichte mit; ihre Disposition hat Hintergründe; bedeutsame Andere sind nicht anwesend; verschiedene Lebensbereiche wie der Arbeitsplatz oder die Freizeitbeschäftigungen sind ausgeblendet; Schwächen und Stärken lassen sich nicht einfach vorführen. Ein ganzheitliches Assessment verlangt unter diesen Umständen ein diszipliniertes, systematisches Vorgehen. Auch wenn nicht die Absicht besteht, eine alle möglichen Aspekte umfassende Einschätzung zu erreichen.

Während der Mediziner, weil er den zeitlichen Aufwand klein halten will, von sich aus den Klärungsvorgang im Gespräch mit dem Patienten abzukürzen und auf die (körperliche) Symptomatik zu konzentrieren geneigt ist, läuft das Assessment in der Sozialen Arbeit Gefahr auszuufern, so dass hier eine funktionale Beschränkung angebracht ist. Man wird also damit anfangen, den Rahmen der Einschätzung abzustecken: wozu dient sie?, wieweit ist sie erforderlich?, unter welchen Gesichtspunkten soll sie vorgenommen werden? Das Assess-

125

ment erfüllt spezifische Zwecke in der Einleitung einer Unterstützung oder Behandlung. Diese Zwecke sind verschieden, je nachdem ob eine Aufgabe in der Jugendhilfe, in der Bewährungshilfe, in der Rehabilitation oder bei Pflegebedürftigkeit vorliegt. Trotz dieser Spezifität

ganzheitliche Ein- schätzung

erfolgt im Rahmen Sozialer Arbeit die Einschätzung einer Situation und Klärung einer Bedarfslage *ganzheitlich*, weil das Assessment nur so einer Person in ihrer Lage gerecht werden kann (Lloyd/Taylor 1995: 691ff.).

Jedoch, im Zusammenhang eines Unterstützungsmanagements ist diese Klärung kein fest abgegrenzter einmaliger Vorgang. Die Einschätzung kann schrittweise erfolgen, korrigiert und wiederholt werden. In vielen Fällen reicht zunächst eine Verständigung über ein aktuell vorliegendes Problem. Gibt es mehrere Schwierigkeiten, setzt man Prioritäten. In anderen Fällen treten im Verlauf einer Unterstützung oder Behandlung neue Probleme auf, darunter solche, die durch den Hilfeprozess zutage gefördert werden. Dann ist eine erneute Einschätzung (*reassessment*) angezeigt. Als Dimension von Case Management hat das Assessment nur im Orientierungsrahmen des Dienstes und seiner Mitarbeiter seinen festen Platz; in der Praxis wird es flexibel gehandhabt.

Diagnose

Mit dem Terminus „Assessment" wird angezeigt, dass eine enge fachliche Beurteilung nicht ausreicht. Herkömmlich spricht man, wenn fachlich festgestellt wird, was vorliegt, in der Medizin (und davon abgeleitet auch in der Psychologie und in der Sozialen Arbeit) von einer *Diagnose*. Sie setzt eine Klassifikation der möglichen Krankheiten oder Störungen voraus: Der Diagnostiker benennt eine oder mehrere von ihnen in seinem „Befund", und andere Fachkräfte wissen dann, weil sie die Klassifikation kennen, um was es sich handelt. Die Person, bei welcher der Befund erhoben wird, gibt dem Sachkundigen zwar Auskünfte, bestimmt ansonsten aber nicht über die fachliche Diagnose mit.

Defizite, Stärken

Da ein Arzt im Krankheitsfall und ein sozialer Dienst dann aufgesucht wird, wenn eine Person mit der Beeinträchtigung alleine nicht fertig wird, stellt eine medizinische oder soziale Diagnose regelmäßig *Defizite* fest, die es dann durch professionelle Behandlung und Unterstützung zu beheben gilt. Die Diagnose bildet für den Kundigen die Grundlage für kurative, rehabilitative, pflegerische, psychotherapeutische oder pädagogische Maßnahmen. Der Laie ist in dieser Hinsicht unkundig. Er wird von *seinen* Fähigkeiten, mit einem Zustand fertig zu werden, ausgehen: sofern er gefragt ist und mitreden darf. Eine gemeinsame Abklärung bleibt darum nicht bei der fachlichen Diagnostik stehen (was nicht heißt, dass auf diagnostische Feststellungen verzichtet wird). Im Assessment kommen bei dessen ganzheitlicher Orientierung auch die *Stärken* einer Person zur Sprache. Fachkräfte unterschätzen gewöhnlich das Potential an Selbsthilfe bei ihrer Klientel. Die fachlichen Kriterien werden den Fähigkeiten, so wie sie sich im Lebenskreis eines Menschen ausprägen, oft nicht gerecht. Es müssen deshalb auch die Kriterien gelten, nach denen der Klient sein Handlungsvermögen beurteilt. Es hängt mit seinem Urteilsvermögen zusammen. Ihn darin zu bestätigen und zu bestärken, ist solange angebracht, wie es nicht gerade objektiv zu Fehlurteilen führt und vorhandene Fähigkeiten in Abrede stellt.

Im Assessment sind Ehrlichkeit und Selbstverantwortung angebracht. Menschen haben Stärken und Schwächen. Zu einem realistischen Bild gehören beide. In der sozialen Situation des Assessment-Prozesses ist darauf zu achten, dass die Professionellen und ihre Klienten einander „nichts vormachen". Zur Vertuschung kann die wohlwollende Haltung der Sozialarbeiterin ebenso beitragen wie die Scham eines alten Menschen, der seine Abhängigkeit nicht zugibt, oder die Abwehr des Alkoholikers, der seine Sucht schönredet. Auf die Folgen des Selbstbetrugs wird ein Case Manager hinweisen. Seine Aufgabe ist es, zu einer objektiven Betrachtung anzuhalten.

Im Vorgang der Klärung und Einschätzung werden Daten beigezogen, die aus der Beobachtung von Personen und Situationen stammen, schriftliche Quellen und Informationen, die im Gespräch mit den Menschen, um deren Lage und Bedarf es geht, gewonnen werden. Beobachtungsdaten und Aktenmaterial erlauben je für sich keine hinreichende Einschätzung; sie fließen in die Beratung zwischen den Professionellen und ihren Klienten ein; diese nehmen Stellung zu den anderen Informationen, bekräftigen sie oder entwerten sie. Der Ertrag eines Assessmentprozesses hängt deshalb sehr davon ab, wie die gemeinsame Beratung gestaltet wird.

Da ist zunächst die Art der *Gesprächsführung*. Mehr als in den anderen Phasen des Case Managements ist hier ein nondirektives, klientzentriertes Verhalten des oder der professionellen Gesprächspartner angebracht. Ihr Gegenüber wird nicht in die passive Rolle eines Befragten gebracht, der bloß Auskunft gibt. Er gestaltet vielmehr den Prozess des Assessments aktiv mit. Daraufhin wird er angesprochen: wie er die Dinge sieht und was ihm wichtig erscheint. Der Professionelle stellt sich dazu möglichst auf die Mentalität seines Gegenübers ein, auf kulturabhängige Sichtweisen und Bewertungen, ohne sie sich zueigen machen zu müssen. Nicht Konsens, sondern Klärung ist der Zweck des Assessments. Gegenstand des Gesprächs sind Angelegenheiten des Klienten; sie sollen und können ihm nicht abgenommen werden. Er trägt Verantwortung für sie wie für sich.

Gesprächs-führung

Die Sozialarbeit neigte in der Vergangenheit dazu, Probleme zu psychologisieren und nach Lösungen auf psychotherapeutischen oder pädagogischen Wegen zu suchen. Die Person rückte mit ihrem (inneren) Befinden in den Mittelpunkt. Auf die darin sich zeigenden Bedürfnisse wollten die Professionellen „klientzentriert" ihre Behandlung oder Erziehung abstimmen. Natürlich waren die Umstände zu berücksichtigen; aber sie wurden in einer eher statischen Opposition zur Person aufgefasst – als hinderliche, bedrückende, kränkende oder fördernde Umstände. Im Case Management wird dagegen der ganze Handlungszusammenhang in Betracht gezogen, in dem Menschen miteinander etwas tun (und dabei einander auch manches „antun").

Die Medizin hat gelernt, das Befinden von Menschen in seiner biopsychosozialen Einheit zu sehen. Zum körperlichen Zustand werden die psychischen und sozialen Bedingungen berücksichtigt, unter denen er als „krank" oder „gesund" in Erscheinung tritt. Besonders bei chronischen Verläufen sind der Zusammenhang dieser Dispositionen und ihre Wechselwirkungen wichtig. Eine Behandlung nur einer (der organischen) Seite verspricht wenig Erfolg, wenn nicht in der ganzen Lebensführung eine Besserung erreicht werden kann. Deshalb ist auch aus medizinischer Sicht eine *multidimensionale* Einschätzung vorzunehmen.

Lebenslage

Im sozialen, sozialgesundheitlichen, sozialpflegerischen und sozialpädagogischen Zusammenhang gehört zum Konzept des Assessments in erster Linie ein *situativer Ansatz*. Verhalten bezieht sich auf Verhältnisse, Handeln auf sachliche Gegebenheiten. Danach wird (erstens) versucht, die objektive Lebenslage einer Person oder einer Familie zu erfassen. Unter der Lebenslage wird die mehrdimensional erfassbare gegenwärtige Disposition und Situation eines Menschen verstanden (siehe Abbildung 10). Mit dem situativen Ansatz ist aber (zweitens) auch gemeint, dass diese Erfassung selber in einer Situation erfolgt, die zu der Lage gehört, um die es geht. Das Assessment ist ein inter-subjektiver Prozess unter beruflich Beteiligten und persönlich Betrof-fenen. Sie interpretieren und bewerten als derart „situierte" Personen die gegebene Lage unterschiedlich. Bei deren gemeinsamer Erörte-rung sind also (drittens) auch die subjektiven Sichtweisen anzuspre-chen, in denen die fragliche Problematik so oder anders erscheint und ein entsprechendes „Befinden" artikuliert wird. Manchmal ist die Eröffnung einer anderen, objektiveren Sicht im Einschätzungsprozess schon die entscheidende Leistung, die im Case Management voll-bracht wird: Für einen Menschen, der verzweifelt ist und nicht mehr weiterleben will, weckt die im Gespräch vermittelte Einsicht in den Wert und Sinn selbst einer mühsamen menschlichen Existenz seine Lebensgeister wieder.

Daran wird deutlich, dass zu der inneren und äußeren Situation von Menschen die *zeitliche* Erstreckung ihres Ergehens gehört. Ein sozia-les und gesundheitliches Assessment erhält erst in der biographischen Dimension Tiefe. Der Mensch lebt aus und mit seiner Geschichte. Sie betrifft seine mentale Disposition ebenso wie seine körperliche Ver-fassung. Im Hinblick auf sie erhebt der Arzt herkömmliche eine *Anamnese*. Sie kann in einer schematischen Befragung bestehen oder zu einer Erinnerungsarbeit erweitert werden, die bereits zum psycho-therapeutischen Prozess gehört. Im Rahmen eines sozialen Assess-ments gehört zur individuellen Lebensgeschichte auch die von den Angehörigen beigesteuerte Familiengeschichte, mit der sich Hinter-gründe der gegenwärtigen äußeren und inneren Situation eines Klien-ten aufklären lassen.

In der Dimension der Zeit findet die *Lebensperspektive* von Menschen oft zu wenig Beachtung. Case Management ist von vornherein ein per-spektivisches, zielgerichtetes Unternehmen. Wer sich darauf einlässt, hat sich schon bewegt. Seine Beweggründe liegen mindestens so sehr vor ihm, wie sie aus seiner Biographie herrühren. Da wir bei einer

Unterstützung oder Behandlung auf die aktive Mitarbeit, Selbstbestimmung und auf die Stärken des Klienten bauen, spielen seine Erwartungen eine wichtige Rolle in der nötigen Kooperation. Wie er sich verhält und disponiert, hängt wesentlich davon ab, welchen Entwürfen seines weiteren Lebens er folgt und wie er seine Zukunftsaussichten beurteilt.

Die genannten Erstreckungen der Abhängigkeit und der Orientierung disponieren eine Person in ihrer jeweiligen Lage oder Situation (siehe Abbildung 12).

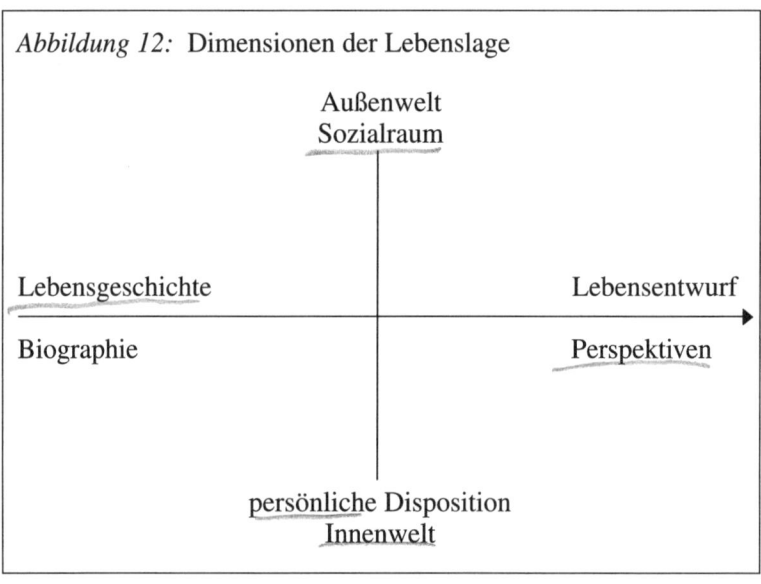

Abbildung 12: Dimensionen der Lebenslage

Außenwelt
Sozialraum

Lebensgeschichte   Lebensentwurf

Biographie   Perspektiven

persönliche Disposition
Innenwelt

Die vier Dimensionen Umwelt (äußere Situation), Innenwelt (innere Situation), Lebensgeschichte und Lebensperspektiven schneiden sich im gegenwärtigen Status einer Person und bilden zusammen die subjektive und objektive *Lebenslage* des Individuums (zum Begriff der Lebenslage siehe Wendt 1990: 35ff.). Über sie sammelt der Professionelle im Assessment im ersten Schritt Informationen und analysiert diese in einem zweiten Schritt – allein für sich, im Team und gemeinsam mit der Person oder Familie, der sozial oder gesundheitlich geholfen werden soll.

Im Ergebnis dieses Prozesses haben sich die Beteiligten ein Bild von der gegebenen Lage gemacht. Einzelne Probleme sind identifiziert worden; Stärken und Schwächen sind deutlich geworden, ebenso Beziehungen und Abhängigkeiten (siehe zu einzelnen Aspekten des Assessments Taylor/Devine 1993). Das Assessment gestattet, der *Individualisierung* der Lebenslagen und der Lebensbewältigung heutzutage nachzukommen: Jeder Mensch lebt sein eigenes Dasein und immer weniger nach vorgegebenen Normen. Er will sich unterscheiden, und seine Bedingungen differieren tatsächlich von denen anderer Menschen. Case Management ist dazu da, dem Einzelfall gerecht zu werden.

Nicht selten führt ein Assessment zur *Selbstklärung* einer Person in ihrer Situation und damit schon zu einer Problemlösung. Bei sachlich-nüchterner Betrachtung einer Lebenslage verliert sie vielleicht ihren bedrückenden Charakter, emotional getrübte Ansichten der Umgebung oder des eigenes Zustandes relativieren sich oder neue Perspektiven tun sich auf. Dieser Erfolg eines Assessments ist hoch zu schätzen, erspart er doch dem Klienten wie dem Dienstleistungssystem unter Umständen viele weitere Mühen und Kosten. Die Verkürzung des Case Managements mindert hier nicht seine Effizienz, im Gegenteil. Der Erfolg sollte allerdings evaluiert und festgehalten werden.

Die allgemeinen Ausführungen zum Assessment ersetzen nicht die Kenntnis der besonderen Anforderungen in einzelnen Arbeitsfeldern für die Einschätzung der Situation und des Handlungsbedarfs. *Es gibt eine Spezifik des Assessments.* Ihr wird man stets nachzukommen suchen. Andernfalls würde es ausufern und unrationell werden.

Bei der Vielfalt dessen, was in einem Einschätzungsprozess zur Sprache kommen kann, muss anfangs oder beim Fortschreiten im Assessment eine Auswahl getroffen werden. Prioritäten sind zu setzen. Dazu hält man sich an den *Bedarf*. Wie aber ist er näher zu bestimmen? Ohne Zweifel braucht der Mensch ein Mindestmaß an äußerer Ausstattung und an Zufuhr von Lebensmitteln. Zum Grundbedarf (Seed/Kaye 1994: 12ff.) gehören ein Bett und ein geschützter Raum, Nahrung, Kleidung, Wohnung und Wärme, äußere Sicherheit, einige persönliche Beziehungen, eine Privatsphäre, in modernen Zeit auch der Zugang zu Geld, Freizeit, Erholung und Bildung. Dies alles sind allgemeine Erfordernisse, womit die spezifischen einer Person noch nicht näher bestimmt sind.

Bedarf

131

Es gibt den Bedarf, den jemand persönlich anmeldet (*demand*), und den Bedarf, der sich feststellen lässt (*need*). In ihrem Buch zur Planung und Durchführung von Bedarfseinschätzungen gehen Belle Ruth Witkin und James Altschuld (1996) auf die Schwierigkeit ein, in differenzierender Weise die Erwartungen der Beteiligten zu klären, einen

Bedürfnisse ungedeckten Bedarf festzustellen und Bedürfnisse (*needs*) zu bewerten, die nicht an einem objektiven Mangel auszumachen sind. Was nötig ist, zeigt sich immer in einem Bezugsrahmen, in einem engeren subjektiven Horizont und in intersubjektiven, kulturellen und gesellschaftlichen Horizonten (zur Bedürfnis- und Bedarfsklärung siehe: Percy-Smith 1996). Die Professionellen beziehen sich auf sie und verweisen ihre Klienten auf den Rahmen, in dem ein Bedarf besteht oder etwas zu tun nötig ist. Ein Kind hat vielleicht das Bedürfnis, nicht zur Schule zu gehen. Es besteht ein gesellschaftlicher Bedarf an Schulbildung. Der Bedarf ist in Form der gesetzlichen Schulpflicht staatlich sanktioniert. Jugendhilfe steht nun nicht einfach zwischen zwei Bedürfnissen, sondern sie ist dazu da, dem Kind den Schulbesuch zu ermöglichen und es dazu zu befähigen.

Erfordernisse Ein Bildungs- oder Erziehungsbedarf nimmt auf andere Rahmen Bezug als ein Pflegebedarf im Alter oder bei Behinderung. In den offiziellen Richtlinien zum gesetzlich geregelten britischen „Care Management" wird Bedarf (*need*) definiert als „the requirements of individuals to enable them to achieve, maintain or restore an acceptable level of social independence or quality of life, as defined by the particular care agency or authority" (Department of Health 1991 b: 10f.). Auch diese begriffliche Festlegung hebt nicht auf Bedürfnisse ab, die ein Klient anmeldet, sondern auf Notwendigkeiten zur Behebung von Beeinträchtigungen, wie sie an zuständiger Stelle wahrgenommen werden.

Bei allen politischen und dienstlichen Vorgaben bleibt das Assessment auf der Ebene des Einzelfalls ein Prozess des *Aushandelns*. In ihm lassen sich verschiedene Mittler einschalten, die der Verständigung mit dem Klienten und der Verständigung unter den beteiligten Fachkräften dienen. Der Klient macht Angaben zu seiner Vorgeschichte. Vorhandene Diagnosen können helfen, die Objektivität der Einschätzung zu sichern. Hilfen wie die Erstellung eines Genogramms zum Überblick über Familienstrukturen (McGoldrick/Gerson 1990), einer Abbildung der sozialräumlichen Beziehungen (Ecomap) oder Beobachtungsprotokolle und standardisierte Fragebögen lassen sich beiziehen (Jordan/ Franklin 1995: 3ff.). Wer sie verwendet, gerät allerdings auch leicht in die Gefahr, das Assessment mechanisch und bürokratisch durchzuführen, indem er die vorgegebenen Fragen beantworten lässt und Kästchen in Formularen ausfüllt. Das Verfahren reduziert sich auf eine oberflächliche, schematisierte Datenerfassung. Diese Gefahr besteht besonders bei scheinbar einfachen Fällen, wenn Klienten bestimmte Hilfen haben wollen.

In schwierigen Fällen oder in unsicherem Gelände wie bei Verdacht auf sexuellen Missbrauch von Kindern oder bei psychiatrischen Auffälligkeiten mag es gut sein, Schleifen der Reflexion in den Assessmentprozess einzuziehen, etwa indem die angetroffene Situation in einem Kinderschutzteam oder in einer interdisziplinär besetzten Fallkonferenz besprochen wird. Dadurch vermeidet man eine vorschnelle Urteilsbildung. Eine offene, bewusst weit gehaltene Einschätzung, die nicht auf eine Verdachtsdiagnose eingeengt ist, drängt die Betroffenen nicht gleich in Verteidigung oder Abwehr und kann ihre Bereitschaft zur Mitarbeit erhöhen. Bei Missbrauchsverdacht ist die Familiensituation im ganzen in Betracht zu ziehen, um sich im System der familiären Beziehungen der Situation eines Kindes zu nähern (Ney 1995). Das Case Management wird die Feststellung eines Straftatbestandes den dazu berufenen Stellen überlassen.

Für einzelne Aufgabenbereiche sind spezielle Assessment-Verfahren entwickelt worden. In der *Beschäftigungsförderung* spielt das *Profiling* eine wichtige Rolle. Mit ihm werden die Chancen eines Arbeitnehmers bzw. eines Arbeitslosen (gemäß § 6 SGB III) auf dem Arbeitsmarkt eingeschätzt, indem sein Potential an Fähigkeiten und sonstigen Eignungsmerkmalen festgestellt und es mit den Anforderungen auf (vorhandenen) Stellen im Beschäftigungssystem abgeglichen wird (Gsub 2003). Assessment in der *Rehabilitation* kann in Anlehnung an die International Classification of Functioning, Disability and Health (ICF) in eine Körperfunktions- und Strukturdiagnostik, eine Aktivitätsdiagnostik und in eine Partizipationsdiagnostik bei Einbeziehung personbezogener Kontext- und Umweltfaktoren gegliedert werden (Biefang/Potthof/Schliehe 1999). Für die *Pflege* gibt es Modelle zur Erfassung der Pflegebedürftigkeit auf der Funktionsebene, die sich an den Kompetenzen der Selbstbesorgung im Alltag orientieren: an den „Activities of Daily Living" (ADL), die Katz u.a. (1963)

Profiling, ADL in der Pflege

zusammengestellt haben, an den „Instrumental Activities of Daily Living" von Lawton und Brody (1969) bzw. an den „Aktivitäten und existentiellen Erfahrungen des Lebens" (AEDL). Dieses Erhebungsinstrument hat Monika Krohwinkel nach dem Lebens-Modell von Nancy Roper u.a. (Roper/Logan/Tierney 1993: 40ff.) entwickelt (Krohwinkel 1992). Untersucht werden 13 Funktions-Erfordernisse (AEDL-Bereiche):

(1) Kommunizieren
(2) Sich bewegen
(3) Vitale Funktionen des Lebens aufrecht erhalten
(4) Sich pflegen
(5) Essen und trinken
(6) Ausscheiden
(7) Sich kleiden
(8) Ruhen und schlafen
(9) Sich beschäftigen
(10) Sich als Mann oder Frau fühlen und verhalten
(11) Für eine sichere Umgebung sorgen
(12) Soziale Bereiche des Lebens sichern
(13) Mit existentiellen Erfahrungen des Lebens umgehen
(Krohwinkel 1992: 24).

geriatrisches Assessment

Um den Erfordernissen in der geriatrischen Rehabilitation und Pflege zu entsprechen, strebt das *geriatrische Assessment* nach der Definition von Martin Runge und Gisela Rehfeld „eine Gesamterfassung und Bewertung der gesundheitlich relevanten Daten eines Patienten an. Die Gesamtsituation wird multidimensional gegliedert in körperliche und psychische Daten sowie Daten zum personellen und physikalischen Umfeld. Erfasst, selektiert und gewichtet werden Erkrankungen, Behinderungen und altersassoziierte Veränderungen sowie deren Wechselwirkungen. Neben der nosologischen (ätiologischen) Einordnung in das traditionelle Diagnosesystem erfolgt eine quantifizierende Funktionsdiagnostik sowohl auf der Ebene der Organfunktionen als auch der Alltagsfunktionen. Zur Funktionsdiagnostik gehört eine objektiv überprüfbare und quantifizierende Prognose, um so Aussagen über Rehabilitationsfähigkeit und Rehabilitationsbedarf machen zu können. Zum Assessment gehört die Erfassung ethischer Wertvorstellungen, der Lebensplanung und die gemeinsame Erarbeitung eines individuellen Zieles. Ziel des Assessments ist die Planung und Verlaufskontrolle von medizinischen, pflegerischen und therapeutischen Interventionen" (Runge/Rehfeld 1996: 22).

Ein umfassendes geriatrisches Assessment gliedert sich in Befunde, die im

(a) körperlichen Bereich,
(b) im psychischen Bereich,
(c) im personellen Umfeld und im
(d) materiellen Umfeld

erhoben werden (Runge/Rehfeld 1995: 44ff.). In einer „fachübergreifenden Zusammenschau" dieser Befunde kann dann ermittelt werden, was in einer langfristigen fachlichen Begleitung des Patienten zu tun ist (Runge/Wahl 1996: 1).

Die Einschätzung einer Lebenslage sollte in Sozialdiensten prinzipiell die somatische Dimension und den gesundheitlichen Status nicht außer Acht lassen. In der medizinischen und pflegerischen Versorgung gehört zum Assessment regelmäßig die Berücksichtigung der sozialen Situation und des Bildungsstandes, denn sie sind wesentliche Faktoren, welche die Mitwirkung von Patienten im vorzusehenden Gang der Behandlung bestimmen.

LITERATUREMPFEHLUNGEN ZUM ASSESSMENT

Biefang, Sibylle/Potthoff, Peter/Schliehe, Ferdinand 1999: Assessmentverfahren für die Rehabilitation. Göttingen: Hogrefe
Kurzbeschreibungen der verfügbaren funktions- bzw. leistungsdiagnostischen Instrumente für die Rehabilitation
Gsub Gesellschaft für soziale Unternehmensberatung (Hrsg.) 2003: Profiling. Neue Eingliederungsstrategien in der Arbeitsvermittlung. Berlin: Eigenverlag
Beiträge zur Funktion des Profiling und seiner Einordnung in den Prozess der Vermittlung in Arbeit und der Qualifizierung für sie.
Jordan, Katheleen/Franklin, Cynthia 1995: Clinical Assessment for Social Workers. Quantitative and Qualitative Methods. Chicago: Lyceum Books
Umfassende Darstellung von Techniken des Assessments für Sozialarbeiter im klinischen Rahmen.

Rauch, Julia B. (ed.) 1993: Assessment: A Sourcebook for Social Work Practice. Milwaukee, Wis.: Families International
Ein Sammelband mit Beiträgen zum Assessment in einzelnen Lebensbereichen, bei speziellen Problemen und bei ethnischen Besonderheiten.
Soriano, Fernando I. 1995: Conducting Needs Assessments. A Multidisciplinary Approach. Thousand Oaks, CA: Sage
Handreichung zur methodischen Durchführung, Datensammlung und Datenanalyse in der Einschätzung von Bedarfen.
Witkin, Belle Ruth/Altschuld, James W. 1996: Planning and Conducting Needs Assessments. A Practical Guide. Thousand Oaks, Ca: Sage
Eine detaillierte theoretische und praktische Beschreibung der Erhebung, Feststellung und Analyse von Bedarf.

4.3. ZIELVEREINBARUNG UND HILFEPLANUNG

Auf der Grundlage des festgestellten Bedarfs sind für das weitere Vorgehen Ziele zu vereinbaren, die Mittel und Wege zu ihnen hin zu erörtern und Entscheidungen herbeizuführen. Auch in dieser Phase ist es angebracht, den Zusammenhang formeller Unterstützung und fachlicher Behandlung mit der persönlichen Lebensführung im Blick zu behalten. Eine Planung der Versorgung und von Hilfen, die auf längere Zeit anzulegen sind, wird zweckmäßigerweise *komplementär zur Lebensplanung* des Klienten erfolgen. Im Assessment wurde deshalb auf die Perspektiven, die jemand hat, und auf die Chancen, die er realisieren möchte, Wert gelegt. Maßnahmen, die dem eigenen Lebensentwurf eines Menschen durchkreuzen, fordern seinen Widerstand heraus oder bleiben unwirksam, weil er sie nur passiv und unbeteiligt hinnimmt. Der Effekt von Hilfen bestimmt sich nach ihrer Einpassung in die soziale, psychische und physische Disposition des Menschen, also zuallererst danach, *wie er disponiert.*

Plant jemand in seiner selbstständigen Lebensführung die Bewältigung etwa eines Ausbildungsvorhabens für sich allein, oder plant ein Ehepaar, wie es die Kindererziehung mit Berufstätigkeit und persönlicher (sozialer und kultureller) Entfaltung der Frau wie des Mannes verbinden kann, sind strategische Überlegungen und Abstimmungen in der Verwendung des Zeit- und Kräftebudgets, der finanziellen Mittel usw. erforderlich. Menschen, denen die Erschließung von Ressourcen ohnehin schwerfällt oder die bereits öfter die Erfahrung des Scheiterns gemacht haben, sowie behinderte und pflegebedürftige Menschen

Lebens-
planung

benötigen Beistand in den Bereichen ihrer Abhängigkeit von äußerer Unterstützung. Die Hilfeplanung setzt hier an der eigenen Lebensplanung an und ergänzt sie. Mit anderen Worten: Die gemeinsame Planung verhilft zu einer angemessenen Lebensplanung in bestimmter Hinsicht. Nur im Falle von Entmündigung geht die individuelle Lebensplanung teilweise an einen Sachwalter oder Betreuer über.

Die Hilfeplanung (*care planning*) beginnt mit einer Verständigung über Ziele, die verfolgt werden sollen. *Ziele* geben an, wohin man kommen will. Ziele müssen realistisch sein und so konkret formuliert werden, dass alle Beteiligten verstehen, was mit ihnen gemeint ist. Die explizite Angabe von Zielen dient zudem ihrer Überprüfbarkeit. Mit diffusen Zielvorstellungen und allgemeinen Wünschen („es soll mir besser gehen", „ich möchte wieder gesund werden") ist es nicht getan. Sind Ziele so unbestimmt gehalten, dass man sie nicht überprüfen kann, erfüllen sie ihren Zweck im Hilfeprozess, in der weiteren Behandlung und in der Bewältigung von Problemen nicht. Es empfiehlt sich, die Zielbestimmung mit einer Angabe über den Zeitraum zu verbinden, in dem man das Ziel zu erreichen trachtet.

Zielsetzung

Der unmittelbare Zweck der Zielvereinbarung nach der Bedarfsklärung besteht darin, dem Weg der Bedarfsdeckung eine Richtung zu geben. Zu klären ist, welche Dienstleistungen in Frage kommen. Man spricht deshalb auch von „Serviceplanung" (Raiff/Shore 1993: 34ff.). Dabei kommt es primär nicht darauf an, welche Dienste zu Verfügung stehen oder sich anbieten, sondern darauf, welche benötigt werden, um eine Situation zu bewältigen und einen schlechten Zustand zu bessern. Auch wenn eine Hilfeplanung gesetzlich nicht vorgeschrieben ist, empfiehlt sie sich für die Zusammenarbeit mit dem Bürger, der Unterstützung braucht, und für die Koordination von Hilfen. Eine „kooperative Sozialhilfe" geht über die amtliche Erstellung eines Bescheides über Hilfe zum Lebensunterhalt nach gesetzlichen Regelungen hinaus (Urban 1995: 148ff.). Es sind Lösungen zu suchen, in denen Lebenslagen überwunden werden, die Sozialhilfe erfordern. Man trifft Vereinbarungen zur Beratung und Hilfestellung auf dem Weg der Problemlösung. Nur eine „lebenslageorientierte Beratung" (Reis 1997) führt schließlich zu Hilfevereinbarungen, welche die Unterstützung der Art und Weise anpasst, in der eine bestimmte Person mit ihren Schwierigkeiten zurechtzukommen vermag. Speziell die Eingliederungshilfe für behinderte Menschen ist ein zu komplexes

Gesamtplan

Vorhaben, um ohne einen „*Gesamtplan*" auszukommen. Das SGB XII sieht ihn zur Eingliederung von Menschen mit Behinderung Der Gesamtplan nach § 58 SGB XII ist so frühzeitig wie möglich mit dem Behinderten und den beteiligten Fachkräften und Diensten, gewöhnlich in einer *Hilfeplankonferenz*, zu erstellen.

Eine *Gesamtplanung* sieht das deutsche Sozialgesetzbuch allgemein zur Rehabilitation und Teilhabe vor. An Rehabilitationsprozessen sind mehrere unterschiedliche Akteure nebeneinander oder nacheinander beteiligt, deren Handeln planmäßig auf das Ziel im individuellen Fall auszurichten ist. Das Gesetz sieht deshalb (in § 10 SGB IX) vor, „dass die beteiligten Rehabilitationsträger im Benehmen miteinander und in Abstimmung mit den Leistungsberechtigten die nach dem individuellen Bedarf voraussichtlich erforderlichen Leistungen funktionsbezogen feststellen und schriftlich so zusammenstellen, dass sie nahtlos ineinander greifen". In der Praxis wird die Aufgabe oft nur unzureichend wahrgenommen und die *Servicestellen*, die sie übernehmen können, werden nicht eingeschaltet.

Die Planung der Versorgung (care planning) bzw. die Hilfeplanung ist als ein Prozess zu verstehen; sie wird meistens nicht in einem Schritt zu erledigen sein. Eine regelrechte Fallführung bereitet die Planung schon dadurch vor, dass in der Vorklärung und im Assessment die Perspektive des weiteren Handelns eröffnet wird. Im Rahmen der *Jugendhilfe* erfolgt (in vorheriger Beratung oder in einem informellen „Hilfeplangespräch") vielleicht eine erste und vorläufige Zielvereinbarung mit den Eltern und dem jungen Menschen und die Feststellung, dass Hilfe zur Erziehung nach dem Kinder- und Jugendhilfegesetz (§ 27 SGB VIII) angebracht ist. In einem zweiten Schritt tritt dann eine *Hilfeplankonferenz* zusammen, in der die für notwendig erachteten Leistungen mit den Diensten und Einrichtungen abgesprochen werden, die sie erbringen sollen. Bei dieser Konferenz sind also neben den anfänglichen Partnern (Eltern, Jugendlicher, Sozialarbeiterin vom Jugendamt) auch die Kooperationspartner (z.B. eines freien Trägers der Jugendhilfe) und zu konsultierende Fachkräfte (Psychologen, Heilpädagogen) zugegen. Eine Helferkonferenz betreibt eine Vorausschau, wie sich die Unterstützung praktisch gestalten, eine Aufgabe erfüllen und eine schwierige Situation erfolgreich bewältigen lässt. Die Konferenz kann auch wiederholt zusammentreten, um die Planung wenn nötig zu revidieren.

Hilfeplankonferenz

Die Hilfeplanung schließt Verabredungen über die *Aufgabenvertei-lung* ein: Aufeinander abzustimmen sind die formelle und die infor-melle Unterstützung und beide auf die Selbstsorge und Aufgabenerle-digung seitens des oder der Klienten. Jeder Beteiligte übernimmt sei-nen Teil der Verantwortung. Aufträge werden fixiert. Diese Festle-gung ist auch deshalb wichtig, weil bei sozialen Problemen nicht erwartet werden kann, dass eine ins Auge gefasste Lösung tatsächlich eintritt. Ob und wieweit sie erreicht wird, liegt bei den Handelnden und hängt an der Entschiedenheit ihres bewältigungs- und lösungsori-entierten Einsatzes.

Der Hilfeplan als *Schriftstück* dokumentiert, wovon in der Planung ausgegangen wurde, zu welchen Feststellungen die Beteiligten gekommen sind und was verabredet, vereinbart oder vorgesehen wird. Auch abweichende Meinungen und Kommentare haben Platz. In der Regel wird man Formblätter bzw. Vorlagen im Computer zur schriftli-chen Ausfertigung des Hilfeplans verwenden. Er wird von den Betei-ligten unterschrieben, und die Klienten erhalten eine Ausfertigung.

Der Hilfeplanungsprozess schließt in der Regel mit *Entscheidungen* Ent-
ab. Die Beteiligten treffen sie, soweit sie selber zuständig sind, im scheidungen
Ergebnis ihrer Planungsgespräche. Zu vertreten sind Entscheidungen durch den fachlich oder amtlich Fallverantwortlichen. Leistungsträ-gern wird ein Hilfeplan (soweit sie ihn nicht selber federführend erstellt haben) mit dem Ansinnen vorgelegt, über die Leistungsgewäh-rung zu entscheiden. Sie prüfen den Hilfeplan nach ihren Kriterien, ob er den Leistungsanspruch zwingend oder nach pflichtgemäßem Ermessen begründet. Die Entscheidung über Sozialhilfe oder Jugend-hilfe ist dann ein Verwaltungsakt, den der Leistungsberechtigte auch anfechten kann. Eine gute Dokumentation des Weges im Case Mana-gement, der zu einer Entscheidung geführt hat, ist aus Gründen der juristischen Überprüfbarkeit erforderlich. Eine hinreichende Planung und ein Konsens zwischen den beteiligten Fachkräften und dem Antragsteller wird aber in aller Regel eine Auseinandersetzung vor dem Verwaltungsgericht vermeiden.

Die Hilfeplanung bereitet die Entscheidungsfindung vor. Deshalb soll-ten im Hilfeplangespräch die rechtlichen Regelungen und auch der ökonomische Handlungsrahmen (wie er etwa durch Budgetierung festgelegt ist) schon berücksichtigt werden. Bei Eingliederungsmaßnahmen für Behinderte sind gegebenenfalls die langfristigen Kosten zu schätzen (siehe zu *Life Care Plans* Abschnitt 6.3.).

Im Ergebnis des Planens und Entscheidens können *Kontrakte* auch mit einzelnen Leistungserbringern fixiert werden, die ein Nutzer selbstständig oder mit Assistenz des Case Managers oder die er für den Nutzer abschließt. Gegebenenfalls werden Kontrakte auf institutioneller Ebene geschlossen, etwa zwischen Jugendamt und freiem Träger (zum Kontraktmanagement im Gesundheitswesen siehe Flynn/Williams/Pickard 1996).

Aus-
führungs-
pläne

Vom Hilfe- oder Versorgungsplan (care plan) klar unterscheiden sollten wir die *Ausführungspläne* in den Diensten und Einrichtungen. Während im Hilfeplan generell festgehalten wird, was zu tun angebracht erscheint, geben Pläne der Durchführung

(a) einer Behandlung (Behandlungs- oder Therapieplan),
(b) der Förderung (Förderplan),
(c) der Rehabilitation (Rehabilitationsplan),
(d) von Pflege (Pflegeplan),
(e) der Betreuung (Betreuungsplan) oder
(f) der außerfamiliären Erziehung (Erziehungsplan)

an, wie in der Leistungserbringung vorgegangen werden soll. Es ist Sache des beauftragten Dienstleisters (eines Jugendheims, Pflegedienstes, Reha-Zentrums), solche Ausführungspläne zu erstellen. Diese Pläne sind einrichtungsintern ein Arbeitsinstrument in der Hand der Fachkräfte. Ihre Zusammenarbeit im Einzelfall ist ein wesentlicher Gegenstand der Ausführungsplanung.

Die Unterscheidung vom individuellen Hilfeplan hat man in gesetzlichen Regelungen für Behinderte in den USA bereits in den 80er Jahren getroffen: Der Case Manager erstellt mit dem Betroffenen und seinen Angehörigen einen *Individual Service Plan*, und die Fachkräfte, die diesen Plan umzusetzen haben, erstellen einen *Individual Habilitation Plan*, der angibt, mit welchen Dienstleistungen die Ziele des Hilfeplans erreicht werden sollen (Granquist 1989: 98). Als dem Deutschen Bundestag 1990 das Gesetz zur Neuordnung des Kinder- und Jugendhilferechts vorgelegt wurde, hieß es in der beigefügten Begründung zu den einzelnen Vorschriften:

140

„Grundlage einer zeit- und zielgerichteten Intervention ist die Aufstellung eines Hilfeplans, in dem die entscheidenden Feststellungen über den Hilfebedarf sowie die notwendigen Schritte bei der Durchführung der Hilfe festgehalten werden. Der Hilfeplan dient in erster Linie der Selbstkontrolle für das verantwortliche Jugendamt sowie als Koordinierungsinstrument zwischen dem Jugendamt und dem Träger der Einrichtung, der im Einzelfall tätig wird Der Hilfeplan ist zu unterscheiden von einem Behandlungs- und Therapieplan, der selbstverantwortlich in der jeweiligen Einrichtung für die Dauer der dortigen Unterbringung erstellt wird" (Drucksache 11/5948 des Deutschen Bundestages, S. 169).

Die getroffene Unterscheidung bedeutet nun nicht, dass man immer auseinander halten kann, wo die Hilfeplanung endet und die Planung der Durchführung beginnt. Die Fachkräfte im stationären oder ambulanten Dienst haben, zumal wenn sie nicht an der Bedarfsklärung und an der Hilfeplanung beteiligt waren, ein Interesse daran, die Anamnese und eventuell die Diagnosen dessen zu kennen, den sie betreuen oder versorgen sollen, und sie werden auch wesentliche Momente der Hilfeplanung mit den darin geäußerten Wünschen, Vorstellungen und Erwartungen für ihren Dienst oder ihre Einrichtung nachvollziehen wollen.

LITERATUREMPFEHLUNGEN ZU ZIELVEREINBARUNG UND HILFEPLANUNG

Faltermeier, Josef, u.a. 1996: Hilfeplanung konkret. Praktische und fachpolitische Handlungsstrategien zur Qualitätssicherung in der Jugendhilfe. Stuttgart: Kohlhammer
Eine Arbeitshilfe aus dem Deutschen Verein mit Beiträgen zum § 36 KJHG aus verschiedener Sicht für die Praxis der Jugendhilfe.
Institut für soziale Arbeit e.V. (Hrsg.) 1994: Hilfeplanung und Betroffenenbeteiligung. Münster: Votum
Praktische Anleitung zur Gestaltung der Hilfeplanung in der Jugendhilfe zusammen mit Eltern und Jugendlichen.
Merchel, Joachim 2006: Hilfeplanung bei den Hilfen zur Erziehung § 36 SGB VIII. 2. Aufl., Stuttgart: Boorberg
Petermann, Franz/Schmidt, Martin (Hrsg.) 1995: Der Hilfeplan nach § 36 KJHG. Freiburg i.Br.: Lambertus
Eine Broschüre mit praktischen Hinweisen zur Erstellung von Hilfeplänen im Rahmen von Hilfen zur Erziehung nach dem KJHG.

Schmid, Heike 2004: Die Hilfeplanung nach § 36 SGB VIII. Rechtliche Vorgaben und praktische Umsetzung – unter besonderer Berücksichtigung des Planning to Child Care in England und Wales. Frankfurt am Main: Eigenverlag des Deutschen Vereins

Schwabe, Mathias 2005: Methoden der Hilfeplanung. Zielentwicklung, Moderation und Aushandlung. Frankfurt am Main: IGfH-Eigenverlag

4.4. Kontrollierte Durchführung

Das Case Management leistet einzelne Hilfen oder Behandlungen nicht selbst. Es führt sie zusammen, koordiniert sie in individueller Fallführung und lenkt ihren Ablauf in der Phase der Umsetzung (Implementation) des Hilfeplans. In der Regel wird ein Case Manager nicht direkt in die Leistungserbringung eingeschaltet sein. Dann besteht seine Aufgabe darin, die vereinbarte Versorgung (Behandlung, Pflege, Erziehung, Unterstützung) zu überwachen, ihren Verlauf zu beobachten (*follow-up*). Im Case Management wird diese Funktion als *Monitoring* bezeichnet. Ziel ist die Sicherstellung der Dienstleistung und der Bewältigungsleistung einer Person. *Monitoring* besteht in einer fortlaufenden Prüfung des geregelten Ablaufs der Versorgung und der Fortschritte, die ein Klient dabei gemäß dem Plan macht, der in seinem Fall zur Bedarfsdeckung erarbeitet wurde.

Wenn ein Dienstleister diese Aufgabe übernimmt, führt er einen Teil des Case Managements aus und berichtet dem Auftraggeber über den Fallverlauf. Intern erfolgt eine Erziehungsplanung, Reha-Planung oder Pflegeplanung und Pflegedokumentation (Zawada/Kellnhauser 1994). Dabei kann man in stationären Einrichtungen des Gesundheitswesens festgelegten *Versorgungs-* und *Behandlungswegen*, klinischen Pfaden folgen (Ignatavicius/Hausman 1995), die für einzelne Krankheiten und häufige Therapieerfordernisse entwickelt worden sind (siehe Abschnitt 6.9.). Ihre Anwendung im Einzelfall weist in der Praxis eine Varianz auf, die auf ihre Notwendigkeit und ihre Folgen hin zu analysieren ist (Frink/Strassner 1996: 194ff.).

Behält sich der Leistungsträger das Monitoring vor, hat der beauftragte Case Manager die nicht leichte Aufgabe, bei den Leistungserbringern „nach dem Rechten zu sehen". Er erkundigt sich nach den Fortschritten, die der Klient macht, lässt sich über Probleme berichten, bietet gegebenenfalls Unterstützung oder ergänzende Hilfen an – und nimmt Beschwerden des Klienten entgegen. Die Aufgabe ist konfliktträchtig: An der dienstleistenden Stelle kann das Auftreten des Case Managers als unliebsame Einmischung und als Störung der Arbeitsbeziehung zum Klienten empfunden werden. Auf der Gegenseite wird der Case Manager dann einen Mangel an Offenheit oder fehlende Bereitschaft zur Kooperation beklagen. Solchen Konflikten sollte schon bei Aufnahme eines Klienten in den Dienst oder die Einrichtung durch Rollenklärung und Absprachen vorgebeugt werden.

Dem *Monitoring* auf der Ebene des Einzelfalls entspricht auf der betrieblichen Ebene das *Controlling*. Dies ist die Servicefunktion, die in einem komplexen System die Abstimmung des vielfältigen Geschehens in ihm aufeinander (der Teilfunktionen auf die Funktion des ganzen Systems) beobachtet und im System rückmeldet, insbesondere das Management informiert. Monitoring

Zur Kontrolle (*monitoring*) der Durchführung gehört eine Aufzeichnung (*recording*) der wesentlichen Momente des Geschehens. Sie wird von den professionell Handelnden vorgenommen und dient der laufenden Vergewisserung, dass man angemessen verfährt. Die Dokumentation verzeichnet in der Pflege die einzelnen erbrachten pflegerischen Leistungen, in der Rehabilitation z.B. das durchgeführte Übungsprogramm, bei stationärer Hilfe zur Erziehung das Programm des Zusammenlebens und beobachtete Verhaltensänderungen. Die Dokumentation stellt einen Leistungsnachweis dar. Sie trägt zur Qualitätssicherung bei und kann zur späteren Auswertung und Rechenschaftslegung herangezogen werden. Nicht selten gehört die Berichterstattung unmittelbar zum Zweck des Verfahrens, z.B. in der Bewährungshilfe. Dokumentation

Die Dokumentation des laufenden Prozesses ist Teil der *Aktenführung* durch die Fachkräfte in einer Dienststelle oder Einrichtung. Klientbezogen werden Akten von der Fallaufnahme bis zum Abschluss des Falles geführt (Brack/Geiser 1996). In der Tradition der psychosozialen – Beratung legen Sozialarbeiter großen Wert auf Vertraulichkeit, und sie wenden gegen die Berichtspflicht ein, diese verstoße gegen die Vertraulichkeit. Gleichzeitig wird gegen das Recht der Klienten auf Einsicht in die Akten (Shemmings 1991) vorgebracht, es erlaube keine vertraulichen Mitteilungen von Fachkraft zu Fachkraft mehr. Sofern sie subjektive Bewertungen enthalten, gehören sie nicht in die Akten.

143

Dokumentiert werden Sachverhalte und Tatbestände. Kommentare und andere fachliche Meinungsäußerungen müssen als solche erkennbar bleiben. Eine Gefahr ist allerdings nicht von der Hand zu weisen: Wenn die Aufzeichnungen als Nachweis der Qualität der geleisteten Arbeit betrachtet werden, kann das die Fachkräfte zu einem unverhältnismäßigen Aufwand bei der Aktenführung verleiten – auf Kosten der tatsächlichen Arbeit mit den Menschen.

Anwaltschaft Wie bereits ausgeführt, fällt dem Case Manager, wenn er den Vorgang der Leistungserbringung überwacht, auch die Rolle zu, anwaltlich für den Klienten einzutreten. Die *Anwaltschaft (advocacy)* kann darin bestehen, dass der Case Manager von sich aus die Einhaltung einer vereinbarten Leistungserbringung bei Diensten oder von Absprachen mit der Familie, einzelnen Betreuern oder mit dem Klienten selber anmahnt. Anwaltschaft kann auch heißen, dass der Case Manager Beschwerden des Klienten nachgeht oder seine (berechtigten) Wünsche weitergibt. Andererseits hat der Case Manager Interessen anderer Parteien zu vertreten, insbesondere die des Trägers von Maßnahmen, oder er nimmt im Einzelfall das Wächteramt des Staates wahr, etwa wenn das Wohl eines Kindes dadurch gefährdet ist, dass ein Klient sich rücksichtslos ihm gegenüber verhält.

In Sozial- und Gesundheitsdiensten stellt die *Fürsprache* für die Belange von Klienten die einfachste Form des anwaltlichen Handelns dar. Sie kommt bei offensichtlichen Versorgungsmängeln vor oder wenn der Klient nicht selbst in der Lage ist, seine Belange zu vertreten. Er erteilt deshalb dem Case Manager einen Auftrag, seine Interessen zu vertreten. Oder bei eingeschränkter Geschäftsfähigkeit des Bürgers ist ein Betreuer oder Sachwalter eingesetzt, dem diese Interessenvertretung obliegt. In größeren Institutionen gibt es einen Ombudsman oder einen Patientenanwalt, an den der Klient verwiesen werden kann. Gleich ob der Case Manager hier direkt aktiv wird oder nur Unterstützung vermittelt, die einfache Fürsprache gehört stets zu seinen professionellen Aufgaben.

Methodisch anspruchsvoller wird das anwaltliche Handeln, wenn Interessenkonflikte vorliegen und nicht durch rechtzeitige Klärung vermieden werden können. Die Wünsche von Klienten lassen sich oft nicht mit den Erfordernissen eines Dienstbetriebs vereinbaren; die Besserstellung einer Person benachteiligt vielleicht andere Personen;

ein subjektiv empfundener Mangel rechtfertigt objektiv den Aufwand nicht, der nötig wäre, um ihn zu beseitigen. Einen Missstand „an die große Glocke hängen" ist nicht immer im wohlverstandenen Interesse eines einzelnen oder von Mitbetroffenen. Hier ist Klärung, Vermittlung und Verhandlungsgeschick gefragt. Man ist oft gut beraten, Person und Problem zu trennen, nicht gleich konfrontativ vorzugehen, informelle Lösungen zu suchen, strategisch zu handeln (Raiff/Shore 1993: 54ff.).

LITERATUREMPFEHLUNGEN ZUR DURCHFÜHRUNG

Brack, Ruth/Geiser, Kaspar (Hrsg.) 1996: Aktenführung in der Sozialarbeit. Bern: Paul Haupt
Beschreibung der Anforderungen an die Falldokumentation und die Aktenführung in der Sozialen Arbeit.
Shemmings, David 1991: Client Access to Records: Participation in Social Work. Aldershot: Avebury
Vor dem Hintergrund des britischen Gesetzes über den Zugang zu persönlichen Akten wird die Praxis der Sozialarbeit in der Aktenführung untersucht und für eine offene Handhabung plädiert.

4.5. EVALUATION

In einer zielgerichteten Zusammenarbeit wird darauf gesehen, was man erreicht. Feststellen lassen sich einerseits die Tatbestände des Handelns, seine Produkte (*output*), und bewerten andererseits die Ergebnisse, also was infolge der Leistungen eingetreten ist (*outcome*). Diese Unterscheidung haben wir bereits getroffen (siehe Abschnitt 3.5.). In Diensten für Menschen hat man an ihnen den Ertrag der geleisteten Arbeit zu ermessen. Er ist feststellbar an (veränderten) körperlichen Zuständen, an einer geänderten mentalen (kognitiven) Disposition und vor allem am Verhalten des Menschen, dem geholfen wurde. Das Verhalten, die Disposition oder der Zustand einer Person hat sich gebessert, „normalisiert" oder spezifischen Zielsetzungen angenähert. Ein *Outcome* muss nicht unbedingt direkt durch die Dienstleistung bewirkt sein; ein *Output* hat vielleicht nur Raum oder Gelegenheit geschaffen für eine günstige Wendung, einen Selbstheilungsprozess in die Wege geleitet oder eine Erholung erleichtert. Die Erforschung von Wirkungen erfordert deshalb ein sorgfältiges Studiendesign. (Schmid/Schu 2006)

Der Prozess der Einschätzung dessen, was geschieht oder eingetreten ist, wird als *Evaluation* bezeichnet. Man überprüft, ob und inwieweit ein Soll erreicht ist. Zur Evaluation zählen viele verschiedene Verfahren. Im Rahmen eines Qualitätsmanagements wird man die Sach- und Fachgerechtigkeit des Vorgehens, das Einhalten von Standards und die einzelnen Beiträge zur Wertschöpfung evaluieren. Dies können die beruflich Handelnden selber tun (Selbstevaluation), oder die Einschätzung wird von extern (bzw. intern von beauftragten Evaluatoren) vorgenommen (Fremdevaluation). Die Beurteilung der Qualität der fachlichen Arbeit bezieht sich auf den Dienstbetrieb; auf der Ebene des Einzelfalles ermisst in erster Linie der Nutzer, was ihm die Dienstleistung gebracht hat.

Wie in den anderen Dimensionen des Case Managements, insbesondere im Assessment und in der Hilfeplanung, muss auch in der Evaluation der Neigung von Professionellen entgegengetreten werden, in fachlicher Klausur über die personbezogen erreichte Qualität und die Wirkungen der geleisteten Arbeit zu befinden. Für *Selbstevaluation* spricht sicher, dass man dabei fallübergreifend die Stärken und Schwächen im beruflichen Handeln erörtern und kritisch die Bedingungen besehen kann, unter denen Erfolge zustande kommen oder Misserfolge eintreten. Evaluation im Case Management verlangt aber, im Versorgungszusammenhang jedes Einzelfalles eine Bewertung vorzunehmen. In der Praxis und als Teil von ihr wird evaluiert, was in ihr geschieht (*reflecting in practice*). Etwas anderes ist eine Besinnung der Praktiker über das (*reflecting on practice*), was sie tun oder getan haben (Shaw 1996: 7ff.).

In einem Dienstleistungsbetrieb ist gefragt, wie der oder die Abnehmer seine Leistungen bewerten bzw. welcher Erfolg sich bei ihnen nach subjektiver und objektiver Bewertung einstellt. Zwar kann eine prozessbegleitende (formative) Evaluation oder eine summative (Ergebnis-)Evaluation mit oder ohne Nachfrage bei den Nutzern erfolgen, im Case Management wird aber stets nutzerbezogen vorgegangen. Diese Orientierung leitet uns auch in der Entscheidung, welches Verfahren angebracht ist.

Eine *formative* Evaluation begleitet das Handeln im Dienst. Sie beurteilt die Gestaltung des Geschehens. Wie entwickelt sich seine Qualität? Entspricht sie den Absichten im Einzelfall und den Standards, an welche der Dienst und die Profession sich halten will? Wie ergeht es einer Person im Verlauf einer Behandlung oder Betreuung? Die Evaluation hat hier eine Kontrollfunktion und gehört deshalb in die Phase des *Monitoring*. (Zum „monitoring approach" in der Evaluation siehe: Gabor/Grinnell 1994: 34ff.).

Im Case Management geht es um die Unterstützung und Versorgung im Einzelfall. Ihre Evaluation kann sich an der individuellen Lebenslage orientieren, also daran, was sich in deren einzelnen Dimensionen getan hat. Es ergänzen sich

(a) eine vergangenheitsorientierte, curriculare Bewertung (was haben wir erreicht?),

(b) eine umweltorientierte Bewertung (Welche soziale Akzeptanz findet das gewählte Bewältigungs- und Unterstützungsverfahren und sein Ergebnis? Was hat sich sozial [familiär, beruflich usw.] geändert?),

(c) eine subjektinterne Bewertung (gemäß der persönlichen Befriedigung, der physischen und psychischen Stabilisierung und Besserung),

(d) eine perspektivische Bewertung (Welche Chancen wurden wahrgenommen oder verpasst, welche neuen Perspektiven eröffnet?).

In der Versorgung von Kranken ist die *Patientenzufriedenheit* ein zentrales Kriterium in der Evaluation. Die Zufriedenheit des Patienten kann sich auf Merkmale der Serviceleistungen eines Krankenhauses beziehen, also auf die Unterbringung, das Essen, die freundliche Zuwendung des Personals, geringe Wartezeiten, gute Aufklärung usw. Damit wird eine Output-orientierte Evaluation erreicht. Die Zufriedenheit kann aber auch in Hinblick auf das Ergebnis des medizinischen und pflegerischen Behandlungsprozesses (health outcomes) erkundet werden. Kriterien sind dann das Ausmaß der Besserung, des erreichten Wohlbefindens oder von Beeinträchtigungen. *[Patientenzufriedenheit]*

Die individuelle Wahrnehmung weist „blinde Flecken" auf. Eine gemeinsame Evaluation vermag auch Aspekte zu erhellen, die jeder einzelne von sich aus nicht erkennt. Sind Menschen wenig geübt oder fähig, zu einem selbstständigen Urteil zu kommen und es auch zu formulieren, können *Gruppengespräche* nützlich sein, in denen man miteinander herausfindet, wie ein Dienst empfunden wird oder was sich durch ihn im persönlichen Leben verändert hat.

Wie in der Evaluation zwischen subjektiver Befriedigung und objektivem Wert zu unterscheiden ist, so auch zwischen Wirksamkeit einer Maßnahme und ihrem Nutzen. Eine Hilfe oder eine Behandlung kann wirksam sein, und doch bleibt zweifelhaft, welcher Nutzen damit erreicht ist. Nimmt ein delinquenter Jugendlicher an einem erlebnispädagogischen Projekt teil, mag sich sein Verhalten kurzfristig ändern. Der kriminalpräventive Nutzen wird sich später erweisen. Die Gabe von Medikamenten wirkt sich direkt aus, hat aber vielleicht nachteilige Folgen. Eine Kur ist subjektiv und objektiv wirksam und ein Gewinn an Lebensqualität; ob über die Dauer der Maßnahme hinaus die Gesundheit gebessert wird, ist eine andere Frage. Die Wirkungsanalyse sucht sowohl nach den beabsichtigten Effekten als auch nach unbeabsichtigten Nebeneffekten.

Man tut gut daran, bereits in der Hilfeplanung die Unterscheidung zwischen dem zu treffen, was erfolgen soll, und dem, was eintreten kann. Oft ist eine Verschlechterung des Zustandes von vornherein nicht auszuschließen. Tritt sie ein, wird man für sie nicht die Unterstützer oder Behandler verantwortlich machen. Ohne ihr Zutun wäre die Lage vielleicht noch viel ungünstiger.

Dis-engagement   Hat man bei der Vereinbarung einer Unterstützung oder Behandlung einen Termin für deren *Beendigung* festgelegt, kann die Evaluation des Erreichten mit der abschließenden Besprechung zusammenfallen. Der psychoanalytisch Gebildete erkennt in der *Ablösung* des Klienten vom Behandler eine unerlässliche Aufgabe. Hier wird vorausgesetzt, dass eine psychische Bindung entstanden ist, die nicht plötzlich abgeschnitten werden kann, ohne Schmerzen zu hinterlassen. Das eher nüchtern gehaltene Miteinander im Case Management erleichtert dagegen einen – ohnehin vorgesehenen – Abschluss. Dennoch ist auch hier methodische Umsicht geboten: Sind Fristen vereinbart worden und können sie eingehalten werden? Hat der Klient sich auf das Ende der Unterstützung oder Behandlung vorbereitet? Sind in der Versorgung die nötigen Schritte (rechtzeitig) getan, die für eine Beendigung oder Entlassung nötig sind (Verselbstständigung, Überleitung, Absprachen mit Angehörigen)? Wünscht der Klient die Beendigung und/oder ist sie in der Sache begründet? Ein Abschluss muss in jedem Fall verantwortet werden (Raiff/Shore 1993: 60ff.).

Nicht selten ergibt sich in dieser Phase die Notwendigkeit, eine weitere Unterstützung oder Behandlung zu vereinbaren. Die Evaluation fungiert als eine Neueinschätzung (*reassessment*) der Situation des Klienten. Wenn sein Status es nötig macht, schließt sich an das Reassessment eine weitere Planung und Entscheidungsfindung an. In anderen Fällen überlässt man es nach Abschluss einer Maßnahme der *Nachsorge* oder Nachbetreuung, fernerhin nötige Hilfen festzustellen und durchzuführen.

Vergessen werden darf bei aller Personenorientierung nicht der systembezogene Erfolg des Case Managements. Mit ihm soll Unterversorgung, Überversorgung und Fehlversorgung vermieden werden, zu welcher Effektivität noch die Effizienz kommt, mit der kostengünstig ein möglichst optimaler Ressourceneinsatz erreicht wird. Die Prüfung, inwieweit das Case Management diesen Erwartungen nachkommt, erfolgt nicht an dem einen oder anderen Fall, sondern über eine längere Zeit hinweg und bezogen auf die ganze Population, der sich ein Dienstleister oder Leistungsträger mit dem Einsatz des Verfahrens widmet.

LITERATUREMPFEHLUNGEN ZUR EVALUATION

Crosby, Charles/Barry, Margaret M. (eds.) 1995: Community Care: Evaluation of Mental Health Services. Aldershot: Avebury
   Forschungsberichte zur Evaluation ambulanter psychiatrischer Versorgung im Rahmen von Community Care.
Everitt, Angela/Hardiker, Pauline 1996: Evaluating for Good Practice. Basingstoke: Macmillan
   Einführender Text zu Konzepten und zur Praxis der Evaluation und Leistungsmessung mit Kritik ihrer Bedingungen in der Sozialen Arbeit.
Heiner, Maja (Hrsg.) 1997: Qualitätsentwicklung durch Evaluation. Freiburg i.Br.: Lambertus
   Beiträge zu verschiedenen Evaluationsverfahren und ihrer Anwendung in sozialen Diensten und Einrichtungen.
Kuckartz, Udo/Dresing, Thorsten/Rädiker, Stefan/Stefer, Claus 2007: Qualitative Evaluation. Der Einstieg in die Praxis. Wiesbaden: VS
Shaw, Ian 1996: Evaluating in Practice. Aldershot: Arena
   Anleitung zur Evaluation der Prozesse Sozialer Arbeit, insbesondere beim planmäßigen Vorgehen in der Einzelfallhilfe.

4.6. RECHENSCHAFTSLEGUNG

Die staatlich organisierte Gemeinschaft treibt im Sozial- und Gesundheitswesen zur Unterstützung und Versorgung ihrer Angehörigen einen sehr hohen wirtschaftlichen Aufwand. Die mit diesen Aufgaben betrauten Dienste und Einrichtungen, in denen die zugewiesenen Ressourcen verbraucht werden, haben ihren Trägern und der Gesellschaft gegenüber eine Rechenschaftspflicht. Die Aktivitäten und ihre Ergebnisse sind prüffähig darzulegen, und die Mittelverwendung ist nachzuweisen. Auch der einzelne Bürger darf erwarten, dass mit seinen Steuergeldern sinnvoll umgegangen wird und dass seine direkten Zahlungen gerechtfertigt sind. Je mehr der Bürger als Kunde und Nutzer auftritt (etwa indem ihm Mittel zur Verfügung gestellt werden, um benötigte Dienstleistungen selber einzukaufen), desto ausgeprägter die Verantwortlichkeit der Dienstleister ihm gegenüber (Butcher 1995: 72). *Accountability* als Verpflichtung zur Rechenschaft verlangt nun von den Diensten und Einrichtungen, auch ihre *Fähigkeit* zur Rechenschaftslegung entsprechend nutzerorientiert „nach unten" (*accountability downwards*) und „nach oben" (*accountability upwards*) zu entwickeln. Die Versorger kommen ihrer Pflicht nach oben und nach außen mit einer quantitativen Rechnungslegung (*accounting*) und mit qualitativen Darstellungen und Prüfberichten (*audits*) nach.

Die im Case Management gewählte Form der Fallführung erfüllt im ganzen den Zweck, die Angemessenheit des Handelns auszuweisen. Eine Beurteilung steht nicht bloß dem Fachkollegium zu, das gerne argumentiert, Außenstehende wüssten nicht, worauf es ankommt, und die Qualität des beruflichen Tuns erschlösse sich nur Eingeweihten. Case Management spielt sich nicht in einem therapeutischen Refugium ab. Die Anforderung an das formelle berufliche Handeln, gegenüber der Öffentlichkeit und gegenüber dem einzelnen Nutzer rechenschaftsfähig zu sein, durchzieht alle Stadien im Case Management: Die Zugangseröffnung für die Klientel muss rechtmäßig erfolgen und rational nachvollzogen werden können; die Lagebeurteilung und Bedarfsschätzung liefert immer auch eine Begründung für das dienstliche Handeln; die Planung belegt den vernünftigen Umgang mit Ressourcen; das Monitoring steht für ein kontrolliertes Vorgehen ein; die Evaluation liefert Angaben zum Erfolg des Handelns und rechtfertigt den Aufwand. Das gegliederte Verfahren lässt erkennen, inwieweit

Standards und andere Anforderungen an das dienstliche Handeln eingehalten werden.

Wird ein Case Management selbstständig – in einer eigenen Dienststelle oder gewerblich – ausgeführt, stützt die Rechenschaftslegung die Position des Dienstes im Markt. Ist der Dienst ein funktionaler Teil einer Organisation, z.B. eines Krankenhauses, fungiert das Case Management als Quelle für die Berichterstattung der Einrichtung. Intern kann sich das Controlling auf die Falldokumentation stützen; dem Leistungsträger wird die Mittelverwendung auf differenzierte Weise begründet.

In qualitativer Hinsicht weist das ganze Verfahren des Case Managements nach, wie es seiner Aufgabe gerecht wird, einzelnen Klienten anwaltschaftlich zur Seite zu stehen und dabei den Einsatz des Systems der Dienstleistungen fallbezogen zu optimieren. Die Rechenschaftslegung zeigt, in welchem Maße beides vereinbar ist und wie die Case Manager ihre Funktionen als Zugangsprüfer, Hilfeplaner, Makler und Überwacher erfüllen. Belegt werden die Anstrengungen, die im personenbezogenen Dienst unternommen werden, um individuelle und soziale Probleme zu bewältigen (*effort-oriented accountability*). Davon zu unterscheiden ist nach Moxley (1989) die erfolgsorientierte Rechenschaftspflicht (*effectiveness-oriented accountablility*), der mit Darlegung der zielgerichteten, planmäßigen Arbeit und ihrer Ergebnisse nachkommen wird (Moxley 1989: 145).

Die Rechenschaftslegung trägt auf kommunaler und staatlicher Ebene zur *Sozialberichterstattung* und *Gesundheitsberichterstattung* bei. Diese erfolgt oft abstrakt, indem statistische Daten aufbereitet werden. Auf die wirklichen Lebensverhältnisse der einzelnen Menschen und die Wirkung personenbezogener Dienstleistungen auf ihr Leben lässt sich nur Bezug nehmen, wenn sie dokumentiert sind und (unter Wahrung des Schutzes der Sozialdaten) ausgewertet werden können. In der britischen Gemeindepflege ist eine solche Auswertung vorgesehen: Die lokalen Behörden haben *community care plans* zu erstellen und sie jährlich an der tatsächlichen Bedarfsdeckung ihrer Klientel zu überprüfen. Außerdem müssen die Behörden seit April 1996 der Öffentlichkeit (in *community care charters*) jährlich über ihre Leistungen, über Standards und Planungen berichten.

Berichterstattung

151

Audit   Die Professionellen nehmen den Prüfprozess *(auditing)* in ihre eigene Verantwortung, wenn sie fortlaufend ihre Leistungsmöglichkeiten und die Standards von Humandiensten (in ihrer Zugänglichkeit, sozialen Akzeptanz, Wirksamkeit, Rechtzeitigkeit, Beteiligung der Nutzer und in der Versorgungssicherheit für sie) abgleichen. Die systematische Überprüfung erfolgt in einem Zyklus *(audit cycle)* derart, dass im jeweiligen Dienst oder Tätigkeitsbereich (1) Standards ausgemacht werden, an die man sich halten will, (2) dass auf deren Einhaltung in der Praxis gesehen wird oder dass (3) die Praxis angemessen verändert wird, wonach (4) auch die Standards neuen Gegebenheiten und Möglichkeiten anzupassen sind, die dann wieder (1) in der Praxis zu beobachten sind (Riordan/Mockler 1997: 48ff.). *Auditing* wird damit zu einem wesentlichen Modus, in dem die ganze Unterstützungs- und Behandlungsaufgabe in Humandiensten wahrgenommen wird.

LITERATUREMPFEHLUNGEN ZUR RECHENSCHAFTSLEGUNG

Day, Patricia/Klein, Rudolf 1987: Accountabilities: Five Public Services. London: Tavistock
Darstellung der Theorie und Praxis der Rechenschaftspflicht mit Fallstudien aus dem britischen Erziehungs-, Sozial- und Gesundheitswesen.
Luckey, Jill Florence 2006: Accountability in Social Services. The Culture of the Paper Program. New York: Haworth Press
Murza, Gerhard/Hurrelmann, Klaus (Hrsg.) 1996: Regionale Gesundheitsberichterstattung. Weinheim: Juventa
In einzelnen Beiträgen wird das politische Instrument der Berichterstattung vorgestellt, die Methodik erläutert und an Beispielen die Praxis des Berichtswesens betrachtet.
Riordan, John/Mockler, Darren 1997: Clinical Audit in Mental Health. Chichester: John Wiley
Einführende und systematische Darstellung der Überprüfung klinischer Praxis auf ihre Wirksamkeit und Qualität, erläutert an der Leistungserbringung in der (britischen) Psychiatrie.

---

5. Strukturen beruflichen Case Managements

Managementverfahren sind neutral in Hinsicht auf die Charakteristiken ihrer Einsatzgebiete. Ob ein Wirtschaftsunternehmen Autos produziert oder Textilien, zur Betriebsführung gehören eine Unternehmensstrategie, Marketing, Planung, Controlling und Rechenschaftslegung. Die Besonderheiten der Produktion sind dann Gegenstand dieser Managementfunktionen, keine Voraussetzung für sie. Case Management kann in allen Bereichen personenbezogener Dienstleistungen Anwendung finden. Die Arbeitsweise ist gerade dadurch charakterisiert, dass sie das differenzierte professionelle Handeln auf die Situation von Nutzern abstimmt, im Versorgungssystem Brücken schlägt zwischen einzelnen Fachgebieten und zu einer interdisziplinären Zusammenarbeit anhält. Diese Funktion wirft die Frage auf, wie es um die berufliche Stellung und Zuordnung derjenigen Fachkräfte bestellt ist, die das Case Management übernehmen.

Zunächst ist festzuhalten, dass die Einführung des Case Managements in einer Organisation nicht automatisch bedeutet, dass (zertifizierte) Case Manager eingesetzt werden. Einzelne Komponenten des Verfahrens können bei hinreichender Absprache von verschiedenen Mitarbeitern wahrgenommen werden. Die Handhabung der Fälle generell mag zu regelgeleiteten Entscheidungen führen, in welchen Fällen eine intensive Begleitung vorzusehen ist, für die wiederum entsprechend qualifizierte Fachkräfte heranzuziehen sind. Die Strukturierung der Aufgabenerledigung insgesamt darüber, in welcher Position und mit welcher Zuständigkeit Case Manager/innen in Humandiensten zum Zuge kommen.

Case Manager/innen fungieren, wenn sie ihre Arbeit beginnen, in den gegebenen Strukturen des Dienstleistungssystems. Es soll mit der neuen Arbeitsweise flexibler und effizienter werden; seine starren Strukturen können aber auch verhindern, dass sich in ihm so handeln lässt. Dann verweigern beispielsweise einzelne Dienste die (horizontale) Zusammenarbeit mit dem Hinweis auf ihre festgelegte Zuständigkeit. Oder von oben nach unten werden Arbeitsanweisungen erlassen, die den Beteiligten auf der Ebene der direkten Zusammenarbeit jeden Handlungsspielraum nehmen und ihnen eine freie Abstimmung verbieten. Wer die Absicht hat, ein Case Management einzuführen, wird also die Verhältnisse auf der strukturellen Ebene der Dienste nicht außer Acht lassen, vielleicht sogar auf dieser Ebene mit einer Neuorganisation anfangen.

Ein Case Manager, der sich in gegebenen Verhältnissen bewegt, muss gut gerüstet sein. Für eine erfolgreiche Praxis sollte er nach Meinung von John Raiff und Barbara Shore (1993: 24f.) wenigsten über drei Dinge verfügen: über *Virtuosität*, eine hinreichende *Wissensbasis* und über einen gewissen Grad an professioneller *Autonomie* in seiner Arbeit. Die Virtuosität braucht er für die konzertierte Aktion mit Menschen und Diensten. Case Manager haben viele Belange und Tätigkeiten zu berücksichtigen und aufeinander abstimmen, brauchen aber nicht selber erledigen, was im einzelnen zu tun ist. Case Manager handeln *wissens-basiert* (knowledge-based), um biopsychosozialen Zusammenhängen nachkommen, formelle und informelle Ressourcen nutzen, rechtskonform handeln, Konfliktquellen erkennen und der Person und der Situation angemessen agieren zu können. Sie wissen insbesondere, wann man etwas unternehmen muss und wann man es lassen sollte. Da Case Manager in gewissem Sinne unternehmerisch und entschieden handeln, brauchen sie ein Maß an Unabhängigkeit, das der geforderten Beweglichkeit entspricht. Sie müssen deshalb aber nicht außerhalb der Strukturen bleiben, in denen sie sich bewegen. Case Management ist keine eigenständige Profession. Zwar gibt es vor allem in den USA eine Tendenz zur selbstständigen Berufsausübung von Case Managern; ihre steuernde Funktion kann jedoch auch auf andere Weise gesichert werden.

Fachlichkeit Dem Case Management kommt eine eigene *Fachlichkeit* zu. Sie beruht auf einer akademischen humanberuflichen Ausbildung und auf Erfahrung in dem einen oder anderen humandienstlichen Handlungsfeld, prägt sich aber in einer spezifischen managerialen Kompetenz aus. Die besondere Befähigung von Case Manager/innen besteht in dem Vermögen, zwischen den Versorgungsmöglichkeiten im Sozialleistungssystem und der Sorge von Menschen in ihrer individuellen und gemeinsamen Lebensführung vermitteln zu können und dazu die Gegebenheiten in der individuellen Lebenslage in formelle und informelle Lösungen übersetzen zu können und dazu passende Hilfen und Maßnahmen heranzuziehen. Die Spezifik einer medizinischen, pfle-

154

gerischen, psychologischen, pädagogischen, rechtlichen Problembehandlung bleibt der jeweiligen Disziplin überlassen. Das Case Management ist transdisziplinär dafür zuständig, einem komplexen Bedarf an Versorgung, Behandlung oder Unterstützung auf Wegen eines zielgerichteten Zusammenwirkens abzuhelfen. Case Manager/innen verstehen sich auf ein vernetztes Arbeiten, auf eine effektive Navigation im Feld und Umfeld der Versorgung, auf eine effiziente Wegbereitung, auf eine vielseitige Resssourcennutzung und auf ein sach- und personengerechtes Aushandeln von Problemlösungen. Case Manager/innen sind Arrangeure einer angemessenen Versorgung.

5.1. VERNETZTES ARBEITEN

Am Beginn der Entwicklung von Case Management stand die Notwendigkeit, in einem komplexen Versorgungssystem koordiniert und kooperativ vorzugehen. Der einzelne Professionelle verknüpft sein Handeln mit dem Agieren anderer Fachkräfte und Dienststellen, und er bringt seine Klienten mit verschiedenen formellen und informellen Ressourcen zusammen. Er leistet mithin eine Vernetzungsarbeit und wird selber zu einem „Netzwerker" (*networker*). Dass die Vernetzung gelingt, hängt nun aber auch wieder nicht von ihm allein ab. Sie ist eine Organisationsaufgabe und als solche Gegenstand des Versorgungsmanagements. Das Netzwerk stellt eine Infrastruktur dar, die eingerichtet und unterhalten sein will. In dieser strukturellen Hinsicht ist eine indirekte, systemsteuernde Arbeit erforderlich, die für den direkten Sozial- und Gesundheitsdienst nötige und günstige Voraussetzungen schafft.

Es gibt institutionalisierte Netzwerke eigens dafür, dass in ihnen Case Management zum Zuge kommen kann. In den USA werden sie unter Namen wie „*community care network*" oder „*integrated service network*" betrieben. In diesen Netzwerken soll erreicht werden, dass den Bürgern in einem Ort oder in einer Region die verschiedenen Dienste von jeder Stelle aus zugänglich sind, so dass sie rechtzeitig und vorbeugend die nötigen Hilfen erhalten. Das Netzwerk als ganzes ist dafür verantwortlich, nicht einzelne Dienstleister.

Diesem positiven Beispiel steht die negative Erfahrung gegenüber, dass vorhandene Strukturen der Leistungserbringung die Einrichtung und Durchführung von Case Management auch *verhindern* können. Selbstständige Anbieter von Diensten lassen nicht ohne weiteres zu, dass bereichsübergreifend koordiniert und kooperiert wird. Entweder wollen sie das Case Management von Anfang an selber übernehmen, oder sie verweigern sich dem von einem Leistungsträger begonnenen Unterstützungsmanagement. Kommt hinzu, dass Fachkräfte auf beiden Seiten ihre selbstständige Berufsausübung nicht durch einen Case Manager, der für den ganzen Leistungszusammenhang zuständig ist, beschnitten sehen möchten. Zwei Beispiele mögen die Sperren und den Widerstand gegen ein konsequentes Case Management belegen.

Berufliche Widerstände

Das *erste Beispiel* entnehme ich der Praxis der Jugendhilfe. Das deutsche Kinder- und Jugendhilfegesetz formuliert in § 36 SGB VIII zur Mitwirkung und zum Hilfeplan:

(a) Der Personensorgeberechtigte und das Kind oder der Jugendliche sind vor der Entscheidung über die Inanspruchnahme einer Hilfe und vor einer notwendigen Änderung von Art und Umfang der Hilfe zu beraten und auf die möglichen Folgen für die Entwicklung des Kindes oder des Jugendlichen hinzuweisen. Ist Hilfe außerhalb der eigenen Familie erforderlich, so sind die in Satz 1 genannten Personen bei der Auswahl der Einrichtung oder der Pflegestelle zu beteiligen. Der Wahl und den Wünschen ist zu entsprechen, sofern sie nicht mit unverhältnismäßigen Mehrkosten verbunden sind.

(b) Die Entscheidung über die im Einzelfall angezeigte Hilfeart soll, wenn Hilfe voraussichtlich für längere Zeit zu leisten ist, im Zusammenwirken mehrerer Fachkräfte getroffen werden. Als Grundlage für die Ausgestaltung der Hilfe sollen sie zusammen mit dem Personensorgeberechtigten und dem Kind oder dem Jugendlichen einen Hilfeplan aufstellen, der Feststellungen über den Bedarf, die zu gewährende Art der Hilfe sowie die notwendigen Leistungen enthält; sie sollen regelmäßig prüfen, ob die gewählte Hilfeart weiterhin geeignet und notwendig ist. Werden bei der Durchführung der Hilfe andere Personen, Dienste oder Einrichtungen tätig, so sind sie oder deren Mitarbeiter an der Aufstellung des Hilfeplans und seiner Überprüfung zu beteiligen.

Nun werden Hilfen zur Erziehung nach dem Kinder- und Jugendhilfegesetz meistens beim zuständigen Jugendamt beantragt und vom kom-

156

munalen Träger auch bezahlt. Er beauftragt dann in der Regel einen freien Träger mit der Durchführung der Hilfe zur Erziehung. Hier stellt sich die Frage, ob und ab wann gemäß § 36 (2) SGB VIII die Mitarbeiter der ausführenden Einrichtung bereits an der Erstellung des Hilfeplans zu beteiligen sind. Mit anderen Worten: ob und in welcher Funktion sie am Case Management teilhaben. Solange die Antragsteller ihr Wunsch- und Wahlrecht nicht ausgeübt oder noch gar keinen Antrag auf eine bestimmte Hilfe zur Erziehung gestellt haben, besteht kein Grund, potentiell Ausführende beizuziehen. Wenn allerdings, was in der Praxis leider oft vorkommt, die Eltern oder der junge Mensch nur überzeugt werden sollen, eine von den Sozialpädagogen bereits ausgewählte Hilfeart zu akzeptieren, werden diese zur Abstützung ihres Vorhabens auch die Sozialpädagogen der zur Leistungserbringung ausgesuchten Einrichtung hinzubitten. Dieses Vorgehen ist für alles weitere dienstliche Geschehen prekär: für die Entscheidungsfindung (weil Leistung und Eingriff vermischt sind), die Kontrolle („Ihr habt es ja so gewollt!") und die Evaluation der Hilfe. Mit anderen Worten: hat man mit dem Case Management nicht richtig begonnen, wird es auch nicht richtig fortgesetzt werden können.

Problematischer noch war in der Vergangenheit der Ablauf, wenn Eltern direkt bei einem freien Träger die Hilfe zur Erziehung beantragten. Die freie Wohlfahrtspflege ist zugleich Träger der Jugendhilfe und Leistungsanbieter. Soweit sie die Hilfe nach dem gesetzlich vorgeschriebenen Verfahren einleitet und auf eigene Rechnung ausführt, wird dagegen nichts einzuwenden sein. Bittet sie aber den öffentlichen Träger zur Kasse, ist die Beteiligung des Jugendamts an der Hilfeplanung nach § 36 SGB VIII gefragt. Seine – positive oder negative – Entscheidung über die beantragte Hilfe bleibt jedoch zweifelhaft, wenn diese bei dem freien Träger angebotsorientiert ausgewählt wurde. Um die Praxis der „Selbstbeschaffung" einzudämmen, hat der Gesetzgeber den § 36 a in das SGB VIII eingefügt, wonach die Träger der öffentlichen Jugendhilfe die Kosten von Hilfen grundsätzlich nur nach vorheriger Entscheidung nach Maßgabe des Hilfeplans tragen, wobei das Wunsch- und Wahlrecht bei der Leistungserbringung zu beachten ist.

Leitet der Dienst des freien Trägers aber mit den Antragstellern ein Case Management dergestalt ein, dass in der Veranlassung die Stellung dieses Dienstes geklärt, sodann ein Assessment vorgenommen und nach einer vorläufigen Bedarfsklärung das Jugendamt zur Hilfeplanung eingeschaltet wird, kann die Entscheidungsfindung gegenüber dem trägerspezifischen Angebot offen gehalten werden. Der freie Träger bleibt autonom *vor* der jugendamtlichen Entscheidung, und er behält seine Gestaltungsfreiheit *nach* der Entscheidung, wenn er die Leistungserbringung übernimmt.

Für eine effiziente Jugendhilfe dürfte es immer angebracht sein, die Feststellung des Bedarfs, die Hilfeplanung, die Entscheidungsfindung, die Durchführung der Hilfe, deren Evaluation und die Rechenschaftslegung auch in der Struktur des Dienstleistungssystems klar und deutlich voneinander zu unterscheiden. Case Management erfüllt übergreifende Funktionen und leistet nicht per se die direkte Hilfe zur Erziehung in einer Familie, einer Wohngruppe oder in einem Heim.

Strukturelle Hindernisse

Ein *zweites Beispiel* für strukturelle Hindernisse, die dem Case Management im Wege stehen können, entnehme ich dem Bereich der Pflege: Seit 1991 sind in Baden-Württemberg im Zuge der Neuordnung der ambulanten pflegerischen und hauswirtschaftlichen Dienste die *Informations-, Anlauf- und Vermittlungsstellen* (IAV-Stellen) geschaffen worden (siehe dazu die Beiträge in: Wendt 1993). Sie sollen dem Bürger den Zugang zu dem von ihm benötigten Hilfen erleichtern und gegebenenfalls ermöglichen. In Korrespondenz zu den IAV-Stellen sind die Anbieter aufgefordert, in einem *lokalen Hilfeverbund* zusammenzuarbeiten. Die IAV-Stellen erschließen die Ressourcen des Verbundes für den bedürftigen Bürger und seine Angehörigen; das Hilfesystem erreicht die Bürger über die individualisierte Beratung durch die IAV-Stellen. So sieht es das Konzept vor.

In der Praxis legte die Anbieterseite einer selbstständigen Arbeit der IAV-Stellen von Anfang an Hindernisse in den Weg. Man befürchtete durch die Vorschaltung der Stellen eine selektive Nutzung der eigenen Dienste und Einrichtungen. Durch politische Einflussnahme wurde die Kompetenz der Stellen beschnitten: sie sollen nur begrenzt Bedarfseinschätzungen („erste Abklärung") und Hilfeplanungen („auf Wunsch von Hilfesuchenden") vornehmen. Eine Fallführung gestand man den Stellen nicht zu. Eine geschickte Lösung ließ sich bewerkstelligen, indem ein Anbieter allein oder im Verbund mit anderen die Trägerschaft der IAV-Stelle übernahm, sie somit dem eigenen oder gemeinsamen Versorgungsmanagement einverleibte. Eine unabhängige Beratung und Begleitung von Nutzern kann danach kaum als gesichert gelten.

Grundsätzlich erfolgt ein Case Management immer in Verbindung mit dem formellen System der sozialen und gesundheitlichen Versorgung. Case Manager bewegen sich mit mehr oder weniger Unabhängigkeit in den Strukturen dieses Systems. Sie arbeiten in und mit ihrem Netzwerk. Zum Case Management gehört überall die Fähigkeit des Anknüpfens an Dienste und des Verknüpfens (*linking*) mit ihnen (Payne 1993). Eine Vernetzung erfolgt auf verschiedenen Ebenen. Personen arbeiten in Teams zusammen. Dienste sprechen sich ab. Sie veranstalten Fallkonferenzen. Organisationen treffen Vereinbarungen.

Im Verhältnis der Ebenen zueinander besteht ein Abhängigkeitsverhältnis. Die Steuerung auf der Systemebene schafft der Steuerung auf der Ebene des direkten Dienstes Spielraum. Mit den Worten des KGSt-Berichts zum Tilburger Modell: „Verwaltungsführung und ausführende Manager sind voneinander abhängig: Die eine Seite setzt die Ziele und liefert die Mittel, die andere Seite verwirklicht die Aufgabe." (KGSt 1992: 48) Man kann auch sagen: Die strategische Wegbereitung richtet sich nach operativen Erfordernissen; das operative Management lässt sich von der strategischen Ausrichtung leiten und interpretiert sie in der jeweiligen Handlungssituation.

Analog zur Vernetzung im ambulanten Bereich hat man innerhalb von stationären Einrichtungen die Notwendigkeit erkannt, die einzelnen Behandlungen und sonstigen Versorgungsabläufe so zu verknüpfen, dass möglichst rationell vorgegangen wird. Hier sind leitende Pflegekräfte gefragt, die auf der Programmebene – in der Ablauforganisation der Versorgung von Patienten – und auf der Ebene der Behandlung im Einzelfall – per Intake, Assessment, Pflegeplanung, Koordination und kontrollierte Durchführung – die Zuständigkeit für das Case Management beanspruchen (McNeese-Smith et al. 1996: 272ff.). In einer Reihe von großen Kliniken ist als Stabsstelle ein „zentrales Case Management" eingerichtet worden, zuständig für die interne Vernetzung der patientenbezogenen Abläufe bzw. deren ständige Optimierung.

Für ein fachlich kompetentes medizinisches „Netzwerken" in Krankenhäusern hat sich in den USA bereits eine eigene berufliche Rolle

Hospitalist

herausgebildet. Robert Wachter und Lee Goldman haben die Ärzte, welche fallübergreifend für die Ablauforganisation im Krankenhaus zuständig sind, „*Hospitalisten*" genannt (Wachter/Goldman 1996: 514ff.). Ihre Funktionen gehören zum Versorgungsmanagement der Einrichtung. Sie konzentrieren sich auf den medizinisch indizierten Gang der Dinge – und können dabei als Spezialisten für Kosteneinsparungen in der Krankenbehandlung wirken (Speer 1997: 44ff.). Viele dieser Ärzte begleiten Patienten im Kontinuum ihrer komplexen Versorgung; andere befassen sich vorwiegend mit der Schulung des Personals in einem abgestimmten fachlichen, evidenzbasierten Vorgehen. Das Fachgebiet „hospital medicine" hat sich seit 1996 rasch entwickelt; es gibt gegenwärtig ca. 15.000 Ärzte, die in amerikanischen Krankenhäusern als *hospitalists* tätig sind.

Analog zum stationären Sektor besteht in der ambulanten Versorgung häufig die Neigung, die Vernetzungsfunktion des Case Managements von seinen anderen Funktionen zu isolieren und den Case Manager ohne weitere Kompetenz nur oder vor allem als Koordinator einzusetzen. Gegen diese Tendenz sprachen bereits die ersten Erfahrungen, die in den britischen Projekten der Gemeindepflege gesammelt wurden. Bei ihrer wissenschaftlichen Begleitung und Auswertung konnte man feststellen, dass die in der ambulanten Versorgung gebotene Individualisierung beziehungsweise Personzentrierung der Unterstützung nur mit einer breit angelegten professionellen Sozialarbeit zu bewerkstelligen war. Die bloß koordinierende Tätigkeit, auf die man sich in einem „*administrativen Modell*" von Case Management beschränken mag, leistet den Beistand nicht, den die Klienten im konkreten Fall regelmäßig nötig haben. Im „*kompletten Modell*" der sozialen Unterstützung, wie die bezeichneten Projekte sie ausführten, ist darum der Case Manager verantwortlich „für die Erfüllung und Sicherstellung aller Kernaufgaben des Unterstützungsmanagements: für die Fallauswahl, den Einschätzungsvorgang, die Fürsorgeplanung, die Überwachung und das Berichten. Der Case Manager ist auch verantwortlich für weitere Schlüsselaufgaben wie die Beratung, den Umgang mit psychischen Belastungen und Spannungen sowie für Ratschläge und die Stützung, welche die Familienangehörigen brauchen. Die Projekte belegen klar, dass die Durchmischung der Funktionen von Sozialarbeit und Pflege entsprechend den praktischen und psychologischen Bedürfnissen einer Person ein entscheidendes Element für den Erfolg der Projekte war". (Challis et al. 1990: 160)

Nun kann man in Forschungsprojekten die Strukturen nach Gutdünken so anlegen, dass optimal gearbeitet wird. In den Strukturen des Leistungssystems kann man nicht derart frei agieren. Hier bedarf es politischer Entscheidungen, ob und wie ein Case Management vorgesehen wird. Auf betrieblicher Ebene bedienen sich Leistungsträger und Leistungserbringer des Handlungskonzepts. Dabei kann sich die Notwendigkeit ergeben, ein beiderseitiges Case Management aufeinander abzustimmen. Unter Leistungserbringern können – insbesondere im Rahmen Integrierter Versorgung – Netze („Praxisnetze") gebildet werden, in denen Case Manager die Steuerung des Versorgungsablaufs übernehmen. Oder Leistungsträger beauftragen selbstständige Case Management – Agenturen damit, in ausgewählten Fällen die notwendige Leistungserbringung in die Wege zu leiten und zum Erfolg zu führen.

LITERATUREMPFEHLUNG ZUM VERNETZTEN ARBEITEN

Payne, Malcolm 1993: Linkages: Effective Networking in Social Care. London: Whiting & Birch
Analysen und Anleitungen für Professionelle im Knüpfen von Beziehungen in und zwischen Sozial- und Gesundheitsdiensten.
Werkstattberichte 2006 der Entwicklungspartnerschaft „Netzwerk Pflege und Integrierte Versorgung" sind im Internet unter gesundheitspolitik.verdi.de/versorgungsstruktur/incare_net/... herunterzuladen.

5.2. WER IST CASE MANAGER?

Wo die Arbeitsweise eingeführt ist, bietet eine empirische Betrachtung der beruflichen Zuordnung und Position von Case Managern ein eher verwirrendes Bild. Verschiedene Einsatzgebiete, gesetzliche Vorgaben und die landestypischen Strukturen im Sozial- und Gesundheitswesen haben zu diversen personalpolitischen Lösungen geführt. Sie sind überdies zeitabhängig: die Reformen im Sozial- und Gesundheitssektor verschieben die Schwerpunkte von Case Management und damit auch die berufliche Position derjenigen, die es übernehmen.

In den USA hat Managed Care in den letzten Jahren die Entwicklung der Arbeitsweise bestimmt. Um Kosten zu sparen, werden oft unzureichend ausgebildete Mitarbeiter zum Case Management herangezogen. Eine Vielzahl privatwirtschaftlicher Case-Management-Agenturen ist entstanden. In Großbritannien hat der *National Health Service and Community Care Act*, 1990, die Berufstätigkeit neu strukturiert. In Deutschland kommen die Funktionen von Case Management erst einmal verstreut in der Pflege, der Rehabilitation, der Familien- und Jugendhilfe, sodann auch in der Eingliederung von Zuwanderern und in der Beschäftigungsbeförderung zum Einsatz. International lassen sich im Rahmen von Humandiensten aber durchaus übereinstimmende Muster für die berufliche Zuordnung der Aufgaben im Case Management finden.

Sie können einheitlich und professionell von einem selbständigen Dienst wahrgenommen werden, die Arbeitsweise in Sozialdiensten oder eine die Berufsgruppen übergreifende Fallführung bestimmen. Drei Modelle sind 1993 empirisch in Schottland festgestellt worden:

(a) Case Management als eine separate Berufstätigkeit (in der Information, Bedarfsfeststellung, Hilfeplanung und Besorgung von Dienstleistungen),

(b) Case Management als eine Rolle oder Aufgabenstellung im Rahmen einer vorhandenen Berufstätigkeit und einer Dienststelle (der Sozialarbeit),

(c) Case Management als eine Rolle oder Aufgabe, die in einer Struktur mit zugleich sozialer und gesundheitlicher Zuständigkeit übernommen wird. (Petch 1996: 5ff.)

Schlüsselperson

Für den Nutzer von Sozial- und Gesundheitsdiensten tritt der Case Manager zunächst als *Schlüsselperson* (key worker) in Erscheinung, der sein Ansprechpartner ist, der ihn informiert, ihm den weiteren Weg bahnt, ihn überweist oder ihn im Unterstützungsprozess begleitet. In den siebziger und achtziger Jahren übernahmen vorwiegend *Sozialarbeiter* diese Funktion, da sie ohnehin in den lokalen Diensten generell für hilfebedürftige Menschen zuständig waren. In amerikanischen Krankenhäusern lag es nahe, den *Registered Nurses* (RN), die in den

USA eine breit angelegte Ausbildung vorweisen können, mit den Aufgaben des Case Managements zu betrauen. Aber das Modell des Generalisten, der sich um alles kümmert, blieb nicht das einzige für die Ausführung von Case Management. Jene Rolle war schwer abzugrenzen von der des Helfers oder Pflegers im direkten Dienst, der auch selber interveniert und behandelt. Es führt zu einiger Konfusion, wenn jemand einen Bedarf feststellt, Hilfen plant, Maßnahmen einleitet und sie gleich auch ausführt, und es überfordert gewöhnlich den Helfer. Andererseits führen das Engagement in einem Fall, die Klärung der Situation und die Beratung nicht selten direkt zu einer Krisenbewältigung und Problemlösung, so dass in einem solchen *intensiven Case Management* eine Abtrennung des Assessments und der Aushandlung von der praktischen Hilfestellung oder Behandlung weder möglich noch sinnvoll erscheint.

Eine Alternative besteht darin, den *Nutzer* oder seine Angehörigen in die Lage zu versetzen, selber als Case Manager zu agieren. Die Pflegeperson in einer Familie muss ohnehin die Ressourcen bündeln, die sich im informellen Netz des privaten Lebenskreises heranziehen lassen, um ein pflegebedürftiges Familienmitglied zu versorgen. Warum nicht auch die formellen Unterstützer an diese Pflegeperson verweisen, so dass sie die Koordination der Dienste von extern und der internen Hilfen übernimmt? Mit dem Training von Familienmitgliedern zu Case Managern ihrer pflegebedürftigen Angehörigen hat man in Boston gute Erfahrungen gemacht (Seltzer/Ivry/Litchfield 1987: 722ff.; Seltzer/Mayer 1988: 26ff.). Dadurch wird die Autonomie der Familie als Leistungsnehmer gestärkt. Eine solche Rollenübertragung ist natürlich nicht angebracht, wenn eine pflegebedürftige Person ohnehin ihre Abhängigkeit von der Pflegeperson fürchten muss.

Nutzer als Case Manager

Eine Reihe weiterer Versuche, die Konsumenten von Dienstleistungen zu Case Managern in eigener Sache zu machen, ist beschrieben worden (Raiff/Shore 1993: 111ff.). Diese Möglichkeit gewinnt in dem Maße an Bedeutung, in dem ein Nutzer (etwa nach dem Pflegeversicherungsgesetz) nicht einfach Sachleistungen bezieht, sondern ein Pflegegeld, das er selber verwaltet und zu dem er eigene Geldmittel hinzutut. Dann kommt es darauf an, dass er ein mündiger Konsument ist, gut informiert und umsichtig in der Besorgung der Hilfen, die er braucht. Auch Eltern behinderter Kinder oder Angehörige psychisch kranker Menschen sind unter Umständen selber zu einem Case Management in der Lage, wenn sie einige Assistenz und Schulung erhalten. Ansonsten sind sie bei einer zweckmäßigen Verwendung gewährter Geldleistungen zu unterstützen. Mit der Einführung des *Persönlichen Budgets*, als Regelleistung ab 2008 (gemäß § 17 SGB IX), ergibt sich hier ein Einsatzgebiet von Case Manager/innen in Begleitung und Beratung der Budgetnehmer.

Therapeut Von H. Richard Lamb ist der *Therapeut* als Case Manager vorgestellt worden (Lamb 1980). Die psychotherapeutische Beziehung sei eine gute und oft unerlässliche Grundlage für ein umfassendes Unterstützungsmanagement. Dagegen war einzuwenden, dass in der Praxis der Psychotherapeut ein Spezialist ist, der einen bestimmten Behandlungsauftrag abarbeitet, und nicht ein generalistisch orientierter Sozialarbeiter im Netz der Dienste. Die Mittlerfunktion des Case Managers hält ihn in aller Regel davon ab, sich auf eine therapeutische Praxis zu konzentrieren. Anders ist es, wenn die Therapie zu einer Alltagsbewältigung erweitert wird, etwa von chronisch psychisch Kranken. Sie sollen lernen, selbstständig zurechtzukommen. Hier ist der Behandler in einem *klinischen Case Management* oft die Vertrauensperson, von der ein Patient die Wegweisung und Unterstützung annimmt, die er zu seinem einzuübenden Selbstmanagement braucht.

Team Arbeiten mehrere spezialisierte Fachkräfte in einem *Team* zusammen, lassen sich ihm die Funktionen des Case Managements verteilen. Ist der kommunale Sozialdienst in einem Wohnbezirk für die ganze Breite der Problemlagen „erstzuständig", empfiehlt sich eine gemeinsame Aufgabenerledigung für das Team im Bezirk: die Mitarbeiter übernehmen bei guter Kommunikation abwechselnd ein Assessment, die Hilfeplanung und die Kontrolle von abgesprochenen Unterstützungen und Bewältigungsvorhaben. Diese Arbeitsverteilung dient auch dem sachwaltenden Charakter des Einsatzes: Eine Person soll nicht ohne weiteres eine bestimmte Sozialarbeiterin für sich beanspruchen. Jedoch ist auch jemand für den Hilfebedürftigen da, wenn ein Mitarbeiter bei Urlaub oder Krankheit ausfällt oder den Arbeitsplatz wechselt. So wird Kontinuität gesichert. Ebenso kann ein multidisziplinär zusammengesetztes Team die in ihm versammelten Fähigkeiten nutzen. Für die Aufgabe, die Disziplinen fallbezogen zusammenzuführen, wird allerdings jemand benannt sein müssen. Die Ablauforganisa-

tion der Fallbearbeitung gebietet eine entsprechende Ablauforganisation des Teameinsatzes bzw. der Zusammenarbeit von Fachkräften
(dazu ausführlich: Ovretveit 1993).

Multidisziplinäre Teams laufen immer Gefahr, dass ihre Angehörigen
ihre eigenen fachlich vorgezeichneten Wege gehen und nicht wirklich
mit einem Ziel und in einer Verantwortung kooperieren. Da das berufliche Handlungsverständnis der Beteiligten nicht übereinstimmt,
funktionieren Absprachen oft nur oberflächlich, und Klienten bemerken bald, dass die Fachleute mit vielen Zungen sprechen, unterschiedlich Zugang zum Fall haben und in der Sache uneins sind (vgl. Raiff/
Shore 1993: 90ff.). Das Case Management im Team wird sich folglich
darum kümmern müssen, die interne Übereinkunft herzustellen und zu
sichern.

Eine Variante dieser Zusammenführung ist die Bildung eines *Case-*   Konsortium
Management-Konsortiums, bestehend aus Vertretern der beteiligten
Fachgebiete. Um delinquente Jugendliche auf den rechten Weg zu
bringen, kommen beispielsweise Vertreter des Jugendamtes, der Schule, des Jugendgerichts, von Freizeitstätten und Beratungsstellen zusammen. Ein solches Konsortium hat in erster Linie eine koordinierende Funktion (Friesen/Briggs 1995: 89ff.). Es wird vermieden, dass die
einzelnen Bereiche aneinander vorbeiarbeiten. Beschlüsse des Konsortiums haben besonderes Gewicht, weil sie von allen Beteiligten
mitgetragen werden. Schwach dürfte die Autorität des Konsortiums
sein, wenn es von den Diensten nicht wirklich kompetent besetzt wird.

Teilen kann sich eine Gruppe oder ein Gremium von Case Managern   Fallpensum
auch ein *Fallpensum (caseload)*. Je nach Arbeitsgebiet unterscheidet
sich die Zahl der Personen oder Familien, die von einer Fachkraft
wirksam betreut werden kann, erheblich. Das Optimum ist in der
intensiven Begleitung psychisch kranker Menschen bei ihrer Rehabilitation ein ganz anderes als etwa im Allgemeinen Sozialdienst. Die
direkte Arbeit mit Klienten (samt Familienangehörigen und anderen
Bezugspersonen) ist zeitaufwendiger als die Tätigkeit von Case Managern in der Information, in der Vermittlung von Diensten und in der
Überwachung der Leistungserbringung. Wenn in der Jugendhilfe
Heimunterbringungen vermieden werden sollen, halten Friedman und
Poertner (1995: 262) eine Zahl von 10 bis 12 Klienten pro Case Manager für angemessen. Joan Orme und Bryan Glastonbury (1993) plädie-

ren für eine sehr differenzierte Fallzuweisung je nach Aufgabenverteilung unter den Fachkräften (Orme/Glastonbury 1993: 153ff.).

Sowohl in der Krankenpflege als auch in der ambulanten Sozialarbeit können Gruppen von Mitarbeitern das Case Management übernehmen, wenn ein leitender Case Manager die Verantwortung für die ganze Ablauforganisation und die Leistungserbringung trägt, während personbezogen einzelne Case Manager mit dem Auftrag eingesetzt werden, direkte Unterstützung, Beratung und Begleitung zu leisten. Einzelne amerikanische Krankenhäuser haben solche Leitungsstellen geschaffen (Satinsky 1995: 35ff.). Eine Pflegemanagerin wird etwa auf Abteilungsebene eines Krankenhauses oder eines Heims die Versorgungs- und Behandlungswege (*clinical pathways*) einrichten, kontrollieren und revidieren, während auf der Stationsebene für die individuellen Pflegepläne als Case Manager benannte Pflegefachkräfte zuständig sind (Del Togno-Armanasco/Hopkin/Harter 1993: 67ff.). Die Pflegemanagerin ist ihnen vorgesetzt. Analoge Modelle gibt es in der Sozialen Arbeit in der Justiz zur Durchführung der Straffälligen- und Bewährungshilfe (siehe in Abschnitt 6.6.).

Fachorganisation DGCC

Nach Vorarbeiten einer Fachgruppe der Deutschen Gesellschaft für Sozialarbeit im Benehmen mit dem Deutschen Berufsverband für Soziale Arbeit und dem Deutschen Berufsverband für Pflegeberufe hat seit 2005 die *Deutsche Gesellschaft für Care und Case Management* (DGCC) als Fachorganisation für den Einsatz, die Stellung und die Ausbildung von Case Manager/innen Standards entwickelt, die allgemeine Geltung beanspruchen dürfen. Die Grundsatzpapiere („Essentials") sowie auch die „Empfehlungen zu Qualitätsstandards für das Fallmanagement" des Deutschen Vereins für öffentliche und private Fürsorge 2004 sind im Internet (unter www.dgcc.de) abrufbar. Fachorgan der Gesellschaft ist die Zeitschrift „Case Management" (Economica, Heidelberg). Die Zertifizierungskommission der DGCC anerkennt Case Manager/innen sowie Ausbilder/innen und Ausbildungsinstitute gemäß den „Standards und Richtlinien für die Weiterbildung Case Management" der DGCC.

LITERATUREMPFEHLUNGEN ZUR BERUFLICHEN POSITION
VON CASE MANAGER/INNEN

Ovretveit, John 1993: Coordinating Community Care: Multidisciplinary
Teams and Care Management. Buckingham: Open University Press
Sehr differenzierte Beschreibung des Einsatzes von Teams und der inter-
disziplinären Zusammenarbeit im Care bzw. Case Management.
Satinsky, Marjorie A. 1995: An Executive Guide to Case Management
Strategies. Chicago: American Hospital Publishing
Eine Handreichung für Führungskräfte, wie Case Management organi-
satorisch in Krankenhäusern positioniert werden kann, mit Einsatz- und
Stellenbeschreibungen.
Wendt, Wolf Rainer/Löcherbach, Peter (Hrsg.) 2006: Case Management in
der Entwicklung. Stand und Perspektiven in der Praxis. Heidelberg:
Economica

5.3. BERUFSROLLEN VON CASE MANAGERN

Je nachdem wer ihn einsetzt und bezahlt, übernimmt der Case Manager eine andere Berufsrolle bzw. setzt seine fachliche Expertise
schwerpunktmäßig verschieden ein. Hauptsächlich können vier Funktionen benannt werden: die Rollen

(1) des Systemagenten
(2) des Kundenanwalts
(3) des Versorgungsmanagers und
(4) des Dienstemaklers.

Ein Case Manager übt nicht selten mehrere Rollen nebeneinander aus.
Ist er beispielsweise als Bewährungshelfer tätig, handelt er als Agent
der Justiz; gleichzeitig steht er seinem Probanden sozialanwaltlich zur
Seite. Die dem Bewährungshelfer vom Gericht übertragene Aufgabe
dominiert jedoch. Darüber sollte der Proband nicht im Unklaren gelas-
sen werden. – Übernimmt ein Sozialarbeiter nach dem Betreuungsge-
setz das Unterstützungsmanagement im Hinblick auf Sozialleistungen
für eine geschäftsunfähige Person, handelt er in erster Linie als „Kundenanwalt", kommt aber auch nicht um ein Versorgungsmanagement
umhin.

167

Betrachten wir die vier genannten Positionen etwas näher:

Systemagent (1) Der Case Manager als *Systemagent*: Er sorgt beim Leistungsanbieter dafür, dass die im Einzelfall vertraglich übernommenen Aufgaben zielwirksam ausgeführt werden. Er ist Ansprechpartner des Klienten, koordiniert den dienstlichen Einsatz und ist in den Fällen, die er betreut, für die Qualitätssicherung zuständig. Er vertritt den Dienst oder die Einrichtung in allen den Einzelfall betreffenden Angelegenheiten. In einer Variante übernimmt der Case Manager vor allem Informations- und Vermittlungsaufgaben: Da der einzelne Kunde sich mit der Leistungspalette des Anbieters nicht auskennt und sie deshalb nicht ohne weiteres für sich sinnvoll nutzen kann, bietet ihm der Dienstleister eine Beratung an. In einer anderen Variante begleitet der Case Manager den Leistungsnehmer auf seinem Weg durch die Stationen seiner Versorgung. Der Case Manager ist dann im Medizinsystem als Patientenbegleiter oder als Rehabilitationsbetreuer, im Jugendhilfesystem als sozialpädagogischer Einzelbetreuer oder im Justizsystem als Bewährungshelfer tätig.

Besonders entwickelt ist die Funktion einer begleitenden Fachkraft in amerikanischen Krankenhäusern worden. Um im Wettbewerb der Einrichtungen den Qualitätsansprüchen nachzukommen und mit dem Kostendruck fertig zu werden, hat man Ärzte in die Position eines „Hospitalisten" (siehe oben) gebracht, der auf der Systemebene das Qualitätsmanagement übernimmt und danach den Behandlungsablauf für ganze Patientengruppen steuert und kontrolliert. Die Qualitätssicherung im Einzelfall wird den Pflegefachkräften übertragen. Als *Nursing Case Managers* sind erfahrene Krankenschwestern in einer verantwortlichen Position tätig: Sie koordinieren des gesamten Behandlungsablauf bei einzelnen Patienten. In einer Stellenbeschreibung des Harbor Hospital Center in Baltimore wird zu ihren Aufgaben ausgeführt:

„Die Nursing Case Managerin (NCM) ist verantwortlich für die tägliche Planung, Koordination und Überwachung der Versorgung des Patienten durch die Pflegekräfte und das übrige medizinische Personal. Sie ist verantwortlich für den Versorgungsverlauf in den ihr zugewiesenen Fällen. Sie hat zu vertreten, dass eine effektive Nutzung der verfügbaren Ressourcen gesichert ist, dass festgelegte Standards in der Pflege eingehalten und Behandlungserfolge innerhalb einer angemessenen Aufenthaltsdauer erreicht werden. Sie sichert, dass Änderungen, die für einzelne Patienten notwendig werden, gerechtfertigt sind und gut dokumentiert werden."

Zum Qualifikationsprofil der Stelleninhaberin wird ausgeführt, dass sie eine diplomierte Krankenschwester sein muss, die über eine Zusatzqualifikation für den Patientenkreis der Abteilung verfügt und drei bis fünf Jahre Erfahrung in einer entsprechenden klinischen Einrichtung nachweisen kann.

Weiter heißt es:

„Die Nursing Case Managerin (NCM) etabliert zur Zusammenarbeit mit anderen Abteilungen persönliche Netze zu dem Zweck, denjenigen Erfolg bei unseren Patienten zu erreichen, den das Case Management Team in Anbetracht des bei den Patienten vorliegenden Bedarfs anstrebt. Die NCM arbeitet mit Ärzten und anderen Mitgliedern des Abteilungsteams in der Entwicklung und Vereinbarung von Protokollen zusammen, in denen eine Abstimmung von Kriterien aus diagnostischer Sicht und in Hinblick auf die Kostendeckung vorgenommen wird."

Nachfolgend listet die Stellenbeschreibung die Aufgaben der NCM im einzelnen auf. Hinzu kommen Pflichten in der Qualitätssicherung und in der Weiterbildung. Die NCM ist der Pflegedirektion direkt unterstellt, und sie wirkt in der Supervision des Pflegepersonals und anderer Mitarbeiter mit, die am Prozess des klinischen Case Managements beteiligt sind. (Ignatiavicius/Hausman 1995: 6 f.)

(2) Der Case Manager als *Kundenanwalt*: In dieser Funktion steht er Rat suchenden Bürgern zur Verfügung, klärt mit ihnen den Unterstützungs- oder Versorgungsbedarf ab und steht ihnen bei der Beantragung von Leistungen zur Seite. Er kennt die Anspruchskriterien und weiß, wie an Behörden oder Versicherungen heranzutreten ist. Der Case Manager begleitet die Leistungsnehmer gegebenenfalls als Sachwalter während der Zeit, in der sie unterstützt, behandelt oder auf andere Weise versorgt werden. Die anwaltliche Funktion setzt Unabhängigkeit von der Leistungserbringung voraus. Der Case Manager kann eine amtliche Stelle besetzen, z.B. im Jugendamt für Erziehungshilfen zuständig sein oder bestimmten Klienten mit amtlichem Auftrag an die Seite gestellt wird, etwa als Betreuer von unmündigen Personen (die Betreuer werden in Österreich als Sachwalter bezeichnet). Berufsbetreuer interpretieren im Rahmen ihres gesetzlichen Auftrags ihr Betreuungsmanagement als ein Case Management zur Wahrung der Interessen des zu betreuenden Menschen.

Die Anwaltsfunktion nehmen auch Dienste wie die Berliner „Koordinierungsstellen für ambulante Rehabilitation älterer Menschen" wahr. Sie führen nicht selbst die Behandlung oder Pflege durch, konkurrie-

Randbemerkung: Kundenanwalt

ren also nicht mit Leistungsanbietern.

„In enger Kooperation mit den niedergelassenen Ärzten, Krankenhäusern, Pflegediensten, ambulanten Therapeuten, Sozialbehörden und anderen Stellen sorgen sie dafür, dass für den älteren Menschen ein Unterstützungsplan entwickelt und alle erforderlichen Maßnahmen eingeleitet werden, von der tagespflegerischen Betreuung bis hin zu Wohnraumanpassungsmaßnahmen oder sozialen Aktivitäten. Durch einen kontinuierlichen Informationstransfer und die Durchführung von ,Fallkonferenzen' sichern sie die Verzahnung von Einzelmaßnahmen zu einem interdisziplinären Gesamtplan und Vorgehen und ermöglichen es, bei Bedarf korrigierend in den Unterstützungsprozess einzugreifen." (Wißmann 1995: 18 f.)

Solche Koordinierungsstellen sammeln im Laufe der Zeit viel Erfahrung, wie auch in sehr schwierigen Fällen die Unterstützung erfolgreich gestaltet werden kann und eine selbständige Lebensführung erhalten bleiben kann.

kulturelle Kompetenz

Einen besonderen Akzent erhält das sozialanwaltliche Handeln, wenn Menschen einer (benachteiligten oder randständigen) Minderheit oder einer anderen Kultur als die Bevölkerungsmehrheit angehören. Hier darf man von einem Case Manager eine hinreichende „*kulturelle Kompetenz*" erwarten. Er muss deshalb nicht selber der jeweiligen Gruppe angehören, sollte aber über die Hilfe im Einzelfall hinaus Verbindungen zu deren kulturellen Milieu halten und die Mentalität der Menschen kennen, denen er beisteht. Minoritäten isolieren sich teilweise in ihren eigenen Beziehungsnetzen vom Leben der Mehrheit. Da es im Case Management auf die Verknüpfung formeller Dienste mit informeller Unterstützung und Bewältigung ankommt, sollten dem professionellen Unterstützer jene Beziehungsgefüge nicht fremd sein und auch nicht die gewöhnlichen Formen der Konflikte, in und mit denen jene Gruppen in der Mehrheitskultur leben. Der Case Manager sollte eine kulturelle Sensibilität eigen sein; er darf sich dabei aber auch nicht über die Individualität seines Gegenübers hinwegtäuschen und annehmen, dass dem Verhalten des Klienten aufgrund seiner Gruppenzugehörigkeit eine bestimmte Bedeutung zukommt (Raiff/Shore 1993: 67).

Versorgungsmanager

(3) Der Case Manager als *Versorgungsmanager*: Hier ist er zuständig für eine ordnungsgemäße und erfolgreiche Leistungserbringung. Entweder ist er Agent des Leistungsträgers und von ihm dazu angestellt, die Angemessenheit des Versorgungsangebots zu beobachten, die zweckmäßige und kostengünstige Erbringung der Dienstleistungen zu

Abbildung 13: Leistungsangebot eines gewerblichen
Case Managements

In Fällen von Erkrankungen mit hohem Risiko, bei andauernden
Krankenhausaufenthalten, Kosten über 10.000 $, nach erfolglosen
oder wiederholten operativen Eingriffen wird

↓

ein Case Manager für den Patienten bestellt.

↓

Es erfolgen Patienten-Assessments (der Case Manager besucht
den Patienten / die Familie), ein Medizinisches Assessment
(der Case Manager sucht die Krankenbehandler auf),
ein Assessment der Ansprüche (der Case Manager prüft
Rechtsansprüche und Finanzierungsfragen).

↓

Der Case Manager diskutiert Empfehlungen mit
Leistungserbringer, Bezahler, Patient und Familie.

↓

Der Case Manager erstellt einen ersten Bericht mit Empfehlungen.

↓

Billigung der Empfehlungen

↓

Umsetzung der Empfehlungen

↓

Der Case Manager überprüft persönlich die Fortschritte.

↓

Der Case Manager erstellt eine Kosten-Nutzen-Analyse und
Berichte zur Entwicklung des Falles.

↓

Patient gewinnt
Bezahler gewinnt
Leistungserbringer gewinnt

↓

Abschluss des Falles

kontrollieren und Beschwerden der Klienten nachzugehen. Oder er ist mit diesen Aufgaben in einem Dienstleistungsbetrieb betraut, fungiert also in ihm als Qualitätsmanager. Alternativ ist er zuständig für die *Überleitung* von einer Versorgung in eine andere Versorgung. (In Deutschland hat auf ein entsprechendes „Versorgungsmanagement" der Bürger seit 2007 gemäß § 11 SGB V einen Anspruch.) Die Zuständigkeit für die Versorgung heißt englisch *care management*. Die genannten Aufgaben sind in den USA im Rahmen von „managed care" wichtig geworden. Health Maintenance Organizations und andere Versicherer bedienen sich des Case Managements, um mit den Versicherungsnehmern und den Ärzten zusammen den Einsatz von Leistungen möglichst rationell vonstatten gehen zu lassen. In Krankenhäusern wird Ärzten („Hospitalisten") die Verantwortung für die Prozessgestaltung über alle Behandlungsabschnitte hinweg übertragen.

In Großbritannien kommt den Care Managern der lokalen Behörden die Aufgabe zu, für Pflegebedürftige im Rahmen eines festen Budgets die erforderlichen Dienstleistungen auf dem freien Markt der Anbieter einzukaufen und die Leistungserbringung zu kontrollieren. Dabei bemerkte Versorgungslücken werden im kommunalen Bereich zurückgemeldet und in einem *community care plan* berücksichtigt, so dass auf diesem Wege die lokale Pflegeinfrastruktur verbessert werden kann.

Dienste-
makler

(4) Der Case Manager als *Dienstemakler*: Es gibt inzwischen in den USA sehr viele gewerbliche Anbieter von Case Management, die selbständig im Auftrag von Privatpersonen oder von Versicherern einen Bedarf abklären, die Hilfeplanung übernehmen und insbesondere die nötigen Dienste beibringen, ihren Einsatz aufeinander abstimmen und im Verlauf der Leistungserbringung die Kosten-Nutzen-Kontrolle gewährleisten. Diesen Service nehmen alleinstehende ältere Menschen mit einem komplexen Versorgungsbedarf in Anspruch, Rechtsanwälte von Unfallopfern oder anderweitig Geschädigten zur Erledigung der Behandlungs- und Kostenplanung, Versicherungen, die ihre Leistungen in kostenträchtigen Fällen in Grenzen halten wollen. Der freiberufliche Anbieter eines Case Managements macht potentiellen Nutzern ein entsprechendes Angebot. Zum Beispiel stellt der gewerbliche Dienst „Options Unlimited" sein Verfahren institutionellen Kunden in dem als Abbildung 13 (Seite 171) wiedergegebenen Flussdiagramm dar (Mullahy 1995: 109).

Fassen wir zusammen, wie sich Case Manager beruflich positionieren können: Sie vertreten das Versorgungssystem intern und extern oder vertreten die Nutzer, und sie vermitteln zwischen beiden Seiten. Die vier genannten Rollen schließen einander nicht aus. Insbesondere bei einem selbständig ausgeführten Case Management kann es auch herangezogen werden, um die Interessen sowohl von Leistungsträgern als auch von individuellen Nutzern zu vertreten.

Den Übergang zu einer freiberuflichen Ausübung von Case Management hat die Amerikanische Krankenhaus-Vereinigung bereits 1986 vor Augen gehabt, als sie in ihrem Glossar der Fachtermini definierte:

„Selbständiges Case Management: Umfassende professionelle Koordinierung von Ressourcen im Gesundheitswesen, die zur Unterstützung der Diagnose, der Behandlung und Genesung des Patienten notwendig sind, sowie die Förderung der Fähigkeit des Patienten, so selbständig wie möglich in der zielgerichteten Nutzung der ärztlichen, psychologischen, sozialen, funktionsbezogenen und persönlichen Dienstleistungen mitzuwirken. Case Management kann auch eine dem Primärarzt zugewiesene Funktion bezeichnen, mit welcher der Zugang des Patienten zu einer speziellen Versorgung und zu stationären Einrichtungen erschlossen und kontrolliert wird. Oder es hat die Planung, die Koordinierung und Bereitstellung von Versorgungsleistungen für eine bestimmte Personengruppe zum Inhalt, etwa für die über Medicaid, in einer Health Maintenance Organization oder einer Preferred Provider Organization Versicherten. Individuelles Case Management entwickelt sich zu einer besonderen, refinanzierbaren Dienstleistung." (American Hospital Organization 1986, zit. nach American Hospital Organization 1992: 151)

Der *Ausbildungsstand* der in der Praxis tätigen Case Manager ist in den USA sehr unterschiedlich und oft ungenügend, wie in Fachkreisen beklagt wird. Vielerorts kommen „paraprofessionelle" Helfer zum Einsatz, die dann als „Assistant Case Manager" oder „Case Management Aide" bezeichnet werden. Sozialarbeiter, Krankenschwestern und andere Fachkräfte, die bereits graduiert und berufserfahren sind und als professionelle Case Manager arbeiten wollen, können sich seit 1993 als solche zertifizieren lassen. Dazu wenden sie sich an die *Commission for Case Manager Certification* in Rolling Meadows, Illinois, und unterziehen sich einer Prüfung, in der sie 300 Multiple-Choice-Fragen zu beantworten haben, welche die folgenden Bereiche abdecken:

Zertifizierung

(a) Dienstleistungskoordination,
(b) physische und psychologische Faktoren und geeignete Behandlungsmöglichkeiten,
(c) finanzielle Leistungen und Kostenfragen,

(d) Konzepte und Strategien des Case Managements,
(e) Ressourcen im Gemeinwesen.

Wer die Prüfung besteht, erhält ein fünf Jahre gültiges Zertifikat und trägt die Bezeichnung *Certified Case Manager* (CCM). Bei Nachweis von hinreichend Weiterbildung wird das Zertifikat nach jeweils fünf Jahren erneuert. Auf die entsprechenden deutschen Regelungen einer Zertifizierung bei der DGCC wurde bereits hingewiesen.

LITERATUREMPFEHLUNGEN
ZUR BERUFSROLLE VON CASE MANAGERN

Cohen, Elaine L. 1996: Nurse Case Management in the 21st Century. St. Louis: Mosby
Beschreibung der Rollen und Funktionen von Nurses als Case Manager im gewandelten System der Gesundheitsversorgung in den USA.
Mullahy, Catherine M. 1995: The Case Manager's Handbook. Gaithersburg, MD: Aspen Publishers
Für selbständig und freiberuflich tätige Case Manager in den USA geschriebenes Handbuch, das deren Arbeitsweise, die Bezüge zu Auftraggebern und die geschäftlichen Möglichkeiten in den Mittelpunkt rückt.

5.4. STANDARDS DER PRAXIS VON CASE MANAGEMENT

Die Case Management Society of America (CMSA) hat 1995 *Standards der Praxis von Case Management* veröffentlicht (Standards 1995). Sie beziehen sich auf alle Einsatzbereiche von Case Management im Gesundheitswesen und sollen unabhängig davon gelten, von welcher beruflichen Herkunft die Case Manager sind. Die Vorsitzende der Kommission, die Pflegedirektorin (Director of Nursing) Deborah S. Smith, hat betont, dass nicht daran gedacht sei, aus der Tätigkeit von Case Managern eine selbständige Profession zu machen. Nicht zu übersehen ist beim Lesen des Textes allerdings, dass die Standards sich auf den medizinischen und pflegerischen Leistungsbereich konzentrieren. Der Ansatz und die Struktur der Darstellung folgt entsprechenden Standards der *American Nurses' Association*.

Der Text der *Standards der Praxis von Case Management* von 1995 lautet in deutscher Übersetzung:

I EINLEITUNG

A. Das Konzept und die Philosophie des Case Managements

1. Historische Perspektive

Case Management wird seit Anfang des Jahrhunderts praktiziert. Es waren Krankenschwestern im öffentlichen Gesundheitsdienst und Sozialarbeiter, die zuerst Case Management-Dienste anboten, indem sie Leistungen im öffentlichen Gesundheitswesen koordinierten. Nach dem Zweiten Weltkrieg begannen Versicherungen, Krankenschwestern und Sozialarbeiter zur Mitwirkung bei der Koordination der Versorgung von Soldaten zu beschäftigen, die aus dem Krieg mit komplexen Leiden zurückkehrten, die eine multidisziplinäre Intervention erforderten.

Die gegenwärtige Evolution des formalisierten Case Managements begann mit Modellprojekten im Rahmen von Medicaid und Medicare in den frühen siebziger Jahren. Diese Programme beschäftigten meistens einen Sozialarbeiter, der Dienstleistungen für Klienten zu arrangieren und zu koordinieren hatte, die kategorial definierten Gruppen angehörten (z. B. den Einkommensschwachen, psychisch Kranken, pflegebedürftigen Alten). Im allgemeinen beabsichtigte man, die Nutzung einer Reihe von gesundheitlichen und sozialen Diensten durch einen Klienten im Zeitverlauf zu verfolgen, zu erleichtern und zu koordinieren.

Nach den Siebzigern wurden verschiedene Typen von Case Managern in der Literatur zur Gesundheitsversorgung beschrieben. Dazu gehörten: Vermittler, primäre Therapeuten, interdisziplinäre Teams, Dienstleistungszentren und an HMOs gebundene Ärzte, um nur einige zu nennen. Der Fokus von Case Management variierte mit der Natur der Organisation, die ein Case Management anbot, mit der Zielgruppe und der Berufsgruppe, welcher der Case Manager angehörte. Im Rahmen von Sozialdiensten konzentrierte man sich auf den Zugang zu Dienstleistungen, auf Case Management in der Altenhilfe und bevorzugte eine ambulante Versorgung in der Gemeinde, um Anstaltsunterbringungen zu vermeiden und um die Kosten einzudämmen. Als in der Gesundheitsindustrie Kostendämpfungsprogramme auftauchten, wurden dem Case Management zwei Prioritäten auferlegt: den Bedarf des Klienten zu decken und die Ressourcen im Gemeinwesen gut zu nutzen.

Nach diesen erfolgreichen Programmen begannen Versicherungsgesellschaften und Behandlungsstätten zunehmend Krankenschwestern, Sozialarbeiter, Arbeitstherapeuten, Rehabilitationsberater und andere als Case Manager zu beschäftigen. Man unterschied zwischen „internen" Case Managern, die innerhalb einer Behandlungseinrichtung oder eines Behandlungsprogramms arbeiten, und „externen" oder unabhängigen Case Managern mit der Aufsicht über die Leistungserbringung während der ganzen Dauer einer Krankheit oder der Episode einer Verletzung. Die meisten externen Case Manager sind diplomierte Pflegekräfte (registered nurses), die entweder direkt für den Zahler arbeiten oder unabhängige Beauftragte sind, die Case Management-Dienste anbieten.

Zukünftig wird Case Management immer mehr als eine wesentliche Komponente von Managed Care erkannt, dem Schlüssel zur Gesundheitsreform in den Vereinigten Staaten. Die Verwendung von Case Management-Diensten hat ihren Wert in verbesserter Rehabilitation, in der Hebung von Lebensqualität, in mehr Zufriedenheit von Klienten und Folgebereitschaft bei medizinischer Behandlung, in der Förderung der Selbstbestimmung von Klienten und in der Reduzierung der Kosten im Gesundheitswesen erwiesen.

2. Definition von Case Management

Das Konzept des Case Managements ist vergleichsweise so simpel wie der Prozeß des Case Managements komplex ist. Grundsätzlich gehört zu Case Management eine rechtzeitige Koordination qualitätvoller Gesundheitsleistungen, um einen spezifischen individuellen Versorgungsbedarf auf kostenwirksame Weise zu befriedigen. Der Case Management-Prozeß und die Rolle des Case Managers in der Koordination der Gesundheitsversorgung lassen sich wie in Abbildung 14 darstellen.

Die Darstellung illustriert die zentrale Position des Case Managers im Koordinieren von Versorgung und bildet die Prozesse ab, die vom Case Manager betrieben werden. Der Vorrang des Klienten als Fokus des Case Management-Systems wird ebenso deutlich wie die Beziehung auf die Zahler und die Anbieter.

Nach mehr als einem Jahr Studium und Diskussion mit den Mitgliedern der Nationalen Case Management-Arbeitsgruppe hat der Vorstand der Case Management Society of America eine Definition von Case Management gebilligt. Die Arbeitsgruppe bestand aus vielen Persönlich-

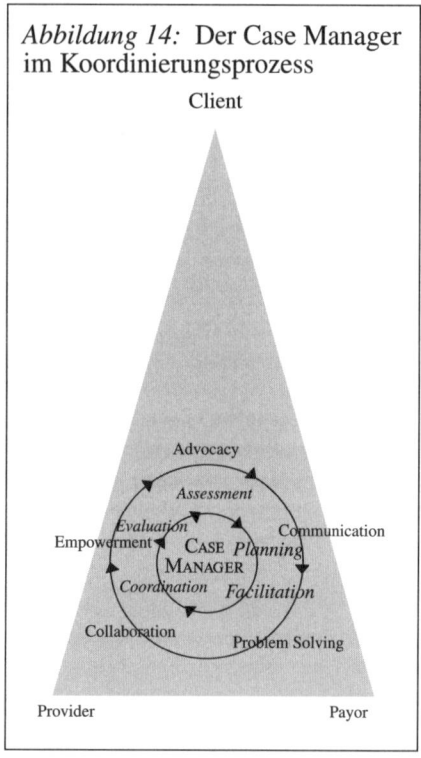

Abbildung 14: Der Case Manager im Koordinierungsprozess

keiten mit Ausbildung und Erfahrung in vielfältigen Bereichen von Gesundheit, Recht, Bildung, Management, Verwaltung und des Versicherungswesens.

Die von der CMSA gebilligte Definition lautet wie folgt: Case Management ist ein Prozeß der Zusammenarbeit, in dem eingeschätzt, geplant, umgesetzt, koordiniert und überwacht wird und Optionen und Dienstleistungen evaluiert werden, um dem gesundheitlichen Bedarf eines Individuums mittels Kommunikation und mit den verfügbaren Ressourcen auf qualitätvolle und kostenwirksame Ergebnisse hin nachzukommen.

Die Politik, welche die Definition enthält und die der Vorstand sich zu eigen gemacht hat, ist die folgende: Der Case Manager sollte die Kommunikation und Koordination zwischen allen Mitgliedern eines Teams der Gesundheitsversorgung fördern und den Patienten und die Familie in den Prozess der Entscheidungsfindung einbeziehen, um die Fragmentierung der Erbringung von Gesundheitsleistungen zu minimieren. Der Case Manager unterrichtet den Patienten und alle Mitglieder des dienstleistenden Teams über Case Management, Ressourcen im Gemeinwesen, Versicherungsleistungen, Kostenfaktoren und damit zusammenhängende Fragen, so dass informierte Entscheidungen getroffen werden können. Der Case Manager ist das Bindeglied zwischen dem Individuum, den Anbietern, dem Zahler und dem Gemeinwesen. Der Case Manager sollte zu einer angemessenen Nutzung medizinischer Einrichtungen und Dienste ermutigen, die Qualität der Versorgung verbessern und Kostenwirksamkeit in jedem Einzelfall sichern. Der Case Manager ist anwaltlich sowohl für den Patienten als auch für den Zahler da, um eine vorteilhafte Situation für den Patienten, das Versorgungsteam und den Zahler herbeizuführen.

3. Aussage zur Philosophie

Case Management folgt der Philosophie, dass alle Individuen, insbesondere diejenigen, die unter schweren und/oder risikoreichen oder teuren Verletzungen oder Krankheiten leiden, die Dienste eines Case Managers erhalten sollten, unabhängig von der Zahlungsfähigkeit des Klienten. In den schwierigsten gesundheitlichen Versorgungssituationen dient das Angebot von Case Management der Identifizierung von Optionen, die für den Klienten und die Familie akzeptabel sind, so dass sie dem Behandlungsplan eher folgen und am Ende zu mehr Erfolg kommen. Case Management reduziert in diesen Fällen auch die Fragmentierung der Versorgung, eine Fragmentierung, die allzu oft von Klienten erfahren wird, die Gesundheitsleistungen von mehreren Anbietern erhalten. Zusammengenommen steigern die Dienste, die ein professioneller Case Manager offeriert, die Lebensqualität, während sie die Gesundheitskosten im ganzen senken. Von daher berührt ein effektives Case Management direkt und positiv die soziale, ethische und finanzielle Gesundheit des Landes und seiner Bevölkerung.

B. Absichten und Ziele von Case Management

1. Rollendefinition

Es ist die Rolle des Case Managers, auf einer individuellen Basis mit Klienten in der Einschätzung, Förderung, Planung und Fürsprache bei gesundheitlichem Bedarf zusammenzuarbeiten. Ein erfolgreicher Ausgang lässt sich nicht ohne spezialisierte Fähigkeiten und Kenntnisse erreichen, die während des ganzen Prozesses Anwendung finden. Diese Fähigkeiten schließen, ohne darauf begrenzt zu sein, den Aufbau einer positiven Beziehung, eine effektive schriftliche/mündliche Kommunikation, das Geschick, einen Wandel zu bewirken, die Durchführung einer kritischen Analyse, effektives Planen und Organisieren und die Förderung der Autonomie des Klienten/der Familie ein. Es ist entscheidend für den Case Manager, dass er Kenntnis von Finanzierungsmöglichkeiten, Diensten, klinischen Standards und Effekten hat.

a. Die Funktionen des Case Managers

(1) Einschätzer (Assessor)

Der Case Manager sammelt alle relevanten Daten und verschafft sich Informationen, indem er den Klienten / die Familie interviewt und eine sorgfältige Evaluation der ganzen Situation leistet.

Alle Informationen, die sich auf den aktuellen Behandlungsplan beziehen, sollten objektiv und kritisch bewertet werden, um Hindernisse zu identifizieren, realistische Ziele und Vorhaben zu klären oder festzulegen und um mögliche Alternativen auszumachen.

(2) Planer (Planner)

(a) Der Case Manager arbeitet mit dem Klienten/der Familie, um einen Behandlungsplan zu erstellen, der das Fortkommen des Klienten fördert und die Verpflichtungen des Zahlers beschränkt.

(b) Der Planungsprozess bezieht den Klienten/die Familie als diejenigen ein, die vorrangig Entscheidungen treffen und Ziele setzen.

(c) Für jeden Schritt im Prozess werden Kontingenzpläne einbezogen, die Komplikationen der Behandlung und der Dienstleistung vorwegnehmen.

(d) Der Case Manager beginnt Modifikationen des Plans und setzt sie um, wenn diese bei der Überwachung und Neubeurteilung notwendig werden, um Veränderungen in der Behandlung und in den Fortschritten zu erreichen.

(3) Förderer (Facilitator)

(a) Der Case Manager leistet aktiv der Kommunikation zwischen allen Teammitgliedern, dem Klienten, der Familie, dem Dienstleister und allen involvierten Parteien Vorschub.

(b) Die Zusammenarbeit zwischen dem Klienten und dem Gesundheitsteam wird um maximaler Ergebnisse willen gesteigert.

(c) Der gesundheitliche Versorgungsprozess wird auf den Fokus der besten Behandlung oder des besten Zugangs für den Klienten ausgerichtet, so dass unnötige Schritte vermieden oder ausgemerzt werden und eine rechtzeitige Versorgung und Ressourcennutzung begünstigt wird. Dies wird durch Koordination der Leistungserbringung erreicht.

(4) Anwalt (Advocate)

(a) Die individuellen Bedarfe und Ziele des Klienten werden während des ganzen Case Management-Prozesses berücksichtigt. Der Klient wird unterstützt und unterrichtet, um bestärkt und mit Selbstvertrauen seine Angelegenheiten vertreten zu können.

(b) Auf den Konsens aller Beteiligten wird hingearbeitet, um ein optimales Resultat zu erreichen.

(c) Frühzeitige Überweisung wird gefördert, um eine optimale Versorgung und eine Kostenbegrenzung zu erreichen.

(d) Die Fürsprache des Case Managers bei der Beschaffung von Geldern, beim Finden von Behandlungsalternativen, bei der Terminierung und der Koordination von Gesundheitsleistungen und eine mehrmalige Neubewertung der Fortschritte und Zielsetzungen erfolgt im wohlverstandenen Interesse des Klienten.

b. Settings für Case Management-Dienste

(a) Acute Care Hospitals

(b) Corporations

- *Public Insurance, i.e., Medicaid, Medicare*
- *Private Insurance, i.e., Long-Term Care, Disability, Liability, Casualty, Auto, Accident and Health*
- *Managed Care Organizations, including HMOs*
- *Independent Case Management Companies*
- *Government-Sponsored Programs, i.e., MCH, CSHCN*
- *Provider Agencies and Facilities, i.e., Mental Health, Home Health, etc.*

c. Beziehungen zum Klienten

Zu der Klientel, der Case Management zugute kommt, gehören eine Vielzahl von Gruppen, darunter Individuen in der akuten Krankheitsphase oder mit chronischen Zuständen. Case Management-Dienste werden nur für diejenigen geleistet, die einverstanden sind. Die Beziehung des Case Managers zum Klienten bleibt den ganzen Prozess hindurch eine objektive und schließt eigene oder besondere Interessen aus. Eine frühzeitige Überweisung an das Case Management ist der beste Weg für einen Prozess, der einer fragmentierten Versorgung begegnen, die Qualität der Versorgung verbessern und eine Eindämmung der Kosten erreichen soll.

→ Der Case Manager

(a) vertritt auch eine klare Perspektive in der Vermittlung von Information, um vorgesehene Ziele zu erreichen.
(b) lässt eine Beziehung der Zusammenarbeit wachsen, um die Fähigkeiten des Klienten zu maximieren, informierte Entscheidungen zu treffen.
(c) rückt die funktionale Einheit von Klient, Familie und bedeutsamen anderen in den Mittelpunkt.

2. Darlegung von Absichten und Zielen von Case Management

a. Absichten

(1) Objektivität und Information einbringen, wo sie fehlt.
(2) Effizienz maximieren durch Nutzung vorhandener Ressourcen.
(3) Kooperation üben mit Patient, Arzt, Familie, bedeutsamen anderen, um einen Versorgungsplan umzusetzen, der den individuellen Bedarf deckt.
(4) Beförderung der optimalen Verwendung der Gelder für Gesundheit durch eine effektive und effiziente Nutzung von Ressourcen.

b. Ziele

(a) Durch frühzeitiges Assessment sichern, dass Dienstleistungen rechtzeitig und auf kostenwirksame Weise erbracht werden.
(b) Klienten assistieren, dass sie ein optimales Niveau von Wohlbefinden und Funktionstüchtigkeit durch rechtzeitige und angemessene gesundheitliche Dienstleistungen erreichen.
(c) Klienten bei einer angemessenen Selbstsorge, Selbstvertretung und eigenen Entscheidungen, soweit möglich, assistieren.
(d) Kostenwirksamkeit in der Erbringung von gesundheitlichen Dienstleistungen wahren.
(e) Angemessen mit Geldern aus Ansprüchen umgehen und Ansprüche rechtzeitig erheben.
(f) Förderung der Produktivität von Beschäftigten, ihrer Zufriedenheit und bei Eignung ihres Verbleibs.

179

II. VERSORGUNGSSTANDARDS

A. Assessment/Fallidentifikation und Auswahl

Der erste Schritt im Case Management-Prozess besteht in der Abschätzung der Notwendigkeit für einen Case Manager zu handeln, indem relevante Daten gesammelt und kritisch und objektiv beurteilt werden.

Richtkriterien: Der Case Manager wird

(1) proaktive Anzeichen (nach Kriterien bezüglich Diagnose, Komplikationen oder Kosten) auswerten, um potentielle Klienten herauszufinden, die für eine effektive Intervention im Case Management geeignet sind.
(2) sich, anwaltlich und bildend tätig für den Klienten, des Auftrags für ein Case Management oder des Einverständnisses seitens des Empfängers von Dienstleistungen versichern.
(3) eine gründliche und objektive Evaluation des gegenwärtigen Status des Klienten vornehmen, einschließlich einer Situationsanalyse und eines funktionalen Assessments, das eine Vielzahl von Elementen abdeckt – wie

(a) Gründe für den Eintritt in das System
(b) physische
(c) psychosoziale
(d) umgebungsbezogene
(e) spirituelle
(f) finanzielle
(g) berufliche
(h) hausärztliche
(i) Lernfähigkeiten / Selbstsorge
(j) Aussichten gemäß Gesundheitsstatus
(k) Möglichkeiten der Reintegration in der Gemeinde.

(4) die Ressourcennutzung einschätzen und die Kosten, sich um die Diagnose, frühere und gegenwärtig laufende Behandlungen und Leistungen, um die Prognose, Ziele (kurz- und langfristige) und Optionen der Behandlung und von Leistungserbringern kümmern.

B. Problemidentifikation

Unter Benutzung objektiver Daten, die er durch ein sorgfältiges Assessment und eine Prüfung des Potentials für ein effektives Handeln gewonnen hat, wählt der Case Manager ein Fallpensum aus, das den praktischen Gegebenheiten und Verläufen entspricht, in denen der Erfolg für den Klienten positiv beeinflusst werden kann.

Richtkriterien: Der Case Manager identifiziert Gelegenheiten für sein Handeln, darunter

(a) Überbeanspruchung von Diensten oder Gebrauch einer Vielzahl von Versorgern/Dienststellen,
(b) mangelnde Nutzung von Diensten,
(c) vorzeitige Lösung aus nötiger Versorgung,
(d) unangemessene medizinische Behandlung oder nicht in der richtigen Einrichtung,
(e) Erhalt einer unwirksamen Behandlung,
(f) ständige oder zeitweise Funktionsstörungen,
(g) Arbeitsunfall / Ausfall von Arbeitszeit,
(h) medizinische / psychologische / funktionale Komplikation,
(i) mangelnde Unterrichtung über den Krankheitsverlauf,

(j) mangelnde Entschlossenheit zu einer Behandlung,

(k) Fehlen eines fest verabredeten Behandlungsplans mit spezifischen Zielen,

(l) Mangel an finanzieller Unterstützung,

(m) keine Folgebereitschaft (compliance).

Der Case Manager übernimmt auch eine Rolle in der Bestimmung des Versorgungsmusters, in dem ein Klient in ein Case Management einbezogen wird. Zu dieser Rolle kann gehören, dass der Case Manager an der Analyse von Versorgungsmustern im Fortgang einer schweren Krankheit beteiligt wird.

C. Planung

Der Case Management-Plan identifiziert sowohl unmittelbare, kurzfristige und fortdauernde Bedarfe als auch, wo und wie diese Versorgungsbedarfe gedeckt werden können. Der Case Management-Plan setzt Ziele und einen Zeitrahmen für das Erreichen von Zielen, die für das Individuum, seine Familie geeignet und mit dem Klienten/der Familie verabredet sind. Die Planung sichert, dass Geldmittel und/oder Ressourcen im Gemeinwesen vorhanden sind, um den Plan umsetzen zu können.

Richtkriterien: Der Case Manager beweist (1) seine Fähigkeit, durch Interviews, Forschung und auf andere Weise die Information zusammenzutragen, um eine sachliche Basis für die Formulierung eines Plans zu haben.

(2) Kenntnis und Verstehen in Hinblick auf die Diagnose, die Prognose, den Versorgungsbedarf des Klienten und die Zielsetzungen des Behandlungs-/Versorgungsplans.

(3) Einsicht in Kostenbegrenzungs-Strategien, ungeachtet der Grenzen, die den Leistungsbezügen des Klienten gesetzt sind.

(4) Befähigung, Situationen kritisch daraufhin zu analysieren, welche Hindernisse der Zielerreichung im Wege stehen.

D. Monitoring

Der Case Manager verwendet ein Verfahren der Prüfung, Regulierung und Dokumentation der Versorgungsqualität, der Dienstleistungen und Produkte, die der Klient erhält, um festzustellen, ob die Ziele des Versorgungsplans erreicht werden oder ob diese Ziele weiterhin angemessen sind und realistisch bleiben.

Richtkriterien: Der Case Manager hält (1) die Verbindung und Kommunikation mit dem Klienten und der Familie aufrecht, so dass über die Erbringung der Gesundheitsleistungen und Produkte in Hinblick auf die Zielsetzungen und Ergebniserwartungen des Versorgungsplans wichtige Informationen erfasst werden.

(2) eine professionelle Verbindung und Kommunikation mit den Angehörigen des Behandlungsteams aufrecht, so daß der Versorgungsplan objektiv diskutiert werden kann, Probleme identifiziert werden und bei Bedarf Anpassungen des Planes vorgenommen werden können.

(3) eine reguläre Kommunikation zum Zweck der Qualitätssicherung mit allen Erbringern von Leistungen und Produkten aufrecht. Er stellt fest, dass die Ziele des Versorgungsplans angemessen, verstanden, dokumentiert und abgedeckt sind. Er unterrichtet die Leistungserbringer über Anpassungen und Revisionen des Versorgungsplans.

(4) Er gleicht den Krankheitsverlauf des Klienten mit einem eingeführten Behandlungspfad ab, um Abweichungen festzustellen.

E. Evaluieren

Der Case Manager benutzt Verfahren, welche die Reaktion des Klienten auf die gesundheitlichen Dienstleistungen und Produkte zu messen gestatten. Ebenso misst er die Effektivität/Notwendigkeit/Wirksamkeit des Versorgungsplans selbst und die Qualität der Dienstleistungen und Produkte von Erbringern.

Richtkriterien: Der Case Manager
(1) führt routinemäßig eine umfassende und unabhängige Einschätzung des Status und der Fortschritte des Klienten durch, die er in Richtung auf die im Versorgungsplan gesetzten Ziele macht.
(2) Wenn die Situation gleichbleibt oder sich verschlechtert, stellt der Case Manager die Gründe dafür fest und leitet angemessene Anpassungen des Versorgungsplans, bei den Leistungserbringern und/oder den Diensten in die Wege, um bessere Resultate zu erreichen.
(3) Ist ein terminaler Ausgang der Versorgung zu befürchten oder abzusehen, richtet der Case Manager seine Anstrengungen darauf, eine stabile Umgebung für den Klienten und die Familie zu erhalten.

F. Auswirkungen (Outcomes)

Case Management ist ein zielgerichteter Prozess. Der Case Manager identifiziert und koordiniert Veränderungen im praktischen Vorgehen und in den Behandlungsplänen, um die angemessene Versorgung und kosteneffektive Ergebnisse zu gewährleisten.

Richtkriterien: Der Case Manager
(1) identifiziert Case Management-Ziele, die bei Nutzung geeigneter Ressourcen auf dem erforderlichen Leistungsniveau den Bedarf des Klienten treffen.
(2) stellt Case Management-Ziele auf, die der Evaluation der Kosten und der Ergebnisqualität der erbrachten Versorgung Vorschub leisten.
(3) plant mit dem Klienten/der Familie einen zielorientierten Versorgungsprozess, wobei der Behandlungsplan analysiert und darauf gerichtet wird, dass der Klient Gesundheit, Wohlsein, Anpassung und/oder Habilitation erreicht.
(4) berichtet über quantifizierbare Wirkungen, über Versorgungsqualität und/oder Verbesserungen der Lebensqualität, gemessen an den Case Management-Zielen.
(5) richtet sich darauf ein, Rechenschaft über die Versorgungsqualität und die Kosten oder den Ertrag für die Klienten in Übereinstimmung mit den Erwartungen des Zahlers, des Erbringers und des Konsumenten abzulegen.
(6) empfiehlt nach Evaluation der Versorgungsqualität eines Erbringers und seiner Fähigkeit, den Bedarf eines Klienten zu decken, Überweisungen an Leistungserbringer.

III. LEISTUNGSSTANDARDS

A. Versorgungsqualität

Die Güte von Case Management besteht in einem geeigneten, rechtzeitigen und zuträglichen Dienst, der die Qualität und kostenwirksame Resultate der Gesundheitsversorgung verbessert.

Richtkriterien: Der Case Manager

(1) hält sich in seiner Arbeit an die festgelegten Standards im Case Management und in der Fachdisziplin, der er angehört.

(2) nutzt Daten der Evaluation und Outcome-Daten, um die gerade betriebenen Case Management-Dienste zu verbessern.

(3) evaluiert kontinuierlich und wiederholt die Case Management-Dienste und die Auswirkungen beim Klienten auf individueller oder auf einer Aggregat-Basis.

(4) bringt den Ertrag der gesundheitlichen Versorgung im Einklang mit der gegenwärtig anerkannten klinischen Praxis voran.

(5) hält sich an den ethischen Code des Berufes, dem er angehört.

(6) arbeitet in Übereinstimmung mit relevanten Rechtsnormen des Bundes und des Einzelstaats und mit den jeweils zutreffenden Erfordernissen des Refinanzierungssystems.

B. Schulung/Vorbereitung/
   Zertifizierungs-Qualifikationen

Case Management erfordert einen Berufsnachweis, Schulung und Erfahrung.

Richtkriterien: Der Case Manager

(1) besitzt eine berufliche Lizenz oder ein nationales Zertifikat in einem Gesundheits- oder Sozialberuf oder in beiden.

(2) hat ein Bakkalaureat oder ein höheres Bildungsprogramm für Fachkräfte in Gesundheits- oder Sozialdienst abgeschlossen.

(3) hat ein spezifisches Training abgeschlossen und besitzt mindestens zwei Jahre Erfahrung mit dem gesundheitlichen Bedarf der zu versorgenden Klientel.

(4) weist Wissen darüber nach, wo Gesundheit, soziale Dienste und Finanzierungen zu finden sind.

(5) bildet sich ständig zugunsten seiner beruflichen und Case Management-Lizenz fort.

(6) arbeitet auf eine Zertifizierung in Case Management hin und hält sie aufrecht.

C. Zusammenarbeit

Die Rolle des Case Managers verlangt kooperative, proaktive und patientzentrierte Beziehungen, in denen sich für den Klienten der Ertrag der gesundheitlichen Versorgung fördern und maximieren lassen.

Richtkriterien: Der Case Manager

(1) schafft eine angemessene Kooperation mit allen Angehörigen eines interdisziplinären Teams vor Umsetzung eines Aktionsplans.

(2) rückt die Resultate für den Klienten / die Familie in den Vordergrund.

(3) setzt mit den Angehörigen des Teams der gesundheitlichen Versorgung Kommunikation und Führungsvermögen ein, um maximale Ergebnisse für den Klienten zu erreichen.

(4) beweist Kreativität, Fürsorge, Ausgeglichenheit und Engagement für das Individuum, das versorgt wird.

(5) weiß Bescheid und kennt sich aus in Blick auf die Rollen und Fähigkeiten der verschiedenen Berufsgruppen und erkundet deren Ressourcen, um sie nach Typ und Qualität zu bestimmen.

D. Recht

Der Case Manager handelt in Übereinstimmung mit anzuwendenden Gesetzen.

Richtkriterien: Der Case Manager

(1) besitzt eine gesundheitsberufliche Lizenz, die ihn dazu anhält, in Übereinstimmung mit anzuwendenden Gesetzen zu handeln. Er ist über den rechtlichen Rah-

men der Praxis verschiedener Versorger im Gesundheitswesen unterrichtet.

(2) ist über die Gesetze und Verfahren unterrichtet, die den Vertrauensschutz des Klienten und die Weitergabe von Informationen betreffen, und handelt entsprechend.

(3) ist über den *Americans with Disabilities Act* und andere bundes- und einzelstaatliche Gesetze unterrichtet, welche die Rechte des Klienten schützen, sowie über das Tarifrecht, soweit anwendbar auf die Praxis des Case Managers, und handelt entsprechend.

(4) ist unterrichtet über die rechtlichen Anforderungen bei Mitteilungen über Missbrauch und handelt entsprechend.

(5) ist über die rechtlichen Grundsätze von Einverständniserklärungen, Bevollmächtigungen (die Vollmachten eines Anwalts in Belangen der Gesundheit) und die neuesten medizinischen Maßregeln unterrichtet und handelt entsprechend.

(6) sucht nach geeigneten Ressourcen zur Lösung rechtlicher Probleme.

(7) ist über finanzielle Leistungen und Beihilfen und über die Leistungsverwaltung unterrichtet.

(8) erbringt Dienstleistungen in dem Rahmen, der von der Gemeinschaft und den publizierten Praxisstandards gesteckt ist.

E. Ethik

Der Case Manager lässt sich in der Praxis von ethischen Prinzipien leiten.

Richtkriterien: Der Case Manager

(1) leistet seinen Dienst mit Respekt vor der Autonomie, der Würde, der Privatsphäre und den Rechten des Individuums.

(2) handelt anwaltlich für den Klienten mit dem Ziel, dass der einzelne über Informationen für eine informierte Entscheidung in Gesundheitsfragen verfügt.

(3) respektiert das individuelle Recht auf Privatheit durch vernünftigen Gebrauch nur derjenigen Information, die für die individuelle Versorgung erforderlich und rechtlich zulässig ist.

(4) sucht nach geeigneten Ressourcen und Beratung, die bei der Formulierung ethischer Entscheidungen helfen.

F. Anwaltschaft

Der Case Manager konzentriert sich auf den Klienten und seine Familie. Der Case Manager wird sich auf der Ebene der Leistungserbringung und auf der Ebene politischer Entscheidungen anwaltlich für den Klienten/für die Familie einsetzen.

Richtkriterien: Der Case Manager

(1) stellt eine effektive Arbeitsbeziehung zum Klienten/zur Familie, zum Dienstleister und Zahler her.

(2) regt die Entschlusskraft, die Unabhängigkeit, das Wachstum und die Entwicklung des Klienten/der Familie an.

(3) schult den Klienten/die Familie und unterstützt eine Hinwendung zu mehr Selbstsorge.

(4) schult und assistiert bei einem leichteren Zugang des Klienten/der Familie zu notwendigen und geeigneten Gesundheits- und Sozialdiensten.

(5) leistet Fürsprache für Klienten mit einem langfristigen Versorgungsbedarf bei lokalen und staatlichen Behörden. Dazu

(a) wirkt er als Mitglied in relevanten Berufsorganisationen,

(b) macht er sich kundig in neuen gesetzlichen Regelungen und politischen Vorhaben, welche die Versorgung von Klienten und die Praxis des Case Managements berühren,

(c) nimmt er aktiv teil an der Veränderung der Politik und der Gesetze, soweit sie der gesundheitlichen Versorgung und ihrer Finanzierung abträglich sind.

G. Ressourcen-Nutzung

Der Case Manager bezieht Gesichtspunkte der Qualität, Sicherung, Effizienz und Kostenwirksamkeit in die Planung, Erbringung, Überwachung und Evaluation der gesundheitlichen Versorgung ein.

Richtkriterien: Der Case Manager
(1) evaluiert bei Erstellung eines Plans zur laufenden Bedarfsdeckung die Sicherung, die Wirksamkeit, die Kosten und potentielle Ergebnisse der Versorgung.
(2) verschafft, vermittelt und/oder liefert eine Versorgung, die auf den andauernden gesundheitlichen Bedarf des Klienten und auf der Befähigung, dem Wissen und dem Können von Gesundheits- und Sozialdiensten gründet.
(3) verknüpft nach Verabredung den Klienten/die Familie mit den am besten geeigneten Ressourcen im Gemeinwesen und von Einrichtungen und setzt sich für die Entwicklung neuer Ressourcen ein, wenn Mängel im Leistungsangebot existieren.
(4) besorgt und koordiniert gesundheitliche Dienstleistungen. Überwacht und evaluiert diese Dienstleistungen in Verlaufsberichten, auch zur Eignung, zur Refinanzierung und zur Zusammenarbeit mit anderen professionellen Dienstleistern.
(5) fördert den effektivsten und effizientesten Gebrauch menschlicher und finanzieller Ressourcen.

H. Forschung

Der Case Manager gründet seine Praxis auf stichhaltige Forschungsbefunde und insbesondere auf Pläne und Interventionen, die Resultate von hoher Qualität und Kostenwirksamkeit versprechen.

Richtkriterien: Der Case Manager
(1) wendet Verfahren an, die durch Forschung begründet sind und die dem vorliegenden Versorgungsbedarf des Klienten, seiner Erziehung, seiner Umgebung, seiner Familie und dem Netz der Unterstützung im Gemeinwesen angemessen sind.
(2) beteiligt sich an Forschungsaktivitäten, die dem Kontext der Praxis entsprechen und in die Ausbildung für sie passen. Zu solchen Aktivitäten können gehören
(a) der Entwurf und/oder die Anwendung von Mitteln der Datenerhebung in der jeweiligen Praxis,
(b) das Herausfinden von klinischen/sozialen Aufgaben, die geeignet sind, die Praxis von Case Management voranzubringen oder zu unterstützen,
(c) die Beteiligung an der Erhebung von Daten, speziell von Erfolgsdaten,
(d) gemeinsame Forschungsaktivitäten mit anderen,
(e) die Durchführung von Forschung, selbständig oder in Zusammenarbeit mit anderen,
(f) die Auswertung von Forschungsliteratur zur Anwendung in der Praxis von Case Management,
(g) die Nutzung von geeigneten Forschungsergebnissen für die Entwicklung von Konzepten, Verfahren und Richtlinien für eine kostenwirksame und qualitativ anspruchsvolle Klientenversorgung.

IV. DEFINITIONEN

Die Definitionen, die in den CMSA Standards der Praxis von Case Management enthalten sind, stimmen mit denjenigen überein, die von der *American Nurses Association* in den *Standards of Clinical Nursing Practice* (ANA 1991) veröffentlicht worden sind.

(Es folgt die Definition von Standards der ANA).

6. Einsatzgebiete von Case Management

Ganzheitlichkeit und Integration sind Prinzipien des Vorgehens im Case Management. Gerichtet auf die Bewältigung von Problemen, die Menschen in ihrer Lage haben, und der Aufgaben von Humandiensten bei dieser Bewältigung, stellt es kein spezialisiertes Fachgebiet neben, über oder unter anderen Fachgebieten dar. Das Case Management überschreitet in der Praxis die Grenzen herkömmlich disziplinär und professionell abgegrenzten Handelns. Deshalb hält sich die folgende Beschreibung von Case Management in einzelnen Arbeitsfeldern der Pflege, der Jugend- und Sozialhilfe und der Medizin nicht an gewohnte berufliche Aufgabenzuweisungen. Die neuen Muster des koordinierten und interdisziplinären Arbeitens befinden sich in der Entwicklung; abschließend beurteilt können sie noch nicht werden. In den letzten Jahren sind im Zuge von Reformen im Sozial- und Gesundheitswesen weitere Einsatzgebiete des Verfahrens hinzugekommen. Die Darstellung von Anwendungen von Case Management in einzelnen Humandiensten beansprucht deshalb auch keineswegs Vollständigkeit und ist eher exemplarisch zu verstehen.

6.1. CASE MANAGEMENT IN DER PFLEGE

Die Arbeitsweise Case Management findet seit den 1980er Jahren in der amerikanischen *Krankenpflege* in wachsendem Maße Verwendung. Pflegefachkräfte nehmen dort sowohl in der stationären Krankenbehandlung als auch in der ambulanten Krankenversorgung ihre Zuständigkeit für die Organisation und den Ablauf der Pflege wahr. *Nursing Case Management* beansprucht eine führende Rolle im Pflegeprozess und in der Zusammenarbeit aller daran Beteiligten. Es wird als eine (Leitungs-)Funktion aufgefasst und als ein komplexer Vorgang. Es beschreibt das Programm in diesem Prozess. Wird der Pflegeprozess als „systematischer Ansatz" mit den Schritten Einschätzung, Planung, Durchführung, Überprüfung und Dokumentation verstanden, „um die Probleme eines Patienten zu erkennen und Pflegehandlungen zur Lösung dieser Probleme in Gang zu setzen" (Brobst et al. 1997: 17), dann kommt er als ganzer dem Case Management gleich.

Nursing Case Management

187

Die Neigung in der beruflichen Pflege, es sich anzueignen, wird auch dadurch verstärkt, dass es gut zur fortgeschrittenen Theorie der Pflege passt, insbesondere zum Ansatz von Dorothea Orem mit der systematischen Beziehung von fachlicher Pflege und ihrer Organisation auf Selbstpflege und Angehörigenpflege (Cavanagh 1995; Orem 1996).

Von Virginia Del Togno-Armanasco u. a. (1993) wird *Nursing Case Management* als ein kooperatives Versorgungsmodell beschrieben, in dem fallbezogen eine zweckmäßige und kontrollierte Verknüpfung und Pflegequalität und Pflegekosten erreicht wird durch

„– einen standardisierten, angemessenen Einsatz von Ressourcen (Diensten und Behandlungen) innerhalb einer angemessenen Aufenthaltsdauer bei einer planmäßigen Patientenversorgung gemäß einer Pflegekategorie und einer bestimmten Zeiteinteilung,
– Aufrechterhaltung der Qualität des Pflegeprozesses gemäß der für eine Patientengruppe vorzusehenden Versorgung, der Eingangsdiagnose und mit einer Evaluation der ganzen Prozessqualität bei der Entlassung,
– Beförderung einer kooperativen Team-Praxis über Disziplingrenzen hinweg,
– Beförderung eines koordinierten Pflegeverlaufs während der Dauer einer Erkrankung (von vor Aufnahme bis nach der Entlassung) mit einer aktiven Einbeziehung des Patienten und seiner Familie in den Pflegeprozess,
– Beförderung der Zufriedenheit und der Fruchtbarkeit in der Arbeit von Pflegepersonen, Intensivierung der Zufriedenheit von Patient und Arzt mit der Pflege und Minimierung der Kosten." (Del Togno-Armanasco/Hopkin/Harter 1993: 1)

Über-
leitungs-
pflege

Mit dem Case Management lassen sich Arrangements zwischen stationärer und ambulanter Versorgung treffen. Pflegebedürftigkeit tritt oft während einer Akutbehandlung im Krankenhaus hervor, so dass man dort die Möglichkeiten häuslicher Pflege prüfen muss, soll die Verlegung in ein Pflegeheim vermieden werden. Andererseits ist eine ambulante Betreuung in kritischen Momenten überfordert, so dass öfter zwischen extramuraler und intramuraler Versorgung gewechselt werden muss. Der Übergang verlangt eine sorgfältige Abstimmung, Planung und Überwachung. Diese Managementaufgabe wird immer öfter von der sogenannten *„Überleitungspflege"* wahrgenommen. Krankenhäuser beschäftigen Überleitungspfleger oder „Brückenschwestern" auch, um ihre Patienten möglichst frühzeitig entlassen zu können. Zu regeln sind dabei die Koordination von Behandlungspflege, Grundpflege und/oder hauswirtschaftlicher Unterstützung, zu klären Fragen der Umgestaltung der Wohnung, informeller Hilfe, Finanzierungsfragen (zu den Problemen der Überleitungspflege siehe: Schaeffer/Moers 1994).

Auf die Gestaltung der britischen Gemeindepflege (*community care*) ist im ersten Teil dieses Buch bereits ausführlich eingegangen worden, so dass hier auf eine Darstellung verzichtet werden kann (siehe Knapp et al. 1992; Seed/Kaye 1994; Challis/Davies/Traske 1994; Phillips/ Penhale 1996).

In der *Altenpflege* erlaubt die Einführung von Case Management den Übergang von der „pflegerischen Versorgung zu hilfreichen Arrangements", in denen das formelle und informelle Hilfesystem verknüpft werden (Evers/Olk 1996: 347ff.). Soziale und gesundheitliche Hilfen sind zu integrieren (Blosser-Reisen 1997). In Europa haben sich in den vergangenen Jahren verschiedene Formen entwickelt, in denen eine entsprechende Steuerung der Versorgung mit Erfolg praktiziert wird (Engel/Engels 1999, 2000; Wissert 2005; Mennemann/Ribbert-Elias 2005). Die meisten pflegebedürftigen Menschen werden nicht stationär von Fachkräften gepflegt, sondern in ihrer häuslichen Umgebung von Angehörigen, ohne oder mit formeller Unterstützung durch ambulante Dienste (unter Einbeziehung teilstationärer und zeitweiser stationärer Versorgung bei Bedarf). Für das Case Management in der Altenhilfe besteht eine Hauptaufgabe in der Abstimmung professioneller Dienstleistungen mit dem informellen Hilfesystem, also mit der Selbstpflege der Leistungsnehmer und mit der Angehörigenpflege. Diese Abstimmung ist Sache des Assessments, der Zielvereinbarung und Hilfeplanung sowie der Pflegeplanung, der kontrollierten Durchführung (Koordination und Kooperation) und der Evaluation.

Altenpflege

Die formelle Häusliche Pflege geht in ein *Alltagsmanagement* über. Das heißt, die von fachlicher Seite angebotene Unterstützung wird in die Bewältigungsweise selbstständigen Lebens und Haushaltens eingefügt. Beigetragen wird mit Hilfestellungen unterschiedlicher fachlicher Provenienz zur alltäglichen Lebensführung. Sie wiederum muss bei andauernder Krankheit oder Behinderungen an Erfordernisse der Behandlung und Versorgung angepasst werden.

Alltags-management

In einem positiven Verständnis von Pflege schließt sie *Rehabilitation* ein. Insbesondere dann, wenn nach einem Krankenhausaufenthalt die ambulante Pflege zu einer wieder selbstständigen Lebensführung beitragen soll. Case Management organisiert hier die Abstimmung der Unterstützung auf die Bewältigung des Alltags in der häuslichen Umgebung. Praktiziert wird eine derartige ambulante Rehabilitation

Koordinierungsstellen älterer Menschen in den Berliner *Koordinierungsstellen* (Klein 1996; Langehennig 1996b; Wissert u.a. 1996). Ihre erste Aufgabe besteht darin, Heimunterbringungen durch ein Arrangement von Hilfen beim selbstständigen Wohnen zu vermeiden. Die Unterstützungsmanager in den Koordinierungsstellen erheben im Assessment den individuellen Bedarf, indem sie die gesundheitliche Situation, die soziale Einbindung, Kompetenzen, Motivation, Selbsterleben, die Wohnsituation, die wirtschaftliche Lage und die Ausstattung mit Hilfsmitteln feststellen (Wissert u.a. 1996: 141), betreiben eine Hilfeplanung, eröffnen den Zugang zu den Hilfen, koordinieren den Einsatz von Diensten, kontrollieren und evaluieren die Leistungserbringung und den Erfolg (Langehennig 1996 b: 235). Je nach Problemlage wird die Altersrehabilitation unterschiedlich arrangiert (siehe die Falldarstellungen bei: Seidel/Grabow/Schultze 1996: 152ff.). Die Unterstützungsmanager sind aber auch auf der institutionellen Ebene der Versorgung für eine bessere Kommunikation und Zusammenarbeit der Dienste und Einrichtungen der Altenhilfe tätig.

IAV-Stellen Teilweise findet das Case Management Anwendung in Institutionen der Pflegeberatung. Hier sind in erster Linie die baden-württembergischen *Informations-, Anlauf- und Vermittlungsstellen (IAV-Stellen)* zu nennen. Die ihnen verordneten Aufgaben sind:

(a) umfassende Information des Bürgers über die im Versorgungsbereich vorhandenen Hilfeangebote,
(b) Anlaufstelle für hilfesuchende Bürger und Entgegennahme von Hilfeanforderungen im Einzelfall,
(c) erste Abklärung des Hilfebedarfs,
(d) auf Wunsch von Hilfesuchenden die Vermittlung der im Einzelfall erforderlichen Hilfen.

Diese Aufgaben konzentrieren das Case Management auf die Klärung der Situation, die Einschätzung des Bedarfs und die Hilfeplanung. Ihre Position als Clearingstelle an der Schwelle zum Dienstleistungssystem können die IAV-Stellen allerdings nur dann voll ausnutzen, wenn

190

ihre Zuständigkeit nicht von den Anbietern von Pflege beschnitten wird (siehe Abschnitt 5.1.). Die Koordination von individueller Selbstbesorgung, Angehörigenpflege, anderer informeller Unterstützung und formellen Diensten ist eine selbstständige professionelle Aufgabe, in der vor allem Balance gehalten werden muss. Als verlängerter Arm der Dienstleister können IAV-Stellen diesen Balanceakt schwerlich ausführen (Wendt 1993).

Eingebettet in eine vernetzte Struktur hat sich in den letzten Jahren die Pflege- und Wohnberatung in der Stadt Ahlen in Westfalen bewährt. Da die verschiedenen örtlichen Anbieter und ihre Träger im „Ahlener System" mitwirken, kann die Beratungsstelle Ansprechpartner sowohl für Pflegebedürftige und ihre Angehörigen als auch für die Dienste sein und „rund um die Pflege" Hilfen erschließen und arrangieren und auf der Organisationsebene auch Planungs- und Entwicklungsarbeit leisten. Das seit 1993 geförderte Modellprojekt ist auch dazu da, die Effektivität und Effizienz seines Case Managements zu evaluieren (Mennemann/Ribbert-Elias 2005, Mennmann 2006).

Selbstständiger kann vom Medizinsystem aus agiert werden. Nach einem längeren Krankenhausaufenthalt läßt sich eine ambulante Rehabilitation auch durch einen Arzt arrangieren, der dabei im Sinne eines Case Managements verfährt und verschiedene Fachdienste beizieht. Es gibt Modellprojekte *„Ambulante geriatrische Rehabilitation"* der Krankenkassen und der Kassenärztlichen Vereinigungen (in Baden-Württemberg), wobei unter aktiver Mitwirkung der Rehabilitanden eine wohnortnahe Versorgung arrangiert wird. Der verantwortliche Arzt legt die individuellen Rehabilitationsziele fest, übernimmt die Planung und die Koordination der medizinischen und nichtmedizinischen Maßnahmen und kontrolliert den Verlauf. Als Zeitdauer sind in diesem Projekt 20 bis 50 Tage vorgesehen.

Geriatrie

LITERATUREMPFEHLUNGEN ZUM CASE MANAGEMENT IN DER PFLEGE UND ALTENHILFE

Applebaum, Robert/Austin, Carol 1990: Long-Term Care Case Management. Design and Evaluation. New York: Springer
Die Versorgung bei dauernder Pflege (in den USA) wird in den Funktionen des Case Managements abgehandelt, wobei Gewicht auf die Qualitätssicherung und eine Wirkungsanalyse gelegt wird.

Blosser-Reisen, Lore (Hrsg.) 1997: Altern: Integration sozialer und gesundheitlicher Hilfen. Bern: Hans Huber
Von hauswirtschaftlicher Warte wird in die selbstständige Disposition über unterstützende und pflegerische Dienste, in Möglichkeiten der Rehabilitation und der Lebensbewältigung eingeführt.

Cohen, Elaine L./Cesta, Toni G. 1993: Nursing Case Management: From Concept to Evaluation. St. Louis: Mosby
Übersichtliche Einführung in das Case Management in der amerikanischen Krankenpflege.

Del Togno-Armanasco, Virginia/Hopkin, Lois A./Harter, Sue 1993: Collaborative Nursing Case Management. A Handbook for Development and Implementation. New York: Springer
Darstellung der Organisation von Case Management im Krankenhaus durch Pflegefachkräfte.

Engel, Heike/Engels, Dietrich (Bearb.) 1999: Case Management in verschiedenen nationalen Altenhilfesystemen. Schriftenreihe des BMFSFJ, Band 189.1. Stuttgart: Kohlhammer

Engel, Heike/Engels, Dietrich (Bearb.) 2000: Case Management – Erfahrungen aus neun Ländern. Materialband und Workshop-Diskussion. Schriftenreihe des BMFSFJ, Band 189.3. Stuttgart: Kohlhammer
Die Beiträge geben einen breiten Überblick über den Einsatz von Case Management zur Steuerung pflegerischer Versorgung alter Menschen in der Variation nationaler Regime.

Flarey, Dominick/Blancett, Suzanne Smith (eds.) 1996: Handbook for Nursing Case Management. Gaithersburg, MD: Aspen Publishers
Beiträge zum Verhältnis von Case Management und Managed Care in den USA, zur Entwicklung von Case Management in der Krankenpflege, zu klinischen Pfaden, zur Qualitätssicherung und Evaluation, zu finanziellen, rechtlichen und ethischen Fragen.

More, Phyllis K./Mandell, Sandy 1997: Nursing Case Management. An Evolving Practice. New York: McGraw-Hill
Einführender Text zur Entwicklung von Case Management in der Krankenpflege in den USA mit Betonung der Rolle professioneller Case Manager und der Nutzung verschiedener Ressourcen.

Newell, Michael 1996: Using Nursing Case Management to Improve Health Outcomes. Gaithersburg, MD: Aspen Publishers
Breit angelegte prozess- und systembezogene Erörterung des Case Managements in der stationären und ambulanten Krankenversorgung mit Falldarstellungen.
Phillips, Judith/Penhale, Bridget (eds.) 1996: Reviewing Care Management for Older People. London: Jessica Kingsley
Untersuchungen zur Bedarfsfeststellung, zur Stärkung der Nutzer und zu ihrer Beteiligung an der pflegerischen Versorgung nach der gesetzlichen Regelung in Großbritannien.
Quinn, Joan 1993: Successful Case Management in Long-Term Care. New York: Springer
Einführender Text zum Case Management in der Altenpflege mit Schwerpunkten im Assessment und in der Pflegeplanung.
Wissert, Michael u.a. 1996: Ambulante Rehabilitation alter Menschen. Beratungshilfen durch das Unterstützungsmanagement. Freiburg i.Br.: Lambertus
Nach dem Grundsatz „Rehabilitation vor Pflege" zeigen die Autoren die konzeptionellen und methodischen Möglichkeiten ambulanter Altersrehabilitation nach Erfahrungen in Berlin auf.

6.2. CASE MANAGEMENT IN DER REHABILITATION

Die im Abschnitt 6.1. beschriebene Altersrehabilitation erfolgt im Horizont der pflegerischen Versorgung. Eine Rückkehr ins Arbeitsleben ist nicht beabsichtigt. Wir sprechen dagegen von Rehabilitation in einem umfassenden Sinne, wenn die medizinischen, sozialen und beruflichen Seiten der Wiederbefähigung nach einer chronischen Erkrankung, einem Unfall oder bei einer Behinderung zusammen in Betracht gezogen werden. Die medizinische Rehabilitation, die berufliche Rehabilitation und die soziale Rehabilitation tragen partiell und in Beziehung aufeinander dazu bei, dass ein Rehabilitand wieder ein normales Leben führen kann. Der Gesetzgeber hat darauf hingewirkt, dass die Leistungsträger koordiniert vorgehen und dass für den Leistungsberechtigten eine *Servicestelle* (gemäß § 22 SGB IX) die Abstimmung im Nebeneinander und Nacheinander der Versorgung übernehmen kann. In der Praxis stößt ein Case Management seitens der Servicestellen allerdings auf hinhaltenden Widerstand der einzelnen Träger, die sich ihre Zuständigkeit nicht beschneiden lassen wollen.

Wenn es gut gehen soll, ist als interdisziplinäres Vorhaben der Prozess der Rehabilitation von Anfang an in Kooperation von Fachärzten, Psychologen, Physiotherapeuten, Ergotherapeuten, Pflegekräften und Sozialarbeitern zu organisieren. In das Assessment, die Planung und die Koordination des Vorgehens werden der Rehabilitand selber und Familienangehörige und gegebenenfalls der Betrieb, aus dem der Rehabilitand kommt und in den er wieder eingegliedert werden soll, einbezogen. Die Fallführung kann in einem Rehabilitationsteam abgesprochen und dann im Fortgang der Wiederherstellung erst von einem Arzt, dann von einem Ergotherapeuten oder von einem Sozialarbeiter übernommen werden.

Reha-
beratung

Case Management ist die Methode der Wahl auch für einen selbstständig arbeitenden *Rehabilitationsberater.* Er begleitet Klienten im Prozess ihrer Rehabilitation mit Information, koordinierenden Tätigkeiten, Fürsprache und Erfolgskontrolle (Roessler/Rubin 1992: 5ff.). Die Begleitung ist besonders bei einer länger andauernden Wiederherstellung angezeigt und wenn dabei sehr viele und verschiedene Aspekte im Verhalten des Rehabilitanden und in der medizinischen Versorgung, sozialen Unterstützung und bei der Rückkehr in das Arbeitsleben zu berücksichtigen sind.

Wie man die Wiedereingliederung in das Arbeitsleben als einen Prozess der Kooperation und Koordination betreiben kann, beschreibt Richard Pimentel (1995). Der Case Manager sorgt hier (erstens) für Kommunikation, (zweitens) für ein möglichst reibungsloses Zusammenspiel von medizinischer und sozialer Rehabilitation, (drittens) für ein planmäßiges Vorgehen, und er wirkt (viertens) als Fürsprecher des Rehabilitanden, insbesondere bei Verhandlungen mit Versicherungen und mit dem Arbeitgeber. Der Case Manager ist vermittelnd tätig; kennt die rechtlichen Regelungen, und er versorgt den Rehabilitanden mit Informationen über die Möglichkeiten der Wiedereingliederung. Beraten werden aber auch die Betriebe in der Gestaltung beruflicher

Arbeits-
assistenz

Rehabilitation. In diesem Sinne wirkt zum Beispiel in Franken die Fachberatung „Expertenunterstützte Beratung zur leistungsgerechten Beschäftigung behinderter Arbeitnehmer" (EBBA). In Kooperation mit der Hauptfürsorgestelle und dem Arbeitsamt hat das Beratungsteam „*Arbeitsassistenten*" vor Ort, welche die behinderten Beschäftigten am Arbeitsplatz betreuen, Trainingsmaßnahmen vorbereiten, für technische Hilfen sorgen und mit Behörden kommunizieren.

Für die Eingliederung arbeitsloser Schwerbehinderter in das Berufsle- Integrations-
ben gibt es in Deutschland insgesamt etwa 80 *Integrationsfachdienste*, fachdienst
die von den überörtlichen Trägern der Sozialhilfe mit ihren Hauptfür-
sorgestellen bzw. Integrationsämtern finanziert werden. Sie kümmern
sich besonders um schwierige Fälle, in denen zu der bestehenden
Behinderung psychische und soziale Probleme hinzukommen. Der
Integrationsfachdienst unterstützt und begleitet einzelne behinderte
Menschen bei ihrer Suche nach einem Arbeitsplatz und bei dessen
Sicherung. Dazu

(a) hält er Kontakt zu Betrieben, Anstellungsträgern und deren Mitarbeitern (Outreach),
(b) klärt er die persönlichen Fähigkeiten des Arbeitssuchenden
(Assessment),
(c) unterstützt er eine Bewerbung und bereitet eine Arbeitsaufnahme
vor (Planning),
(d) berät er bei Problemen am Arbeitsplatz und interveniert bei Krisen
(Monitoring),
(e) bewertet er mit den Beteiligten den Erfolg der Integration und die
Stabilisierung des Beschäftigungsverhältnisses (Evaluation).

Im Ganzen kommt es auch bei diesem Dienst auf ein koordiniertes
Vorgehen und auf eine gute Zusammenarbeit an.

Der Gesetzgeber hat 2004 mit dem § 84 Abs. 2 SGB IX den Arbeitge- Betriebliches
bern vorgeschrieben, für Mitarbeiter/innen, die innerhalb eines Jahres Ein-
länger als sechs Wochen ununterbrochen oder wiederholt arbeitsunfä- gliederungs-
hig sind, ein betriebliches Eingliederungsmanagement anzubieten. Mt management
ihm sollen Arbeitnehmer vor einem gesundheitsbedingten Ausscheiden aus dem Betrieb bewahrt, ihre Arbeitsfähigkeit trotz Krankheit
oder Behinderung erhalten und dem Eintritt einer Berufsunfähigkeit
vorgebeugt werden. Auf internationaler Ebene hat ein solches Programm 2001 der „Code of practice on managing disability in the work-
place" der Internationalen Arbeitsorganisation (ILO) angeregt. Einen
passenden Ansatz für die Praxis hat in Kanada das National Institute of
Disability Management and Research (NIDMAR) entwickelt.Soweit
der Betrieb nicht klein ist und deshalb nur in dem einen oder anderen
Einzelfall ein Eingliederungsbedarf besteht, muss vorbeugend und
kontinuierlich von der Geschäftsführung im Benehmen mit der Interessenvertretung der Beschäftigten die Aufgabe des *Disability Mana-*

gements wahrgenommen werden. Ein zu beauftragender Disability Manager kümmert sich dann bei Zustimmung des Betroffenen um die Möglichkeiten, wie die Arbeitsunfähigkeit überwunden werden und mit welchen Leistungen oder Hilfen erneuter Arbeitsunfähigkeit vorrgebeugt und der Arbeitsplatz erhalten werden kann. Das Handeln des Disability Managers kommt dem eines Case Managers gleich (Brader/ Faßmann u.a. 2004; Schmidt/Kessler 2006).

Bemerkenswert ist beim betrieblichen Eingliederungsmanagement ihr präventiver Charakter. Der Arbeitgeber ist gefordert, überindividuell vorzubeugen. Er „schaltet bei Eintreten von personen-, verhaltens- oder betriebsbedingten Schwierigkeiten im Arbeits- oder sonstigen Beschäftigungsverhältnis, die zur Gefährdung dieses Verhältnisses führen können," die Interessenvertretung der Beschäftigten sowie das Integrationsamt ein, „um mit ihnen alle Möglichkeiten und alle zur Verfügung stehenden Hilfen zur Beratung und mögliche finanzielle Leistungen zu erörtern, mit denen die Schwierigkeiten beseitigt und das Arbeits- oder sonstige Beschäftigungsverhältnis möglichst dauerhaft fortgesetzt werden kann" (§ 84 Abs. 1 SGB IX). Das „management of cases" beginnt im Betrieb bereits mit der proaktiven Ermittlung und Bereitstellung der erforderlichen Ressourcen, um *ability* zu erhalten und *disability* zu vermeiden.

LITERATUREMPFEHLUNGEN ZUM CASE MANAGEMENT IN DER REHABILITATION

Mehrhoff, F./Schönle, P. W. (Hrsg.) 2005: Betriebliches Eingliederungsmanagement. Leistungsfähigkeit von Mitarbeitern sichern. Stuttgart: Gentner

Pimentel, Richard 1995: The Return to Work Process. A Case Management Approach. Chatsworth, CA: Milt Wright
Eine Handreichung zur beruflichen Rehabilitation von behinderten Menschen durch Case Management mit dem Arbeitnehmer, den Ärzten, dem Arbeitgeber und Versicherern.

Roessler, Richard T./Rubin, Stamford E. 1992: Case Management and Rehabilitation Counseling. Procedures and Techniques. Second Edition. Austin, Texas: pro-ed
Ein früher Band zum Case Management in der medizinischen und beruflichen Rehabilitation, bezogen auf das Handeln von Rehabilitationsberatern.

Runge, Martin/Rehfeld, Gisela 1995: Geriatrische Rehabilitation im The-
rapeutischen Team. Stuttgart: Thieme
Kompakte Darstellung von Diagnostik und Assessment in der Geriatrie,
von Behandlungsmaßnahmen, einzelnen Krankheitsbildern und der
Rehabilitation.
Wissert, Michael, u.a. 1996: Ambulante Rehabilitation alter Menschen.
Beratungshilfen durch das Unterstützungsmanagement. Freiburg i.Br.:
Lambertus
Nach dem Grundsatz „Rehabilitation vor Pflege" zeigen die Autoren die
konzeptionellen und methodischen Möglichkeiten ambulanter Altersre-
habilitation nach Erfahrungen in Berlin auf.

6.3. CASE MANAGEMENT IN DER BEHINDERTENHILFE

Behinderungen sind definiert als dauernde Beeinträchtigungen, die
auf in der Regel irreversible körperliche bzw. organische Schädigungen oder Anlagemängel zurückzuführen sind. Menschen mit Behinderungen benötigen daher auch eine Unterstützung auf Dauer, Rehabilitation eingeschlossen. Sie soll den Betroffenen soziale Integration und
ein möglichst wenig beeinträchtigtes Leben ermöglichen. Das Case   Normali-
Management ist demnach bei behinderten Menschen so weit es geht   sierung
auf deren Selbstmanagement abzustimmen. Sie brauchen allein wegen
ihrer Beeinträchtigung keine spezielle Behandlung, sondern vor allem
Hilfen zur Bewältigung des Alltags und für ein ihnen mögliches normales Dasein (zur Normalisierung siehe: Wieck 1989).

Ein Beispiel:

Eine junge, erheblich lernbehinderte Frau hat in der Werkstatt für Behinderte
einen jungen Mann kennen gelernt, und beide wollen heiraten. Sie selber finden es „normal", dass sie heiraten. Ihre Angehörigen sind dieser Meinung
nicht. Außerdem stellen sich der Absicht des Paares eine Menge Schwierigkeiten in den Weg. Beide haben bisher bei ihren Eltern gewohnt und wollen
nun einen eigenen Hausstand gründen. Es fehlt an Geld. Ämter müssen aufgesucht und Anträge gestellt werden. Der betreuende Dienst bespricht die einzelnen anstehenden Aufgaben mit dem Paar, kann aber nicht erwarten, dass es
sie alleine in der richtigen Reihenfolge und an den richtigen Stellen erledigt.
Außerdem müssen die Angehörigen angemessen mitwirken – weder widerständig noch zu behütend-fürsorglich. Soll die „Normalisierung" gelingen, ist
also im Unterstützungsmanagement ein koordiniertes Vorgehen erforderlich.

Alle Beteiligten werden an einen Tisch geladen, an dem die Aufgabenstellung geklärt, juristischer Rat eingeholt, Zusammenarbeit vereinbart und Verantwortung übertragen wird. Die Entscheidungsfindung wird in unserem Fall von der Planung weiterer Unterstützung und Begleitung des Paares bestimmt sein.

Oft sind es die Angehörigen behinderter Menschen, die einen Großteil der Belastungen tragen, die ein Leben mit Behinderungen mit sich bringt. Es sind deshalb *familienentlastende Dienste* entstanden, die im Haushalt der Familie und in ihrem Umfeld den Angehörigen zur Seite stehen. Die Abstimmung dieser Hilfen mit den Eingliederungsmaßnahmen (und deren Kostenträgern) ist eine Aufgabe, die im Verfahren des Case Managements erfolgen kann (Wagner-Stolp 1997: 3 ff.).

Gesamtplan
In Deutschland sieht der § 58 SGB XII vor, dass zur Eingliederung behinderter Menschen ein „Gesamtplan" aufgestellt werden soll. In der Praxis geschieht das oft nicht. Solange sich die Eltern eines behinderten Menschen um ihn kümmern, überlässt man ihnen die Steuerung der Betreuung. Bei stationärer Unterbringung scheint eine weitere Planung nicht erforderlich. Bei ambulanter Versorgung hat man aber inzwischen begriffen, wie wichtig eine abgestimmte Förderung ist, besonders bei Kindern und Jugendlichen. Damit Sonderschulen mit den Beteiligten innerhalb und außerhalb des Schulwesens besser zusammenarbeiten, sind in Baden-Württemberg „Arbeitsstellen Kooperation" eingerichtet worden. Sie sollen auf ein Hilfesystem hinwirken, das durch Kontakte zum Elternhaus, zur Jugendhilfe und zu anderen Bildungseinrichtungen den Verbleib eines Kindes an seinem Lebens-, Förder- und Erziehungsort ermöglicht. Im Einzelfall wird das durch einen überlegten Zusammenhang personbezogener Unterstützung und Begleitung erreicht. Für eine planmäßige Förderung ist es aber, wenn ein Kind bereits in der Sonderschule ist, schon ziemlich spät.

Anderswo ist man in dieser Hinsicht weiter. Seit dem Gesetz über die Erziehung aller behinderten Kinder (*The Education of All Handicapped Children Act*) von 1975 (*Public Law 94–142*) wird in den USA für jedes sonderpädagogisch zu förderndes Kind ein individualisierter Bildungsplan gefordert, der unter Mitwirkung der Eltern erstellt wird. Diese bekamen das Recht, alle Unterlagen einzusehen und einen neutralen Gutachter beizuziehen. Für die Frühförderung wurde 1986 (durch *Public Law 99–457*) ergänzend bestimmt, dass zur Umsetzung des „Individualized Family Service Plan" ein Case Manager vorzusehen ist, der den Zugang zu den erforderlichen Dienstleistungen für die Familie eines behinderten Kindes schafft und die Unterstützung koordiniert. Die Dienste sind zur Zusammenarbeit verpflichtet. Alle sechs Monate soll geprüft werden, ob die Fördermaßnahmen Erfolg haben und ausreichen (Peterson 1989: 107 ff.)

Die Aufgaben des Case Managers entsprechen hier denen der traditionellen Schulsozialarbeit in den USA. Es werden Hausbesuche gemacht und Elterngespräche geführt. Die Erziehungsberechtigten erhalten Beratung und Schulungen zur Förderung ihres Kindes. Jedes einzelne Kind erhält einen bestimmten Case Manager zugeordnet, und der ist vom Assessment bis zur Evaluation für das Fortkommen des Kindes und seiner Familie verantwortlich (Hare/Clark 1992: 53 f.). Analog haben sich die Funktionen des *„Versorgungsberaters"* für geistig behinderte Menschen in den Niederlanden entwickelt (Willems 1996: 148).

In den USA wird im Rahmen von Case Management auch mit *Life Care Plans*, Versorgungsplänen auf Lebenszeit, gearbeitet. Schließlich hat man bei Behinderungen, die nicht rückgängig gemacht werden können, vorzusorgen. In einem „Lifetime Case Management" sind vorläufige und dann fortzuschreibende Bedarfsklärungen und eine Gesamtplanung vorzunehmen. *Life Care Plans* sind – zuerst im zivilgerichtlichen Verfahren von Paul M. Deutsch und Frederick Raffa 1981 – speziell für Unfallopfer entwickelt worden, deren Versorgung nach der Erstbehandlung organisiert werden muss (Riddick 1994: 189). Hier fragt die Versicherung, oder wer sonst für die Kosten aufzukommen hat, nach den kurz- und langfristig zu erwartenden Aufwendungen. Um sie abschätzen zu können, ist eine Bestimmung der zu erreichenden Lebensqualität und eine umfassende Abklärung des Versorgungsbedarfs auf medizinischem, pflegerischem und sozialem Gebiet in der zu erwartenden Lebenszeit vorzunehmen. Dieses Assessment geht in eine Planung des Versorgungsablaufes über (Riddick-Grisham/Weed 1996: 61 ff.)

Ein Versorgungsplan auf Lebenszeit orientiert sich an der Person und nicht an der Schädigung, die sie erlitten hat. Es werden sowohl die medizinischen als auch die nichtmedizinischen Erfordernisse beachtet. Der Plan hat eine tertiärpräventive Funktion und kann auch als ein umfassender Rehabilitationsplan betrachtet werden (Riddick 1994:

Life Care Plan

190). In der Planung wird zunächst ein Rahmen erstellt, der ungefähr den Versorgungsumfang und die Versorgungsbereiche absteckt. Nach und nach präzisiert der Plan dann das Erforderliche und die Ressourcen, die heranzuziehen sind. Der Case Manager wird sich zu speziellen Leistungsaspekten des Rates der jeweiligen Fachkräfte bedienen. Man hat geschätzt, dass er – je nach Komplexität des Falles – 20 bis 40 Arbeitsstunden braucht, um einen Versorgungsplan anzufertigen (More/Mandell 1997: 213).

Als Beispiel für einen vom Case Manager auszuarbeitenden *Life Care Plan* ziehe ich eine Darstellung von Michael Newell (1996: 110 f.) heran. Es handelt sich um einen nach Unfall querschnittsgelähmten Mann, der unter chronischen Schmerzen leidet und bei dem speziell Harnwegsinfektionen vorliegen. Der *Life Care Plan* wird vom Rechtsanwalt des Patienten angefordert (siehe Abbildung 15, S. 176).

Andere *Life Care Plans* stellen zunächst die Situation dar und beschreiben die Erfordernisse und einzelnen Aufgaben in der Versorgung (Cioschi/Goodman 1994: 117ff.); ein Kostenplan wird dann angefügt (ein Beispiel geben: Cioschi/Goodman 1994: 122, und More/Mandell 1997: 221ff.). Bei der Erstellung eines Versorgungsplans spielt sicher eine Rolle, ob der Case Manager im Auftrag des behinderten Menschen oder im Auftrag eines Leistungsträgers handelt. Liegen die Erwartungen der Person (bzw. ihrer sorgeberechtigten Angehörigen) und die Einschätzungen einer Versicherung weit auseinander, kann man auch von zwei Entwürfen ausgehen, um dann in einem Abstimmungsverfahren zu einer einvernehmlichen Planung zu gelangen.

LITERATUREMPFEHLUNGEN
ZUM MANAGEMENT IN DER BEHINDERTENHILFE

Deutsch, Paul M./Sawyer, Horace 1990: A Guide to Rehabilitation. New York: Matthew Bender
Enthält die erste ausführliche Darstellung von Versorgungsplänen auf Lebenszeit.
Pilling, Doria 1992: Approaches to Case Management for People with Disabilities. London: Jessica Kingsley
Geht von einer allgemeinen Beschreibung von Case Management in eine Analyse der Arbeit eines multidisziplinären Teams zur Betreuung von behinderten Menschen in London über.

Abbildung 15: Versorgungsplan auf Lebenszeit

Martin Trent, gegenwärtiges Alter: 28; geschätzte Lebensspanne: 64 Jahre

Versorgungs-bedarf	Zweck	Häufigkeit	Kosten	zukünftige Kosten
Medizinische Behandlung				
Physiotherapeut	optimale Funktion aufrechterhalten	Termine alle 3 Monate	$ 75 pro Behand-lung, $ 300 im Jahr	vom Ökonomen zu bestimmen
Urologe	Harnwegsinfekte und Blasenspasmen behandeln	bei Bedarf, etwa 5mal pro Jahr, Urin-unters. 5mal im Jahr	je $ 75, $ 375 im Jahr Urinunt. je $ 80, $ 400 im Jahr	
Hausarzt	allgemeine medizin. Behandlung	bei Bedarf, etwa 2mal jährlich	je § 40, § 80 jährlich	
Psychologe	Depression behandeln	einmal wöchentlich	je $ 80, $ 4160 im Jahr	
stationäre Aufenthalte	Behandlung von auton. Dysreflexie und Harnwegsinfekt.	ungefähr jedes zweite Jahr, öfter mit dem Alter	§ 7500 oder § 3750 im Jahr	
Krankenpflege				
Behandlungs-pflege	kathedern zweimal täglich, Anleitung von Helfern	14 Besuche pro Woche	je $ 80, $ 58400 im Jahr	
Grundpflege	Assistenz bei allen Aktivitäten des täg-lichen Lebens, Essenszubereitung, Transport	24 Stunden am Tag	$ 16/St., § 385/Tag, schätzungsweise die Hälfte der Pfle-gekosten ist dem Unfall zuzurechnen	
physikalische Therapie	Erhalt der optimalen Funktion und Beweglichkeit der Glieder	„Neueinstellung" jährlich für 6 Wochen, 3mal pro Woche	$ 60, $ 1080/Jahr	
Ausstattung				
Wagenlift	Wagen erreichen via Rollstuhl	tägliche Nutzung, Ersatz alle 7 Jahre	Beschaffung je $ 3500, $ 500/Jahr	
Rollstuhl	selbst. Fortbewegung	Ersatz alle 3,5 Jahre	$ 15000 plus Repar., jährlich ungef. $ 4635	
Elektrobett	zum Umlagern, um Wundliegen zu vermeiden, zur täglichen Pflege	alle 15 Jahre	$ 1580, jährliche Kosten $ 105	
Medikamente				
Xylocaine 2 %	Behandeln von Beschw. beim tägl. Kathederisieren	33 Packungen im Jahr	je $ 22 = $ 726 im Jahr	
Zoloft	gegen Depression	wie verschrieben	$ 245 (1994)	
Valium	bei Krämpfen	wenn erforderlich	§ 213 (1994)	
Procardia	bei Krämpfen	wie verschrieben	$ 41 (1994)	
Cipro	bei Blaseninfekt.	5 Behandlungen im Jahr 1994	$ 323 (1994)	
Schmerzmedik. (Klonopin, Daypro)	schmerzstillend, entzündungshemm.	wie verschrieben	$ 90 (1994)	
Medizinische Hilfsmittel	urolog. Katheter, Handschuhe usw.	Kathedern 2- bis 4mal tägl.	$ 20 000 (1994)	
Privater Case Manager	koord. Versorgung, Auszahlungen	Rechnungen prüfen, monatl. Nachschau	2 Std./Monat, $ 70/Std. ($ 1680 im Jahr)	

jährliche Kosten: $ 237.140   Kosten auf Lebenszeit: $ 8.537.040

(Vorgelegt von: Michael Newell, RN, MSN, CCM)

201

Riddick-Grisham, Susan (ed.) 2004: Pediatric Life Care Planning and Case Management. Boca Praton, FA: CRC Press
Behandelt die Rollen und Funktionen aller Beteiligten an der Versorgungsplanung für chronisch kranke und behinderte Kinder

6.4. CASE MANAGEMENT IN DER FAMILIENHILFE

Multi-
problem-
familien

Ein familiärer Haushalt stellt denjenigen, der ihn zu führen hat, vor vielfältige Aufgaben. Ihre Erfüllung verdient die Bezeichnung *Familienmanagement*. Mit Kindern oder anderen versorgungsbedürftigen Angehörigen kann eine Hausfrau oder ein Hausmann als *Familienmanager/in* vollauf beschäftigt sein. Besteht ein Missverhältnis zwischen der Kompetenz einer Familie und den Anforderungen, vor die sie gestellt wird, braucht sie Unterstützung, die sie sich entweder selbst besorgt oder die ihr von darauf spezialisierten Diensten geboten wird. Menschen mit vielfältigen Problemen und sogenannte „Multiproblemfamilien" bilden einen Hauptteil der Klientel des Allgemeinen Sozialdienstes (ASD) der Kommunen. Dieser Dienst wurde in den siebziger Jahren eingerichtet, um vor Ort eine einheitliche Problembearbeitung zu erreichen. Vorher geschah es oft, dass bei gesundheitlichen Problemen, z.B. Alkoholismus, in einer Familie der Sozialdienst des Gesundheitsamtes sich meldete, bei Erziehungsschwierigkeiten Dienste des Jugendamts tätig wurden und bei Sozialhilfebedürftigkeit der gleichen Familie die Fürsorgerin des Sozialamtes zum Hausbesuch erschien. Hinzu kamen vielleicht noch Hilfen seitens der Dienste freier Träger. Der ASD ist generell zuständig, und er kann daher auch ein ganzheitliches Unterstützungsmanagement in die Wege leiten.

Haushaltung

Die Ausgangssituation bzw. den Bedarf einer Familie für Hilfestellungen einschätzen verlangt, sich mit der *Ökologie des Familienlebens* zu befassen. Wir finden es gestaltet in Wechselbeziehungen von Wohnen, Arbeit, finanzieller Haushaltsführung, sozialem Umgang und anderen Faktoren der Lebensweise vor. In der subjektiven Sicht der Familienmitglieder führen sie ein gutes oder belastetes Leben miteinander. In objektiver Sicht stellt sich das Ergehen der Familie entsprechend vor dem Hintergrund der faktischen Familienverhältnisse dar. Meistens ist es angebracht, sich in das Milieu der Familie zu begeben, um „von innen her" ihre Lage einschätzen zu können und um ihre Lebensweise zu verstehen – und dann auch geeignet helfen zu können.

Nehmen wir die Situation einer alleinerziehenden Mutter mit vier Kindern als Beispiel. Sie lebt mit ihnen sehr beengt in einer sanierungsbedürftigen Wohnung, arbeitet stundenweise als Putzhilfe, bezieht Sozialhilfe, hat wegen Ratenkäufen einige Schulden und bemüht sich, den Haushalt sehr sparsam zu führen und ihren Kindern einigermaßen gerecht zu werden. Soziale Kontakte sind kaum vorhanden. Die Kinder scheuen sich, Gleichaltrige in die Wohnung einzuladen. Obwohl keine akute Krisensituation gegeben ist, lebt die Familie augenfällig in Armut und in der latenten Gefahr, materiell, gesundheitlich und erzieherisch zu versagen.

Die Aufgabe eines Case Managements besteht hier in der Bewerkstelligung einer angemessenen, vielseitigen alltagspraktischen Unterstützung. Einzelne persönliche Hilfen lassen sich von verschiedenen Stellen beziehen. Sie graben aber der selbstständigen Bewältigung der Lebensumstände nicht selten eher das Wasser ab als dass sie das Selbstmanagement in der Familie fördern und stärken. Im Case Management wird zuerst geklärt, wie eine Person oder Familie in der ihr eigenen Weise oder nach einer Umstellung zurechtkommen kann, in Selbsthilfe, mit informeller Unterstützung und mit darauf abgestimmten Beiträgen formeller Dienstleister. Die Planung der Unterstützung erfolgt in Beziehung auf die kurz- und mittelfristige Lebensplanung und regt diese an. In unserem Beispiel wird man etwas für die Perspektive der Mutter und ihrer Kinder tun, zum Beispiel einen Aufenthalt in einem Mütterkurheim vorsehen oder „Ferien auf dem Bauernhof" finanzieren, und zugleich die vorhandenen Belastungen dadurch zu mindern suchen, dass eine Schuldenregulierung vorgenommen, eine Besserung der Wohnsituation versucht und der Mutter als Stütze eine ständige Aussprachemöglichkeit bei ihrer Sozialarbeiterin geboten wird. Solche Hilfen sind präventiv geboten und effizient (vergleicht man sie mit einer andernfalls vielleicht erforderlichen Fremdunterbringung der Kinder). Wir sehen hier das Case Management in die direkte Gestaltung von Lebensverhältnissen übergehen – in partnerschaftlicher Beziehung zu Menschen in einer schwierigen Lage.

Die systemische Familientherapie hat uns gelehrt, im System innerfamiliärer Beziehungen nach dem Grund für Verhaltensprobleme zu

life management

suchen. Gehen wir nicht von den Schwächen, sondern von den Stärken des Familiensystems aus, können wir feststellen, dass in den meisten Fällen Familien ihre Probleme selber zu bewältigen verstehen und dazu so etwas wie ein *Life Management* vollbringen. Auf diese Fähigkeit hat man bei den Versuchen gesetzt, Familienmitglieder als Case Manager für ihre pflege-, betreuungs- oder erziehungsbedürftigen Angehörigen einzusetzen (Seltzer/Ivry/Litchfield 1987; Ignelzi/Dague 1995). Eltern sind die natürlichen Experten in den Belangen ihrer Kinder, jedoch oft nicht in der Lage, ihre Kompetenz richtig einzusetzen. Sie brauchen Beratung in der Einschätzung der Situation eines Kindes (statt dass ein Professioneller diese Einschätzung vornimmt), in der Planung des Alltags mit dem Kind (statt dass ihnen eine „Programm-Diät" verordnet wird) und in seiner Förderung (statt dass sie ihnen abgenommen wird).

home-building

An der sozialen Ökologie des Familienlebens setzen Familien-Aktivierungs-Programme an, die teilweise explizit mit einem Case Management vorgehen, teilweise dessen Schritte vollziehen, ohne sie unter den Begriff des Case Managements zu fassen. Seit 1974 gibt es das *Homebuilding* in den USA (Kinney u. a. 1990; Kinney u. a. 1991); inzwischen wird das Programm auch in einigen europäischen Ländern praktiziert (Gehrmann/Müller 1996, 1997). Es wurde zur Krisenintervention in Familien eingeführt, soll eine ganzheitliche Problemlösung erreichen und vor allem die Fremdunterbringung von Kindern vermeiden. Sozialarbeiter gehen für eine begrenzte Zeit (vier Wochen) nach Kontaktaufnahme und Absprache in die Familie, dämpfen Krisen, schlichten Konflikte und beginnen mit der Familie eine realistische Zukunftsplanung. Sie

„schließt die materiellen Ressourcen (Wohnung, Arbeit, Ausbildung, Schuldenabbau etc.) ein, soweit diese mit Unterstützung eines Case Managements realisierbar sind. Die zu entwickelnde Perspektive bezieht sich auf die nächste Zukunft, die Aussicht auf ein besseres, gewaltfreies Zusammenleben und die Fähigkeit, Konflikte und Erziehungsprobleme in der Familie gemeinsam besser anzugehen" (Gehrmann/Müller 1996: 74).

Das Vorgehen bleibt den Beteiligten transparent, man plant und evaluiert es gemeinsam. Das Handeln der Sozialarbeiter in den „Homebuilding-" und „Families First"-Programmen ist insgesamt darauf abgestellt, das Selbstmanagement der Familie zu stärken.

Für in ihrer Familie schwer gestörte oder nicht versorgte Kinder sind Arrangements getroffen worden, die als therapeutisches Case Management oder „Rundumfürsorge" (*wraparound care*) bezeichnet werden: Man kümmert sich gleichzeitig um das Kind, die Familie und um eine stützende Umgebung und setzt dafür ein Team von Fachkräften ein, die das Assessment, die Hilfe- und Behandlungsplanung und ein Krisenmanagement betreiben. Das Arrangement der Unterstützung wird individualisiert, so daß die einzelnen Familienmitglieder persönliche Beratung und einen Anwalt ihrer Belange haben (Santarcangelo/Birkett/McGrath 1995; VanDenBerg/Grealish 1996).

Eine ganzheitliche Familienhilfe wird *von medizinischer Seite* arrangiert, wenn chronische Erkrankungen in Verbindung mit sozialen und psychischen Belastungen ein möglichst abgestimmtes Vorgehen nahelegen. Wie bereits ausgeführt (in Abschnitt 2.7.) bezeichnet „*Collaborative Family Health Care*" in den USA eine Praxis, in der eine Kooperation von Ärzten, Psychotherapeuten, Krankenschwestern und Sozialarbeitern für eine breite, systemisch angelegte Familienbehandlung sorgt (Hendrischke/Kröger 1997: 294 ff.). Das ärztliche Case Management koordiniert eine solche interdisziplinäre Zusammenarbeit mittels Fallkonferenzen.

Für die Soziale Arbeit mit Familien haben Julius R. Ballew und George Mink schematisch die wesentlichen Varianten des Einsatzes von Case Management dargestellt. Familienangehörige suchen entweder (A) nur Information, oder die Familiensituation ist (B) ein Notfall. Wenn eine Mehrzahl von Diensten für die Bewältigung eines Problems benötigt wird, besteht die Rolle des Case Managers (C) darin, diese Dienste zu vermitteln bzw. die Dienstleistungen zu koordinieren. Eine ganzheitliche Familienhilfe bei vielfältiger Problematik (D) übernimmt ein Case Manager, wenn er von der Problemklärung bis zur abschließenden Überprüfung die Fallführung hat. In Anlehnung an die graphische Darstellung von „*Helping Pathways for Human Services*" bei Ballew/Mink (1996: 300) lassen sich die verschiedenen Vorgehensweisen wie in der Abbildung 16 abbilden.

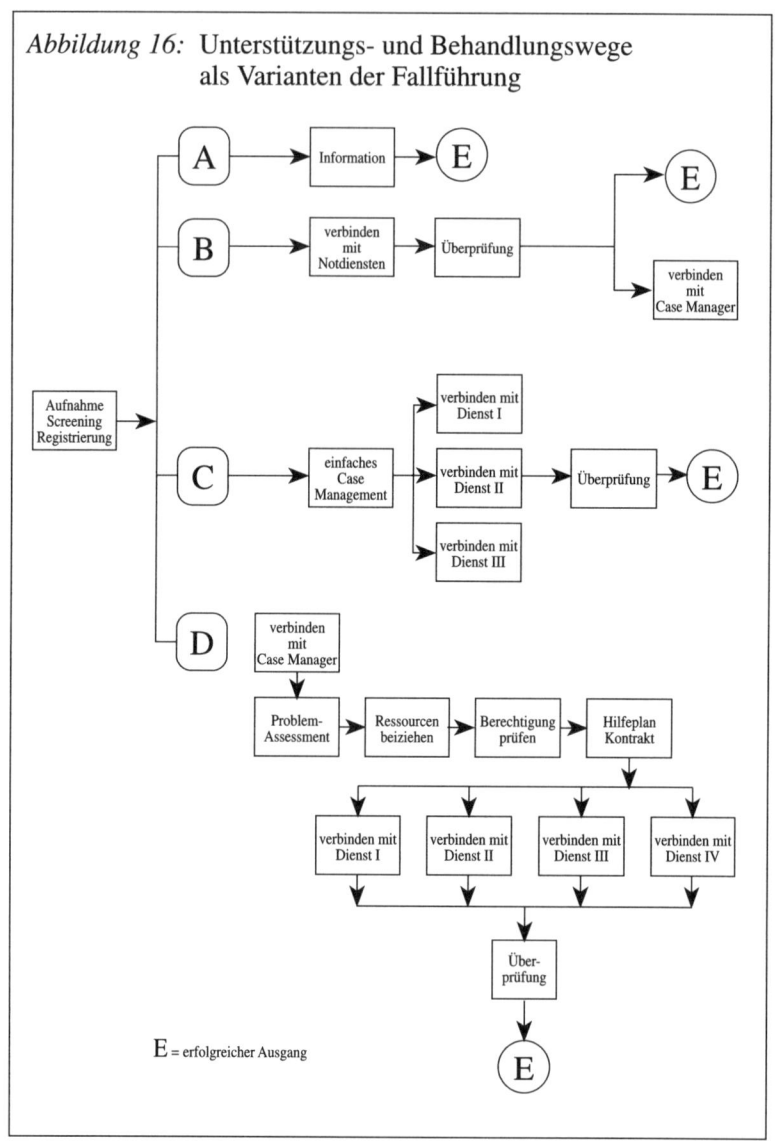

Abbildung 16: Unterstützungs- und Behandlungswege als Varianten der Fallführung

Eine ganzheitliche Familienhilfe ist zeitaufwendig. Das *Fallpensum* Fallpensum
der Case Manager muß bei dieser Arbeit sehr begrenzt bleiben. Sein
Umfang hängt von der Problematik ab, mit der man es zu tun
bekommt, und davon, ob ein Sozialarbeiter (vom Allgemeinen Sozialdienst) allein das Case Management übernimmt, ob es in klinischer
Sozialarbeit intensiv, zum Beispiel familientherapeutisch, ausgeführt
oder ob es von einem (interdisziplinär zusammengesetzten) Team
wahrgenommen wird (Zlotnik: 60).

LITERATUREMPFEHLUNGEN
ZUM CASE MANAGEMENT IN DER FAMILIENHILFE

Allert, Tilman, u. a. 1994: Familie, Milieu und sozialpädagogische Inter-
vention. Münster: Votum
Die exemplarische Darstellung der Situation von Familien wird mit dem
Vorgehen und der Kooperation in der sozialpädagogischen Familienhil-
fe in Verbindung gebracht.
Carrilio, Terry Eisenberg 2007: Home-Visiting Strategies. A Case-Mana-
gement Guide for Caregivers. Columbia: Univ. of South Carolina Press
Behandelt das schrittweise pragmatische Vorgehen bei Multiproblemfa-
milien.
Cierpka, Manfred/Volker, Thomas/Sprenkle, Douglas 2005: Family
Assessment. Integrating Multiple Clinical Perspectives. Göttingen:
Hogrefe
Eine Erörterung und familientherapeutische Durchleuchtung des „Hau-
ses" des Familienlebens aus verschiedenen Blickwinkeln.
Friesen, Barbara J./Poertner, John (eds.) 1995: From Case Management to
Service Coordination for Children with Emotional, Behavioral, or Men-
tal Disorders. Baltimore: Paul H. Brookes
Plädoyer für eine familienzentrierte Zusammenarbeit von Diensten in
der Kinder- und Jugendhilfe im Rahmen von Case Management mit 21
Beiträgen zu speziellen Aufgabenstellungen.
Gehrmann, Gerd/Müller, Klaus D. 1997: Familie im Mittelpunkt. Soziale
Arbeit als Krisenintervention. Regensburg: Walhalla
Auf dem Programm „Families First" basierende Darstellung einer ganz-
heitlichen Problemlösung in und mit der Familie mit Handlungsanlei-
tungen und Fallbeispielen.

6.5. Case Management in der Kinder- und Jugendhilfe

Hilfe zur
Erziehung

Die „Hilfen zur Erziehung" nach dem Kinder- und Jugendhilfegesetz (SGB VIII) sind dazu da, eine dem Wohl des Kindes oder Jugendlichen entsprechende Erziehung zu erreichen. Die Hilfen müssen notwendig und geeignet und dem jungen Menschen wie seinen Eltern dienlich sein.

Dabei muss eine Verbindung zwischen dem Rechtsanspruch des jungen Menschen auf Hilfe (und seiner Beteiligung an sie betreffenden Entscheidungen), den bestehenden elterlichen Rechten und Pflichten, zwischen der jugendamtlichen Gewährleistungspflicht und der vorwiegend in freier Trägerschaft erfolgenden Leistungserbringung hergestellt und im Zeitverlauf unterhalten werden. Diese Managementaufgabe kann sehr komplex sein, wenn Ansprüche, Verhalten und Möglichkeiten der Beteiligten divergieren. Die staatliche Gemeinschaft wacht über das Kindeswohl; deshalb gehen Helfen und Eingreifen nicht selten ineinander über; Unterstützung und Kontrolle schließen sich nicht aus.

Ein 11jähriger Junge schwänzt wiederholt die Schule. Zunächst erscheint sein Fernbleiben vielleicht als ein psychologisches Problem: Wir haben gelernt, die Gründe für ein auffälliges Verhalten im seelischen Befinden einer Person zu suchen. Mag sein, dass ein unmittelbarer Anlass für das Schwänzen war, dass der Junge Streit mit Klassenkameraden hatte oder dass er sich von einem Lehrer ungerecht behandelt fühlte. Wenn das Fernbleiben vom Unterricht bei den Eltern moniert und dann dem Jugendamt mitgeteilt worden war, handelt es sich aber in erster Linie um ein rechtliches Problem: das Kind kommt seiner Schulpflicht nicht nach – und offenbar sind die Eltern nicht in der Lage, den Mangel zu beheben. Die Eltern erklären diesen Missstand damit, dass sie vieler anderer Sorgen wegen schon genug Druck auf das Kind ausüben und dass es – wohl der beginnenden Pubertät wegen – immer weniger zugänglich sei. Für ein Case Management, etwa durch den eingeschalteten Allgemeinen Sozialdienst, stellen sich hier mehrere Aufgaben:

(a) Den Eltern und dem Kind ist (normativ) die Unumgänglichkeit des Schulbesuchs zu verdeutlichen.
(b) Eine Vermittlung zwischen der Schule, dem Kind (zu seiner Entlastung) und den Eltern ist zu versuchen.

(c) Für das Kind sind gangbare Wege zu erkunden und vorzuschlagen, die ihm den Schulbesuch erleichtern.

(d) Eventuell werden ergänzende Hilfen oder Maßnahmen notwendig (die aber im Unterstützungsprozess nicht ergriffen werden, solange die vorgenannten Schritte Erfolg versprechen).

Wir sehen: ein Case Manager leistet hier in der Beratung und Vermittlung einen direkten Dienst per Situationsklärung und Koordination des Vorgehens mit den beteiligten Personen und Institutionen. Hat diese Intervention Erfolg, kann der Fall abgeschlossen werden. Muss mehr getan werden, rechtfertigt im Case Management der Ausgang solcher beratender und begleitender Hilfestellung die Einleitung und Gewährung weiterer Jugendhilfe. Das Verfahren bleibt für die Beteiligten durchsichtig, nachvollziehbar und in der Abfolge konsequent.

Die Förderung von Kindern in ihrer Familie durch ein Case Management begann in den USA 1984 mit dem *Child and Adolescent Service System Program* (CASSP) des Bundes. Darin wurde vorgesehen, Kindern mit ernsten emotionalen Problemen ein Case Management angedeihen zu lassen, das für sie die verschiedenen Dienstleistungen erschließt, die sie nötig haben. Eine Reihe von danach entwickelten einzelnen Programmen für eine koordinierte Unterstützung von Familien mit verhaltensgestörten Kindern stellen Barbara Friesen und John Poertner in ihrem Sammelband dar (Friesen/Poertner 1995). Ausgegangen wird hier von den Erwartungen der Eltern an das Case Management: es soll ihrem jeweils speziellen Bedarf an Unterstützung entsprechen und diese koordiniert zum Einsatz bringen. In dieser Funktion wird das Case Management, wie Ira Lourie im Vorwort schreibt, „as an extension of the child management function that parents and other guardians perform every day" betrachtet (Friesen/Poertner 1995: XIII). So gesehen, sei das Case Management ein Prozess, in dem der Familie eines jungen Menschen professionell beigestanden wird, ihre normalen Funktionen zu erfüllen.

In Deutschland stellt in der Kinder- und Jugendhilfe die *Hilfeplanung* nach § 36 SGB VIII ein zentrales Steuerungsinstrument dar (siehe Abschnitt 4.3.). Der Prozess der Hilfeplanung beteiligt den jungen Menschen und seine Eltern, schließt ein Assessment (eine Situationsklärung) und Zielvereinbarungen ein, bereitet die Entscheidung über die gebotene Hilfe zur Erziehung vor und ist ein Instrument für die

Hilfeplanung

Koordination im weiteren Verfahren. Für die Dokumentation der Hilfeplanung werden oft Vordrucke verwandt. Sie enthalten meistens Rubriken zu folgenden Stichpunkten:

(a) Persönliche Daten des jungen Menschen und seiner Eltern,
(b) Angaben zu der Dienststelle, welche die Hilfeplanung bzw. die Fallführung übernommen hat,
(c) Gesprächstermine, Teilnehmer an den Gesprächen,
(d) Darstellung der Situation:
aus Sicht der Eltern/Personensorgeberechtigten,
aus Sicht des jungen Menschen,
aus Sicht anderer befasster Stellen (Schule, Beratungsstelle usw.),
aus Sicht des Jugendamtes,
(e) vorhandene Hilfemöglichkeiten, Stärken und Ressourcen,
(f) Ziele und Erwartungen an die Jugendhilfe,
(g) Mittel und Wege der Zielerreichung:
Arbeitsaufträge an Dienstleister,
Arbeitsaufträge an die Eltern,
Arbeitsaufträge an den jungen Menschen,
Funktionen des Jugendamts,
(h) getroffene Absprachen und Vereinbarungen,
(i) Kosten (Voranschlag, Regelungen),
(k) sonstige zu beachtende Punkte (zum Beispiel zur religiösen Erziehung oder zu gesundheitlichen Belangen).

Erstes Ziel bei Hilfen zur Erziehung muss immer sein, eine Fremdunterbringung des Kindes zu vermeiden und es in seiner Familie zu fördern. Gelingt dies nicht, ist auf Beständigkeit (*permanency*) einer anderen Lösung zu achten. Insbesondere die Unterbringung in einer Pflegefamilie erfordert in dieser Hinsicht Sorgfalt. Richard Barth u. a. (1994) haben die Wege der Unterstützung (*service pathways*), die eine beständige Lösung gewährleisten können, beschrieben. Sie stellen eine entsprechende Planung (*permanency planning*) dar, die alternativ eine Rückkehr in die Herkunftsfamilie, eine Adoption und die Verselbständigung Jugendlicher vorsieht.

In Zeiten der Unbeständigkeit und Unsicherheit ist für Menschen eine verlässliche Orientierung und begleitende Unterstützung besonders wichtig. Speziell in der Zeit des Übergangs vom Jugendlichen- zum Erwachsenenalter sind vielfältige Anforderungen zu bewältigen:

Berufsfindung, berufliche Ausbildung und Eingliederung ins Arbeitsleben, selbständiges Wohnen, Partnersuche, finanzielles Auskommen usw. Die Eltern sind immer weniger in der Lage, dem Jugendlichen in seiner Lebensbewältigung mit Rat und Tat zur Seite zu stehen. Familiengelöste junge Menschen aus problematischen Verhältnissen können in dieser Zeit die Hilfestellungen eines Case Managers gut gebrauchen, der ihn nicht in erster Linie erziehen oder beaufsichtigen will, sondern als freundlicher und sachkundiger Ratgeber auftritt (Kingsley 1993). Seine Begleitung junger Menschen bei ihrer Verselbständigung ist als „transitional case management" beschrieben worden (Armstrong 1995: 317 ff.) und empfiehlt sich als ein präventives und Kosten sparendes Angebot in der Jugendhilfe.

Sie hat sich in den letzten Jahren *sozialraumorientiert* entwickelt. Für die jungen Bewohner einer Kommune oder eines Stadtteils sollen flexible Hilfearrangements vorgehalten werden, im Feld vernetzt und verbunden mit einer fallunspezifischen Ressourcenerschließung. Dazu und insbesondere, wenn zur Finanzierung von Erziehungshilfen ein Sozialraumbudget vorgesehen ist, muss man einen Überblick über die lokal vorhandenen Problemlagen und über die Verteilung der Leistungsberechtigten haben. Ein „flächendeckendes" Case Management erlaubt per „case finding", Assessment, Hilfeplanung, Monitoring, Evaluation und Berichterstattung die nötige Versorgungssteuerung und kann die materiale Grundlage für die Zusammenarbeit der Träger und Anbieter von Jugendhilfeleistungen im Sozialraum sein. *Sozialraumorientierung*

LITERATUREMPFEHLUNGEN
ZUM CASE MANAGEMENT IN DER KINDER- UND JUGENDHILFE

Barth, Richard P., et al. 1994: From Child Abuse to Permanency Planning. Child Welfare Services Pathways and Placements. New York: Aldine de Gruyter
Eine Studie aus Kalifornien zu den Wegen der Hilfe für missbrauchte Kinder in Pflege, Adoption, Heimerziehung und/oder bei Rückkehr in die Familie.
Friesen, Barbara J./Poertner, John (eds) 1995: From Case Management to Service Coordination for Children with Emotional, Behavioral, or Mental Disorders. Baltimore: Paul H. Brookes
Beschreibt in 21 Beiträgen die familienzentrierte Zusammenarbeit von Diensten für Kinder und Jugendliche als Case Management.

Früchtel, Frank/Budde, Wolfgang/Cyprian, Gudrun 2007: Sozialer Raum und Soziale Arbeit. Fieldbook: Methoden und Techniken. Wiesbaden: VS Verlag für Sozialwissenschaften
Ney, Tara (ed.) 1995: True and False Allegations of Child Sexual Abuse: Assessment and Case Management. New York: Brunner/Mazel
Beiträge zum Verfahren im Assessment von Kindern und Jugendlichen, die sexuell missbraucht wurden.

6.6. CASE MANAGEMENT
IN DER STRAFFÄLLIGEN- UND BEWÄHRUNGSHILFE

Mit dem Satz „*Correctional case management* ist ein systematischer Prozess, mit dem festgestellte Bedarfe und Stärken von Straftätern mit ausgewählten Diensten und Ressourcen im Strafvollzug abgedeckt werden" beginnen Richard Enos und Stephen Southern ihre ausführliche Darstellung des Case Managements mit Straffälligen (Enos/Southern 1996: 1). Diese Personengruppe befinde sich nach einer Entlassung aus der Haft in einer ähnlichen Situation wie die behinderten Menschen, die seinerzeit im Zuge der Deinstitutionalisierung auf der Straße standen. Die entlassenen Straftäter sollen künftig in sozialer Verantwortung ein Leben ohne erneute Delinquenz führen. Dazu brauchen sie Arbeit, Wohnung, soziale Integration und müssen physische und psychische Abhängigkeiten vermeiden. Ein Unterstützungsmanagement wird in der Planung und Durchführung auf den Zusammenhang jener Belange abstellen.

„Der Prozess des Case Managements mit Straffälligen hält die Erfordernisse von Gerechtigkeit und Rehabilitation, Struktur und Innovation, des Schutzes der Gemeinschaft und der Vermeidung des Wegschließens im Gleichgewicht. Zu den Grundanliegen des *correctional case management* zählen:

(a) die Prävention von Rückfall oder Wiederholungstaten,
(b) die Reintegration von Straffälligen in ihr Gemeinwesen und die Gesellschaft als ganze,
(c) sie systematische Überwachung individueller Fortschritte und Programmergebnisse, um die öffentliche Sicherheit, die berufliche Rechenschaftslegung und die Verhaltensänderung des Straffälligen zu gewährleisten. Das Erreichen der Grundanliegen setzt voraus, dass der Prozess des Case Managements mit Straffälligen systematisch und integrativ vor sich geht." (Enos/Southern 1996: 2)

Für alle Beteiligten ist in der Resozialisierungsarbeit eine Rollen- und Aufgabenklärung für das Case Management notwendig. Die individuelle Begleitung und Unterstützung Straffälliger wird häufig durch verstreute Zuständigkeiten behindert. Die Sozialdienste in der Justiz, in der Jugendhilfe, in der Sozialhilfe und im Gesundheitswesen kooperieren nicht von sich aus. Ihre Integration über eine Anlaufstelle, die ein Case Management übernimmt, ist im sogenannten „Eßlinger Modell" (Lochmann/Baumann/Chilian 1994) erprobt worden: lokal bildeten ein Sozialarbeiter aus der Bewährungshilfe, einer vom Strafvollzug, ein Vertreter der Jugendgerichtshilfe und ein Mitarbeiter eines Vereins der Straffälligenhilfe ein Team, das die vorhandene Ressourcen vernetzte und sie fallbezogen einsetzte. In diesem Modell erwiesen sich die vorgegebenen Organisationsstrukturen als sehr widerständig. Erkennbar wurde, dass ein Unterstützungsmanagement im Umfeld der Justiz kaum Erfolg hat ohne gleichzeitiges Sozialmanagement auf der strukturellen Ebene (Lochmann 1996: 132 ff.).

Eßlinger Modell

In den *Niederlanden* hat man 1995 begonnen, systematisch ein Case Management in der Straffälligen- und Bewährungshilfe (*Reclassering Nederland*) zu praktizieren. Sie wird im Auftrag der Justiz tätig und gilt dabei als funktionaler Teil der Strafrechtspflege (Valk 1996: 279 ff.). Die Organisation setzt „ständige Begleiter" (reclasseringsbegeleider) ein, die frühzeitig das Case Management für die Probanden übernehmen. In jedem Gerichtsbezirk gibt es eine „Stichting Reclassering" mit Dienststellen (units), in denen unter Leitung eines „unitmanagers" eine Reihe von Case Managern arbeiten, die das Vorgehensprogramm von der Situationseinschätzung, der Planung und Einschaltung anderer sozialer Institutionen bis zur Berichterstattung im Einzelfall übernehmen. Die individuellen Programme sind vom Unitmanager zu genehmigen und gegenüber dem staatlichen Auftraggeber, der das Budget zur Verfügung stellt, zu verantworten. Die Probanden sind Kunden der Dienststelle (unit), nicht des einzelnen Case Managers, der sie begleitet. Die Dienststelle erbringt *Produkte* und dokumentiert diese Leistungen in ihrer Rechenschaftslegung.

Niederlande

In der Hilfe für straffällig gewordene Jugendliche hat in den vergangenen Jahren der Diversions-Gedanke dominiert: man möchte die Delinquenten möglichst nicht in Haft nehmen, sondern sie ambulant auf den rechten Weg führen. Nach § 10 des Jugendgerichtsgesetzes sind dafür *Weisungen* vorgesehen: „Weisungen sind Gebote und Verbote, welche

Betreuung Jugendlicher

213

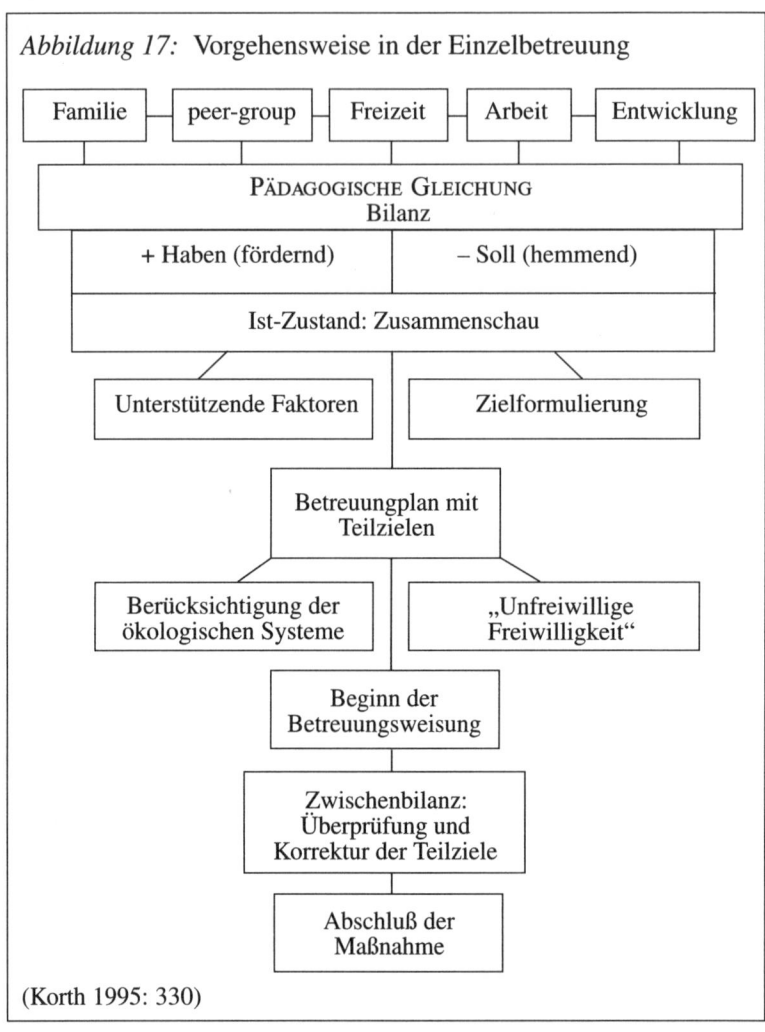

Abbildung 17: Vorgehensweise in der Einzelbetreuung

(Korth 1995: 330)

die Lebensführung des Jugendlichen regeln und dadurch seine Erziehung fördern und sichern sollen." Der Richter kann dem Jugendlichen unter anderem auferlegen, „sich der Betreuung und Aufsicht einer bestimmten Person (Betreuungshelfer) zu unterstellen". Für die Vorgehensweise in der Einzelbetreuung nach einer solchen Betreuungsweisung hat Manfred Korth (1995), ohne Kenntnis des Case Managements, das in Abbildung 17, S. 188, wiedergegebene Ablaufschema entwickelt.

Die Betreuung richtet sich hier nach der Ausgangslage des jungen Menschen mit seinen Stärken und Schwächen, wie sie sich für die einzelnen Bereiche seiner Lebensführung einschätzen lassen. Ebenso „ökologisch" umsichtig ist danach in der Planung der Betreuung vorzugehen. Will man das stationäre Milieu der Haft vermeiden, muß mit den interaktiv wirksamen Faktoren der sozialen Umwelt und dem Tun und Lassen des Probanden in ihr gearbeitet werden.

LITERATUREMPFEHLUNGEN ZUM CASE MANAGEMENT IN DER STRAFFÄLLIGEN- UND BEWÄHRUNGSHILFE

Enos, Richard/Southern, Stephen 1996: Correctional Case Management. Cincinnati, OH: Anderson Publishing
Monographie zum Case Management mit Straffälligen in den USA: professionelles Vorgehen, Assessment, Planung, Arbeit mit Gruppen, Familien und ethnischen Minderheiten.
Haines, Kevin 1996: Understanding Modern Juvenile Justice: The Organisational Context of Service Provision. Aldershot: Ashgate
Gibt ein britisches Beispiel zur Zusammenarbeit in der Behandlung jugendlicher Straftäter.
Lochmann, Rainer/Baumann, Heinz/Chilian, Walter (Hrsg.) 1994: Kooperation und Vernetzung in der Straffälligenhilfe. Bonn: Forum Verlag Godesberg.
Das „Esslinger Modell" zur sozialräumlichen Neustrukturierung der Straffälligenhilfe wird aus der Sicht der Beteiligten in seinem Verlauf mit Einführung von Case Management beschrieben.
Nickolai, Werner, u. a. (Hrsg.): Straffällig. Lebenslagen und Lebenshilfen. Freiburg i. Br. 1996: Lambertus
In einer Reihe von Beiträgen wird die Situation Straffälliger beschrieben und das Hilfesystem kritisch durchleuchtet.

6.7. CASE MANAGEMENT IN DER ARBEIT MIT SUCHTMITTELABHÄNGIGEN UND WOHNUNGSLOSEN

Aus stationärer Behandlung entlassene psychisch kranke Menschen gehörten von Anfang zu den Personengruppen, für die ein Case Management vorgesehen wurde. Man entließ sie oft in die Obdachlosigkeit. Die Mehrfachbelastung dieser Menschen – keine Wohnung zu haben, arbeitslos und ohne sozialen Anschluss zu sein, dazu psychisch instabil und medikamentenabhängig – erforderte eine umsichtige, koordinierende Betreuung. Case Management bei Wohnungslosigkeit und bei chronischer psychischer Erkrankung und/oder Suchtverhalten wird oft als eine einheitliche Aufgabenstellung angesehen: die Klienten haben zwei Diagnosen gestellt bekommen; sie sind *„dually diagnosed"*.

Alleinstehende wohnungslose Männer und Frauen sind häufig zugleich alkoholabhängig. Ob es damit anfing, dass sie zuviel tranken und deshalb den Arbeitsplatz verloren, oder umgekehrt, ob ein Partnerverlust sie aus der Bahn warf oder die Schulden sie verzweifeln ließen, ist nach längerem Leben „auf der Straße" nicht mehr entscheidend. Eine Problemlösung ist in diesen Fällen zielorientiert, nicht ursachenorientiert zu suchen. Gleiches gilt für Menschen, die erst drogenabhängig werden und in der Folge arbeits- und wohnungslos. Auch eine vorhandene psychische Erkrankung erübrigt nicht Schritte zu einer auskömmlichen und einigermaßen abgesicherten Lebensführung bei längerer Begleitung (vgl. Institut für kommunale Psychiatrie 1996).

Ein Fallbeispiel:

Der jetzt 20jährige Mike lebt seit mehreren Monaten auf der Straße. Er übernachtet bei Bekannten, mal hier mal dort. Mike hat eine Lehre als KfZ-Mechaniker abgebrochen und ist nach einem Streit bei seinen Eltern ausgezogen. Er konsumiert Drogen. Äußerlich wirkt er ziemlich heruntergekommen. Er hat seine kaputte Kleidung mit Nieten und Ketten ausstaffiert. Zur Beratung kommt er, weil er Geld braucht und Sozialhilfe beantragen will. Man bietet ihm eine planmäßige Hilfestellung im Rahmen des örtlichen Hilfeverbundes für Menschen mit besonderen sozialen Schwierigkeiten (§ 72 BSHG) an, seine Mitarbeit vorausgesetzt. Mike möchte aber nur „Kohle sehen". Er wird an das Sozialamt verwiesen, das ihn zum Jugendamt schickt. Hier prüft man, ob Hilfe für junge Volljährige (§ 41 SGB VIII) gewährt werden kann. Da Mike sich nicht kooperativ verhält, kommt man zu einem negativen Schluss. Mike erscheint nach einiger Zeit wieder bei der Beratungsstelle. Er ist nun zu einem Case Management bereit, beteiligt sich an der Einschätzung seiner Lage, an der Zielvereinbarung und Planung.

Zusammenarbeit statt Fürsorge lautet die Losung in der Hilfe für Menschen, die auf der Straße leben. Der Wohnungslose ist in seiner Selbständigkeit und Selbstverantwortung ernst zu nehmen. Mit ihm können *Beratungsverträge* zur Hilfestellung nach § 72 BSHG abgeschlossen werden (Brasch/Richter 1992: 1ff.). – Ebenso hat man in der Behandlung von Drogenabhängigen gelernt, dass die Sucht meistens kein isoliertes Symptom, sondern mit einer vielseitigen Persönlichkeitsproblematik, sozialen Brüchen und misslichen äußeren Umständen verbunden ist. Die Schwierigkeit, Menschen aus ihrer komplexen Abhängigkeit herauszuführen, war in den USA der Grund, für Süchtige spezielle Case Management-Programme zu entwickeln (Siegal/Rapp 1996: 3).

Allerdings gibt es auch auf Seiten des Hilfesystems für Suchtabhängige Hindernisse, die der Arbeitsweise des Case Managements entgegenstehen. Siegal und Rapp bemerken, dass die verschiedenen Dienste und Einrichtungen in diesem Feld in ihrer Einstellung zu den Abhängigen nicht übereinstimmen. Selbst in einer Institution teilen die dort beschäftigten Berufsgruppen keine einheitliche Auffassung von der Natur der Probleme. Manche Einrichtungen für Alkohol- und Drogenabhängige „weigerten sich einfach, mit Multiproblem-Klienten zu arbeiten, auch wenn es für sie keine Alternativen in der Gemeinde gibt. Kommt hinzu, dass bei anderen Sozialdiensten die grundsätzliche Debatte darüber, ob Abhängigkeit eine Krankheit ist, die Therapie erfordert, oder eine moralische Schwäche, der mit Konsequenz begegnet werden muss, nicht offen geführt wird und dann eine wesentliche Barriere sein kann. Case Manager haben oft einen mühsamen Kampf vor sich, um die Dienste dahin zu bringen, sich differenziert gegenüber den Klienten zu verhalten und rationale Pläne innerhalb eines irrationalen Versorgungssystems umzusetzen" (Siegal/Rapp 1996: 5).

Der Case Manager kann in seinem Vorgehen die Fragen nach Krankheit und Schuld „einklammern". Er spricht den Süchtigen in zentralen Punkten seiner Lebensführung an:

Lebensführung Abhängiger

217

(a) Welche Verantwortung trägt und übernimmt er für sich selbst?
(b) Wie bewältigt er seinen Alltag?
(c) Was hat er wirklich „im Griff" – und was nicht?
(d) Wie will er weiterleben?
(e) Welche Perspektiven nimmt er wahr?
(f) Wohin bzw. wozu gehört er?

Die letzte Frage spricht die sozialen Lebensumstände an. Sie sind eine Grundgegebenheit, die bei Sucht und Wohnungslosigkeit zu erörtern ist, aber doch mit den anderen Fragen auf eine verantwortliche Lebensführung hin besehen werden muss.

Der Case Manager ist nicht im direkten Dienst Behandler von Suchtkranken. Aber er arrangiert Therapie und sorgt für Stützen und Halt im Umfeld. Wiederholte soziale Einbindungen (mit Freunden, Laienhelfern, Selbsthilfegruppen) sind mindestens so wichtig wie (wiederholte) formelle Behandlungen. Der Case Manager stabilisiert und sichert durch solches Netzwerken die Lebenssituation des Abhängigen, und er versucht dem Suchtkranken beizubringen, wie er mit Rückfallsituationen umgehen kann. Gleiches gilt für andauernd Wohnungslose, denen nachhaltig nicht mit einem Zimmernachweis geholfen ist, die aber in einem Hilfeverbund aufgefangen werden können. (Walter-Hamann 1998)

Zur Verbesserung der Hilfen für chronisch Suchtkranke legte das Bundesministerium für Gesundheit 1995 ein wissenschaftlich begleitetes Modellprogramm auf. Es implementierte in der Zeit bis 2000 eine „nachgehende Sozialarbeit", in der Case Manager als „Lotsen" den Klienten Hilfen vermittelten und eine einzelfallbezogene Hilfeplanung und Koordination vornahmen. Zugleich wurden Koordinatoren eingesetzt, die in den Versorgungsbereichen auf der Ebene der Dienste kontinuierlich ein vernetztes Arbeiten in die Wege leiteten. Eingesetzt wurden 34 Case Manager und 16 Koordinatoren in diesem bundesweiten Modellprogramm (Oliva u.a. 1996: 362ff.). Ihr Einsatz erwies sich als erfolgreich. Die Gesamtsituation der Klienten hatte sich am Ende deutlich verbessert. Die Suchtproblematik konnte bei vielen Personen ganz behoben werden. Bei längeren und planmäßig beendeten Betreuungen zeigten sich häufiger positive Entwicklungen. Mit dem Arbeitsansatz Case Management zeigte sich die Klientel überwiegend sehr zufrieden. Sie „hob insbesondere die ganzheitliche Betreuung hervor.

Ebenso wichtig war den Klienten die Unterstützung beim Umgang mit Behörden und anderen stellen, das Organisieren von Hilfen und die Unterstützung bei der Inanspruchnahme. Des Weiteren begrüssten sie die Ausführlichkeit der Assessments, die Flexibilität und die schnelle Reaktion der Case Manager sowie deren aufsuchendes und nachgehendes Vorgehen." Sie schätzten auch die gemeinsame Hilfeplanung, das übersichtliche Ordnen der Situation und das Dokumentieren der Vorgehensweise (Oliva u.a. 2001: III).

Ein anderes Muster des erfolgreichen Einsatzes von Case Management bietet in der Schweiz die „Perspektive Solothurn". Politisch veranlasst, haben sich zu ihr acht Dienste für Suchtmittelabhängige von fünf Trägern in der Region Solothurn zusammengeschlossen. Die Fachstellen der Bereiche Beratung, Überlebenshilfe, Arbeit, Wohnen und Prävention arbeiten seit 1998 übergreifend mit dem Case Management. (Stoop/Lukas 2001) Jeder Abhängige, der Leistungen einer der Fachstellen in Anspruch nimmt, wird darüber informiert, dass die „Perspektive" für eine einheitliche, abgestimmte Leistungserbringung sorgt und dass eine fortwährende Nutzung von Diensten nur mit einer schriftlichen Vereinbarung möglich ist, mit der ein Klient in das Case Management der „Perspektive" einbezogen wird, das computergestützt zentral organisiert ist. Um den Versorgungszusammenhang über verschiedene Träger, ihre Angebote und Maßnahmen hinweg herzustellen und zu sichern, werden inzwischen vielerorts Verbundlösung angestrebt und Suchthilfenetzwerke geknüpft (Baudis 2007).

LITERATUREMPFEHLUNGEN ZUM CASE MANAGEMENT IN DER ARBEIT MIT SUCHTMITTELABHÄNGIGEN UND WOHNUNGSLOSEN

Baudis, Rainer (Hrsg.) 2007: Verbundqualität in der Suchthilfe. Organisieren personenbezogener Versorgungszusammenhänge. Rudersberg. Verlag für Psychologie, Sozialarbeit und Sucht
Beiträge zu Suchthilfenetzwerken und zur Funktion von Case Management in ihnen
Deutsche Hauptstelle gegen die Suchtgefahren (Hrsg.) 1995: Suchtkrankenhilfe im Verbund. Eine kritische Bestandsaufnahme. Freiburg i.Br.: Lambertus
Verschiedene Aspekte der Vernetzung und Kooperation der Suchtkrankenhilfe in ihrem System und mit anderen Hilfesystemen (Jugendhilfe, Psychiatrie) und mit Selbsthilfe werden in einzelnen Beiträgen erörtert.

Krausz, Michael/Haasen, Christian (Hrsg.) 1996: Langzeitperspektiven süchtigen Verhaltens. Freiburg i.Br.: Lambertus
Beiträge und Fallbeispiele zum Verlauf süchtigen Verhaltens und zu dessen Therapie.
Oliva, Hans u.a. 2001: Case Management in der Suchtkranken- und Drogenhilfe. Ergebnisse des Kooperationsmodells nachgehende Sozialarbeit – Modellbestandteil Case Management. Schriftenreihe des BMG Bd. 139. Baden-Baden: Nomos
Bericht über die Modellerprobung Case Management für chronisch mehrfachbeeinträchtigte Abhängige
Siegal, Harvey A./Rapp, Charles C. (eds.) 1996: Case Management and Substance Abuse Treatment. Practice and Experience. New York: Springer
Eine Sammlung von Beiträgen zum Einsatz von Case Management in der Suchtkrankenhilfe in den USA, auch in Beziehung auf HIV-Infektionen und Straffälligkeit.
Vogt, Irmgard 2004: Beratung von süchtigen Frauen und Männern. Grundlagen und Praxis. Weinheinm: Beltz
Speziell das „Motivational Case Management" bei Suchtkranken wird erörtert.

6.8. Case Management in der Psychiatrie

klinisches
Case
Management

Im Rahmen der Sozialarbeit hat sich in den USA speziell das *Klinische Case Management* der chronisch psychisch kranken Menschen angenommen. Es integriert therapeutische Maßnahmen und Bemühungen um die Integration der Patienten in ihre soziale Umwelt. Die Vertreter des Klinischen Case Management erheben hohe Ansprüche an die dafür nötige fachliche Qualifikation.

„Unserer Meinung nach erfordert das Klinische Case Management eine breite klinische Befähigung. Dazu kann die Beurteilung der Gefährlichkeit eines Kranken gehören, die Wiedereinweisung in ein Krankenhaus oder eine Vermittlung psychiatrischer oder medizinischer Beratung. Die Fähigkeiten können die Unterscheidung einschließen, wann das Angebot, jemanden zu einen Bewerbungstermin hinzufahren, eine Unterstützung bedeutet und wann es Abhängigkeit verstärkt, oder ob die Wut eines Klienten auf seinen Vermieter mit emotionaler Unterstützung, pragmatischer Problemlösung, mit der Interpretation als Übertragung, mit Fürsprache vor Ort oder mit der Gabe von Psychopharmaka beantwortet werden sollte." (Joel Kanter im Vorwort zu Surber 1994: XI)

220

Klinisches Case Management führt psychisch kranke und verhaltens-
gestörte Menschen zu einem selbständigen Leben bzw. unterstützt sie
in ihrer selbständigen Lebensführung (siehe die Beiträge in: Surber
1994; Kanter 1995).

Genutzt wird in diesem Verfahren die Wechselbeziehung von Psycho-
therapie und Unterstützungsmanagement. Die Behandlung der psychischen Verfassung eines Patienten mit ihren Abwehr- und Übertra-
gungsprozessen macht den Patienten zugänglich für die Realitäten
einer Umgebung und seines Lebens in ihr. Case Management zielt
nicht auf die Psychose, sondern auf die Lebensführung des psychisch
kranken Menschen. Der Case Manager setzt die Therapie in einer
Arbeitsbeziehung zum Klienten fort, beweist Einfühlungsvermögen
und Verständnis für dessen Sicht der Dinge, leitet aber zur Alltagsbewältigung über und hält zu ihr an. Das Case Management reguliert ein
Zurechtkommen in der Realität und stützt damit die Therapie ab. Die
Verabredungen für den Alltag können sehr rigide sein und ihre Einhaltung strenger Kontrolle unterworfen sein, während der therapeutische
Raum von solchen Festlegungen frei bleibt. Hier werden die „Stimmen" des Paranoikers gehört; in der Erledigung der praktischen
Lebensaufgaben werden sie nicht beachtet. Das Klinische Case Management zeichnet sich durch die Bereitschaft aus,

„sich jenen immer wiederkehrenden Situationen zu stellen, in denen der Case
Manager gefordert ist, eine autoritative „quasi-elterliche" Rolle zu überneh-
men und Entscheidungen für Klienten zu treffen, die phasenweise in ihrer
Entscheidungsfähigkeit stark beeinträchtigt sind" (Raiff/Shore 1993: 86).

Während einer stationären Behandlung, an der verschiedene Fachkräfte und Stellen intra muros beteiligt sind, kann dem Patienten eine
hauptverantwortliche Bezugsperson zugeteilt werden, die den Patienten durch alle Abläufe hindurch begleitet und auch an einer evtl. Nachbetreuung beteiligt ist.

Als komplexes Hilfeangebot beschreiben Jens Clausen u. a. das Case Alltags-
Management in der Sozialen Arbeit mit psychisch kranken Menschen begleitung
(Clausen/Dresler/Eichenbrenner 1996: 139 ff.). Vorzugsweise sei es
Alltagsbegleitung. Darunter verstehen die Autoren „einen dynamisch
gerichteten Prozess", in dem der Klient in seinem alltäglichen Kontext
gesehen und die Gemeinsamkeit der Aktivität betont wird (a. a. O.:

221

142). Sie verweisen auf Hildegard Weigand (1991), die diese Hilfeform für die ambulante gemeindenahe Praxis mit chronisch psychisch
kranken Menschen dargestellt hat. Weigand geht davon aus, dass Alltagsbegleitung

„Betroffenen je nach Befindlichkeit und Bedürftigkeit umfassend, teilweise
und/oder sporadisch angeboten wird, um Unter- und Überforderung gleicher-
maßen zu vermeiden ... (Und dass) die Hilfen, je umfassender sie notwendig
sind, auch von mehreren psychosozial Tätigen und/oder von anderen Dienst-
leistungserbringern angeboten werden können. Dann scheint aber die Festlegung eines Lebensbegleiters/Paten sinnvoll, der sich verbindlich und verantwortlich um eine vollständige Wahrnehmung der Person und seiner Lebenssituation bemüht, um Koordination und Kontinuität sicherstellen zu können."
(Weigand 1991: 260)

Der Begleiter bietet in ganz konkreten Belangen – Wohnen, Einkaufen, Ernährung, Waschen, soziale Kontakte – Halt und Schutz. Aus-
gangspunkt ist für Weigand im Arrangement der Unterstützung die
individuelle Selbsthilfe – „Grundlage für alles andere" (Bock/Wei-
gand 1991: 207 ff.).

Chronisch psychisch kranke Menschen sind oft über längere Zeit psychisch stabil und den Anforderungen einer selbständigen Lebensführung gewachsen. Dann „dekompensieren" sie, brauchen intensive
medizinische Unterstützung, um wieder in einen stabilen Zustand zu
kommen. Eine kontinuierliche Begleitung reduziert die Gefährdung
solcher Menschen; das Nötige kann jeweils rechtzeitig in die Wege
geleitet werden. Das Case Manager (oder ein Team mit dieser Aufgabenstellung) fungiert hier als stabilisierendes „Hilfs-Ich".

**Suizid-
Gefährdung** Zum Umgang mit *suizidgefährdeten* Patienten haben John Chiles und
Kirk Strosahl (1995) ausgeführt, dass es nach einem Suizidversuch
darauf ankomme, das Problemlösungsverhalten dieser Patienten zu
ändern. Die Autoren wollen eine produktive Alternative zur meist nur
reaktiven Behandlung Suizidgefährdeter bieten: das Case Management schließt hier an ein Krisenmanagement an. Dabei wird in Zusammenarbeit mit dem Patienten geplant, was beim Wiederauftreten eines
suizidalen Verhaltens zu machen ist. Manchmal müssen sie einfach
lernen, mit ihren Selbstmordgedanken zu leben. „Das Ziel ist, einen
Bezugsrahmen herzustellen, der Alternativen zum suizidalen Verhalten bietet und die kurzzeitigen Verstärkungen minimiert, die bei einem

suizidalen Verhalten eintreten" (Chiles/Strosahl 1995: 125). Das Verhaltensmanagement (behavioral management) wird durch das Case Management abgestützt. Ihm obliegt es, in der sozialen Umgebung des Patienten Unterstützung zu arrangieren, ihm Auswege in einer scheinbar ausweglosen Situation zu erschließen und bestehende Konflikte zwischen der Person und ihrer Umgebung beizulegen. Die Äußerung von Suizidabsichten darf dabei nicht mit Hilfeangeboten verknüpft werden, sonst entsteht ein Abhängigkeitsverhältnis: Der Klient gibt suizidale Tendenzen zu erkennen, um Unterstützung zu bekommen. Der Helfer sieht sich zu verstärkter Fürsorge genötigt, um einen Selbstmord seines Klienten zu verhindern.

Im Umgang mit derartigen Tendenzen bewährt sich das nüchterne, auf Problemlösung bedachte Case Management. Es wahrt den Überblick über die Situation und damit auch über die Möglichkeiten des Klienten, alternativ zur Selbstvernichtung ein anderes Leben zu führen. Der Case Manager braucht dazu vor allem drei Kompetenzen: „Erstens muss man wirklich einen Zugang zu dem Problem haben und willens sein, das Herangehen und seinen klinischen Vorteil zu verdeutlichen. Zweitens muss konkret und operationalisiert ausgesagt werden, was verschiedene Beteiligte zu tun haben, um ein koordiniertes Vorgehen in der Behandlung zu unterstützen. Drittens hat man für ein wiederholtes Feedback zu sorgen, wie der Plan umgesetzt wird, und sich dabei der Sorgen der verschiedenen Beteiligten anzunehmen" (Chiles/Strosahl 1995: 143 f.). Der Case Manager wird nicht zögern, seinem Klienten auch Grenzen aufzuzeigen: Der Schirm des Unterstützungsmanagements bleibt „nutzerfreundlich", solange der Patient sich unter ihm aufhält (a. a. O.: 146).

Chronisch psychisch belastete Menschen verursachen hohe Kosten im Gesundheitswesen. Man hat deshalb in den USA auf der Versorgungsebene eine weitgehende Rationalisierung der Leistungserbringung versucht. Privatwirtschaftliche Dienstleister bieten eine verhaltensmodifizierende Betreuung an, die als *Managed Behavioral Health Care* (MBHC) bezeichnet wird. Kostenträger vereinbaren mit MBHC-Unternehmen, daß diese für eine Kopfpauschale die medizinisch notwendige Versorgung eines Patientenkreises übernehmen, unabhängig von Art und Umfang der Behandlung, die dann erforderlich wird. Die MBHC-Unternehmen haben eine Vielzahl von Leistungserbringern an der Hand. „Diese sind Verhaltenstherapeuten in eigener Praxis, private psychiatrische Krankenhäuser, Abteilungen an Allgemeinkrankenhäusern und im günstigsten Falle verhaltenstherapeutische Netzwerke mit teilstationären Angeboten, Fallmanagement und anderen Gemeindeeinrichtungen. Die Netzwerke größerer MBHC-Firmen können 25.000–30.000 Leistungserbringer umfassen. Als Gegenleistung für die Überweisung von Patienten durch MBHC-Firmen an die Leistungserbringer haben sich diese vertraglich verpflichtet, weniger in Rechnung zu stellen, die ‚medizinische Notwendigkeit' der Behandlung mit MBHC-Fallmanagern zu diskutieren, über den medizinischen Fortschritt des Patienten zu berichten, die Versicherten ohne Wartezeit zu behandeln und als Behandlungsziel die Rückkehr zum früheren Funktionieren des Patienten in der Gesellschaft und weniger die Wiederherstellung der Persönlichkeit oder ‚Heilung' zu sehen" (Shore 1997: 183).

Die MBHC-Unternehmen stellen in den USA eine sehr expansive Branche dar. Sie erbringen ein zwischen Kostenträgern und Behandlern geschaltetes Versorgungsmanagement. Darin spielen die Case Manager der Unternehmen, meist erfahrenen Psychiater oder Psychologen, eine entscheidende Rolle. Mit ihnen müssen sich die Leistungserbringer abstimmen. Natürlich sind die im direkten Dienst tätigen Psychotherapeuten und Sozialarbeiter wenig glücklich mit der Position der Case Manager ihnen gegenüber (Shore 1997: 185).

In Deutschland hat die „Aktion Psychisch Kranke" dafür gesorgt, im gemeindepsychiatrischen Hilfesystem verstärkt von einer „institutions- zur personenbezogenen" Versorgung überzugehen. Das Prinzip lautet „verhandeln statt verordnen". Die professionelle Begleitung soll möglichst in der Lebenswelt des psychisch kranken Menschen und mittels eines zielorientierten integrierten Behandlungs- und Reha-Programms erfolgen. Dafür ist das Instrumentarium des IBRP (Integrierter Behandlungs- und Rehabilitationsplan) entwickelt worden. Er besteht aus einem Satz von Bögen mit Manualen und er dokumentiert die abzuarbeitenden Merkposten *Gewünschte Lebensform – Aktuelle Problemlage – Ziele der Klienten – Fähigkeiten einschätzen – Beeinträchtigungen einschätzen – konkrete und realistische Ziele für die vereinbarte Zeit verhandeln – Zuordnung notwendiger nicht psychiatrischer und psychiatrischer Hilfen – Festlegung der Durchführungsverantwortung (Wer erbringt welche Hilfen?) – Festlegung der Pro-*

zessverantwortung (Wer koordiniert?) – Bewertung und ggf. Veränderung des Prozesses. Die Teilschritte des Verfahrens entsprechen den Phasen des Case Managements. Eine schematische Anwendung des IBRP garantiert allerdings keineswegs, dass der ausgemachte Weg begangen und gewünschte Erfolg erreicht wird. Dafür müssen die strukturellen Voraussetzungen im gemeindepsychiatrischen Verbund erfüllt und Bedingungen im Lebensumfeld gegeben sein, die eine Eingliederung des psychisch kranken Menschen tatsächlich ermöglichen.

LITERATUREMPFEHLUNGEN
ZUM CASE MANAGEMENT IN DER PSYCHIATRIE

Firestone, Robert W. 1997: Suicide and the Inner Voice: Risk Assessment, Treatment, and Case Management. Thousand Oaks, CA: Sage
Abhandlung zu den verschiedenen Formen selbstdestruktiven Verhaltens, ihrer Erkennung, Behandlung und Vorbeugung.
Gromann, Petra 2001: Integrierte Behandlungs- und Reha-Planung. Ein Handbuch zur Umsetzung des IBRP. Bonn: Psychiatrie-Verlag
Harris, Maxien / Bergman, Helen C. 1993: Case Management for Mentally Ill Patients: Theory and Practice. Langhorne, PA: Harwood Academic Publishers
Sammelband mit Beiträgen zum Case Management mit Psychiatrie-Patienten.
Institut für kommunale Psychiatrie (Hrsg.) 1996: Auf die Straße entlassen. Obdachlos und psychisch krank. Bonn: Psychiatrie-Verlag
Plädiert für veränderte Versorgungskonzepte mit effektiver Vernetzung von Psychiatrie und Wohnungslosenhilfe, niedrigschwelligen Hilfen und trägerübergreifender Fallverantwortung.
Kanter, Joel (ed.) 1995: Clinical Studies in Case Management. San Francisco: Jossey-Bass
Ein Band mit Falldarstellungen zum Case Management in der Behandlung von psychisch Kranken.
Surber, Robert W. (ed.) 1994: Clinical Case Management. A Guide to Comprehensive Treatment of Serious Mental Illness. Thousand Oaks, CA: Sage
Textbuch zum Case Management mit psychisch kranken Erwachsenen unter verschiedenen Aspekten ihrer Behandlung.

6.9. CASE MANAGEMENT IN DER MEDIZINISCHEN BEHANDLUNG

Die spezialisierte und hochtechnisierte Medizin erschwert eine ganzheitliche Betreuung kranker Menschen jenseits ihrer Akutversorgung. Die biopsychosoziale Einheit des Menschen und seiner Lebensumstände wird in der direkten Behandlung von Krankheiten kaum wahrgenommen, spielt aber eine wesentliche und oft entscheidende Rolle im Fortgang insbesondere chronischer Erkrankungen, die dazu noch das Gesundheitssystem finanziell außerordentlich belasten. Die ständigen Wechselwirkungen zwischen der Art und Weise seiner Beanspruchung und der Lebensführung von Patienten kann ein Case Management regulieren, das über einzelne ärztliche Entscheidungen und Behandlungen hinaus Unterstützung arrangiert, den individuellen Bedarf klärt, plant, koordiniert, überwacht und die Wirksamkeit des Handelns der Beteiligten registriert und rückmeldet. Das Verfahren entspricht in diesen Funktionen den Erfordernissen einer *Integrierten Versorgung*, die an verschiedenen Stellen im Gesundheitswesen eingeführt wird (s. Abschnitt 3.7). Ein Case Management begleitet Patienten durch das System medizinischer Versorgung, das sich seinerseits strukturell auf ein *continuum of care* einstellt. Es bildet zum Beispiel ein Praxisnetz aus, das die Kooperation der Behandler organisiert und koordinierten Abläufen den Weg bereitet. So geschieht es musterhaft bei *HomeCare Nürnberg* (Frommelt 2006).

Im Gesundheitswesen kann eine nachhaltige Kostendämpfung nur gelingen, wenn rechtzeitig Gesundheitsförderung betrieben, die Selbstverantwortung der Leistungsnehmer für ihre Gesundheit gestärkt und dabei die Abhängigkeit von medizinischer Versorgung gemindert wird. Die Steuerungsaufgabe fällt hier der medizinischen Erstversorgung (*primary care*) zu. Bei chronischer gesundheitlicher Beeinträchtigung wird man fallweise versuchen, die Fähigkeit von Menschen auszubilden, ihre gesundheitlichen Probleme „in den Griff" zu bekommen. Case Management ist hier angebracht, um Selbstmanagement zu fördern. Vor allem Versicherer sind seit langem an derartigen Programmen interessiert (siehe hierzu: Lemire 1996: 9ff.)

Hausarzt Mit der Einführung von Health Maintenance Organizations und anderen Formen von Managed Care ist vielen Allgemeinärzten in den USA die Rolle des *Primary Care Providers* zugewachsen, in welcher Funktion sie für ihre Patienten ein Case Management übernehmen. Der Primärarzt prüft den Behandlungsbedarf und veranlasst alle weiteren medizinischen Maßnahmen. Er ist „Gatekeeper" und Patientenbegleiter im Gesundheitssystem. Analog versucht man in anderen Ländern vorzugehen, wobei jedoch die unterschiedlichen Versorgungsstrukturen einer Übertragung Grenzen setzen. In Deutschland sind schon vor der Einführung von Integrierter Versorgung und Praxisnetzen einzelne Projekte durchgeführt worden – wie seit 1992 in Hamburg das Projekt „Ambulantes Gerontologisches Team" (PAGT) oder die Vorhaben „Vernetzte Praxen" in Baden-Württemberg und Berlin (siehe zu diesen Projekten die Beiträge in: Döhner/Schick 1996). Im PAGT wurden die Hausärzte von einer Patientenbegleiterin und einer Koordinatorin bei der Einleitung und Umsetzung einer bedarfsgerechten Gesundheitsversorgung älterer hilfsbedürftiger Menschen unterstützt. Der PAGT-Hausarzt traf eine Patientenauswahl und vermittelte Hausbesuche der Patientenbegleiterin, im Team erfolgten die Bedarfsklärung, die einzelfallbezogene Planung und eine Abstimmung der Arbeit intern und extern (Döhner/Kofahl 1996). In den Vernetzungsmodellen werden zunächst Haus- und Fachärzte, in einer zweiten Phase auch ambulante Pflegedienste und Krankenhäuser über eine Kommunikationsstruktur und eine koordinierende Leitstelle verbunden, die ständig besetzt ist und als zentraler Ansprechpartner für Patienten fungiert. Wenn Praxisnetze ein gemeinsames Budget verwalten, kann das für alle Beteiligten zu einer höheren Kosteneffizienz führen.

Versuchsweise eingeführt wird seit 1996 das *Hausarztmodell der AOK*. In diesem Modell erfolgt in Zusammenarbeit von Allgemeinärzten und Krankenkasse eine Koordination und Steuerung der Versorgung eines Patienten über einen von ihm gewählten Arzt (Tophoven/ Meyers-Middendorf 1994; AOK-Bundesverband 1996, Leber/Leonhard 1997). Im Zuge der Gesundheitsreform sind Vorschriften zur „hausarztzentrierten Versorgung" erlassen worden, welche die gesetzlichen Krankenkassen generell dazu veranlassen, mit Ärzten und Ärztenetzen entsprechende Verträge abzuschließen.

Künftig soll der Hausarzt, auf den ein Patient „abonniert" (mit einem besonderen Hausarzttarif) ist, ihn wie ein Lotse durch das System der gesundheitlichen Versorgung begleiten. Er optimiert den Behandlungsablauf unter Einbeziehung von fachärztlichen und nichtärztlichen Diensten und Leistungsanbietern wie Psychotherapeuten, Krankengymnasten, Ergotherapeuten usw. und kümmert sich auch um präventive Maßnahmen, ein gesundheitsgerechtes Verhalten und um die soziale Versorgung. Es wird von einem „ärztlichen Case Management" gesprochen, für das in einer größeren hausärztlichen Praxis Fachkräfte anzustellen wären, die sowohl über hinreichende medizinische Kenntnisse verfügen als auch sozialarbeiterisch kompetent und in der Verwaltung bewandert sind. Jedenfalls muss bezweifelt werden, dass der Hausarzt als Gatekeeper zeitlich und professionell ein Case Management durchzuführen in der Lage ist (siehe hierzu kritisch: Sauer/Wissert 1997).

Gesundheits-berater Ersatzweise stellen die Versicherer als Leistungsträger, z.B. die AOK, „Gesundheitsberater" an, erfahrene Krankenschwestern, welche die Hausärzte unterstützen. Die Aufgaben dieser Gesundheits- oder Fallberater werden wie folgt gesehen:

„Die Tätigkeit des AOK-Gesundheitsberaters baut jeweils auf dem ärztlichen Behandlungsplan auf und beinhaltet Bereiche wie die Optimierung der Lebensführung, Koordinationsmaßnahmen an diversen Schnittstellen des bundesdeutschen Versorgungssystems und die Unterstützung des ärztlichen Behandlungsplanes. In enger Abstimmung mit dem behandelnden Hausarzt wird für den AOK-versicherten Patienten ein zusätzliches Beratungs- und Betreuungsangebot geschaffen. Der Gesundheitsberater wird dabei in der Regel telefonisch aktiv.

In Anknüpfung an bisherige AOK-Aktivitäten wird es bei der Optimierung der Lebensführung um Vermittlung von Kontakten zu Selbsthilfegruppen oder Informationen über AOK-Gesundheitskurse gehen. Darüber hinaus soll der ärztliche Behandlungsplan abgesichert werden, so zum Beispiel durch schnelle Vermittlung von Pflegediensten oder Organisation von Hilfsmitteln. In Ergänzung dieser eher klassischen Tätigkeiten soll auch versucht werden, die Compliance zu verbessern. Diabetiker werden durch den Gesundheitsberater zu regelmäßiger Blutzucker- und Gewichtskontrolle oder zu sinnvollem Umgang mit Diät motiviert – alles in ständigem Informationsaustausch mit dem behandelnden Arzt.

Typische Koordinationsmaßnahmen werden Organisation von Arztkontakten nach stationärer Behandlung und Sicherung des Informationsflusses zwischen Krankenhaus und ambulantem Bereich sein. Durch Übernahme von organisatorischen Aufgaben durch den Gesundheitsberater soll der Arzt sich auf die eigentliche medizinische Tätigkeit konzentrieren können." (Leber/Leonhard 1997: 27)

Die neuen Modelle kommen den Aufgaben nach, die in Deutschland gesetzlich der hausärztlichen Versorgung zugeschrieben sind. In § 73 SGB V heißt es:

„Die hausärztliche Versorgung beinhaltet insbesondere

1. die allgemeine und fortgesetzte ärztliche Betreuung eines Patienten in Diagnostik und Therapie bei Kenntnis seines häuslichen und familiären Umfeldes,

2. die Koordination diagnostischer, therapeutischer und pflegerischer Maßnahmen,

3. die Dokumentation, insbesondere Zusammenführung, Bewertung und Aufbewahrung der wesentlichen Behandlungsdaten, Befunde und Berichte aus der ambulanten und stationären Versorgung,

4. die Einleitung oder Durchführung präventiver und rehabilitativer Maßnahmen sowie die Integration nichtärztlicher Hilfen und flankierender Dienste in die Behandlungsmaßnahmen."

Grundsätzlich wird in der medizinischen Behandlung, ambulant und stationär, mit der Einführung des Case Managements von einem Behandlungsregime, in dem die ärztliche Einzelverantwortung für sein kunstfertiges Vorgehen alle anderen Aspekte medizinischer Versorgung zur Nebensache macht, übergegangen zu einem Behandlungsregime, das die verschiedenen ärztlichen und nichtärztlichen Aktivitäten und infrastrukturellen Gegebenheiten in den ganzen Versorgungsprozess einbindet, der möglichst rational gestaltet werden soll.

Eine solche Verfahrensgestaltung verlangt von den Beteiligten Zusammenarbeit, eine offene Diskussion von Behandlungswegen und Transparenz der Entscheidungen auf diesen Wegen. Die Aufgabe dabei ist, den effizientesten Behandlungsverlauf ausfindig zu machen und darauf zu sehen, dass er auch realisiert wird. Zu diesem Zweck hat man eine Reihe von Instrumenten entwickelt, die durch Aufschlüsselung der zielwirksamen Handlungen die Versorgung von Kranken optimieren und kostengünstig zu gestalten erlauben. Es sind *Protokolle* standardisierter Vorgehensweisen, die unter verschiedenen Bezeichnungen Verwendung finden: Praxisleitlinien, care process models, Pflegepläne, klinische Protokolle, Care Maps, usw. (Shendell-Falik/Soriano 1996: 136 ff.).

Für die medizinische Behandlung und Pflege hat man *Klinische Pfade* (*clinical pathways, critical paths*) beschrieben, die im Verlauf einer stationären oder ambulanten Versorgung beschritten werden (Guinane 1996; Howe 1996; Marrelli/Hilliard 1996; Wilson 1997; Dykes/Wheeler 2002; Greiling 2004; Oberender 2005). Gewöhnlich handeln die einzelnen beteiligten Stellen, Praxen und Mitarbeiter bezogen auf die Versorgung des Kranken arbeitsteilig. Es ist eine Managementaufgabe, den Behandlungs- und Pflegeablauf im ganzen zu optimieren und möglichst evidenz-basiert in Leitlinien darzustellen. Zwar gibt es im wirklichen Ablauf individuelle Unterschiede, denen die Krankenbehandlung auch entsprechen muss. Aber für bestimmte (Schlüssel-) Diagnosen lassen sich typische Verläufe und Ressourcenanforderungen in einem stationären Setting bestimmen. Erhält die Einrichtung prospektive Pflegesätze oder Fallpauschalen, wird eine vorherige Abschätzung des Mitteleinsatzes wichtig. Für die Zwecke des Managements ist das Kontinuum der Versorgung möglichst regelmäßig zu gestalten. Die Krankheitsverläufe und die Behandlungsverläufe erlauben eine entsprechende Operationalisierung. Danach können *Patient Management Paths* für die Organisation des Krankenhauses und standardisierte Behandlungswege für den Einsatz des klinischen Personals beschrieben werden.

CareMAP

Die ersten Pläne dieser Art wurden von Karen Zander am New England Medical Center in Boston als „Case Management Plans" entwickelt (Zander 1987). Sie formulierte dann in der Absicht, den Prozess der Zusammenarbeit von Pflegekräften und Ärzten optimal zu gestalten, für den einzelnen Falltypus einen *multidisciplinary action plan (MAP)*, später als *CareMAP* gehandelt. Die Pläne listen Assessment-Gesichtspunkte, die Unterrichtung des Patienten, Elemente der Behandlung, der Kontrolle und Qualitätssicherung und pflegerische Maßnahmen auf. Terminologisch wird im übrigen zwischen Klinischen Behandlungswegen und Patientenpfaden kaum unterschieden. Deborah Wall und Mitchell Proyect (1996) nennen *clinical pathways* auch „vorweggenommene Genesungswege" und definieren sie als Behandlungspläne, die alle vorgesehenen Interventionen für eine bestimmte Patientengruppe beschreiben. Diese Pläne enthalten sowohl Routinehandlungen wie die Messung des Blutdrucks oder eine Gewichtskontrolle als auch krankheitsspezifische Handlungen wie die Verordnung von Medikamenten und die Schulung von Patienten im Umgang mit ihrer Krankheit. Von den Klinischen Pfaden heben die Autoren den Begriff „*critical pathway*" ab. Dieser besondere Behandlungsweg enthalte in seiner Niederschrift

„only the few vital clinical interventions proven to affect either the clinical or financial outcomes of a specific group of patients. A critical pathway of mild asthma could include the ordering of inhaled beta agonists for as-needed use, but would not include routine interventions such as obtaining a patient's weight during every clinic visit" (Wall/Proyect 1996: 1–3:1).

Etwas anders begreifen Donna Ignatavicius und Kathy Hausman die Klinischen Pfade. Sie werden von ihnen definiert als

„interdisciplinary plans of care that outline the optimal sequencing and timing of interventions for patients with a particular diagnosis, procedure, or symptom. The are designed to minimize delays and use of resources while maximizing the quality of patient care. Thus clinical pathways are guidelines for care of patients who have a predictable course of illness, surgery, or event. They are typically developed for high-volume, high-cost, or high-risk diagnosis, procedures, or symptoms" (Ignatavicius/Hausman 1995: 10).

Vier Aspekte sind in diesem Verständnis für Klinische Behandlungswege wesentlich: Sie formulieren

(a) Erwartungen an den Erfolg bei den Patienten (im Verlauf der Behandlung und bei Entlassung aus dem Behandlungssetting),
(b) den zeitlichen Verlauf der Versorgung, die täglich oder für die Dauer des Aufenthalts oder der Rehabilitation vorzusehen ist,
(c) die interdisziplinäre Zusammenarbeit, die bei der krankheits- oder behinderungsspezifischen Behandlung geboten ist,
(d) die bei ganzheitlicher Betrachtung der Versorgung einzubeziehenden Aspekte der Medikation, der Ernährung, der Mobilisierung, der Unterrichtung des Patienten, der Nachsorge usw. (a. a. O.: 11).

Die Autoren geben einen Überblick über die Erstellung und Nutzung von Klinischen Pfaden für eine Vielzahl von Krankheiten (von Pneumonie bis Mastektomie) und Krankenbehandlungen. Die dabei festgehaltene Ablauforganisation wird als eine Weise von Case Management im klinischen Rahmen betrachtet.

Anhand des Behandlungsweges kann man dem Patienten erläutern, wie seine medizinische und pflegerische Versorgung angelegt ist und wie sie voraussichtlich verlaufen wird. Die beruflich Beteiligten finden im Klinischen Pfad Anweisungen zum Verfahren: zur Reihenfolge der einzelnen Tätigkeiten und wie sie auszuführen sind, wer die Verantwortung trägt und auf welche Weise die Dokumentation zu erfolgen hat. Die Organisation der Einrichtung richtet sich auf die Behandlung aus, und sie wird in ihren organisatorischen Details erfasst. Kathleen Bower hat danach die Beziehung zwischen Klinischen Pfaden und dem Case Management bestimmt: Der Behandlungsweg wird in einem systembezogenen Plan beschrieben; Case Management hat den Prozeß zum Gegenstand, der (auch) Systeme wie ein Krankenhaus in Anspruch nimmt (Bower 1994: 29 f.). Die Systemgrenze ist auch eine Behandlungsgrenze. Der Klinische Pfad reicht von der Aufnahme in das Krankenhaus bis zur Entlassung. Bei ambulanter Versorgung bestimmt der Patient in viel größerem Maße über die Einflüsse auf seine Gesundheit und mithin über den Verlauf seiner Genesung. Eine Planung von Behandlungswegen im ambulanten Bereich wird sich zudem weniger auf die Beherrschung akuter Gesundheitsprobleme und eine nur episodische Versorgung beziehen, sondern auf länger angelegte Behandlungen und Genesungsverläufe (siehe dazu die Beiträge in: Howe 1996, Marelli/Hilliard 1996).

In einem Krankenhaus stellen auch *Standard Treatment Protocols* oder allgemein *Standard Operating Procedures* (StOP) den Weg der Patienten von der Aufnahme bis zur Entlassung dar. Die Abläufe werden in ihren verschiedenen Varianten für einzelne Krankheitsbilder von den Ärzten definiert und dokumentiert. *Standard Operating Procedures* sind das Ergebnis des Lernens von Organisationen. In Einrichtungen der Gesundheitsversorgung stellen StOPs

„ärztlich-medizinische Entscheidungsraster dar, die den Patientenweg durch einen Bereich, durch eine Fachabteilung, durch ein Krankenhaus (oder auch über mehrere Krankenhäuser) prospektiv sichtbar machen und die Konsequenzen für den Patienten (Benefit) und das Krankenhaus (Kosten) deutlich machen ... (Sie) werden in den Fachabteilungen eines Krankenhauses selbst entwickelt, interdisziplinär zwischen den Fachabteilungen koordiniert, als Richtlinie für ärztliche Entscheidungen regelmäßig fortgeschrieben und an die sich verändernden Verhältnisse angepasst" (Lohfert/Sanden 1996: 513).

Die Standardabläufe können in Flow-Charts abgebildet und in ein Klinikhandbuch aufgenommen werden, und zwar in der idealen Form, in der die StOP für ein Krankheitsbild entworfen sind („statische StOP"), und – für die interne Dokumentation – wie der Klinische Pfad („Patientenpfad") tatsächlich beschritten wurde („dynamische StOP"). Für ein Krankenhaus bieten die StOP nach Lohfert und Sanders viele Vorteile, da ihr Gebrauch kostendämpfend und qualitätssteigernd wirke. Die StOP

„wirken Leistungsmengen reduzierend, weil überwiegend die Pfade beschritten werden, die im Rahmen der Standards festgelegt sind;

wirken interdisziplinär-vernetzend, weil sie klarstellen, in welchen Fällen der Patientenweg durch verschiedene Fachabteilungen/Krankenhäuser beschritten wird;

wirken kooperationsfördernd, weil Kommunikationsprozesse und Koordinierung verstärkt werden,

wirken erfahrungssteigernd, weil durch den Vergleich der statischen und dynamischen StOP die Abweichungen des Einzelfalles besser analysiert werden können; ...

haben ordnende Wirkung, weil neue medizinische Wege in Diagnostik und Therapie in ihren medizinischen (Benefit) und ökonomischen (Kosten) Wirkungen sichtbar gemacht werden; überflüssige Pfade können ebenso eliminiert werden wie neuer medizinischer Fortschritt unverzüglich in die StOP eingestellt werden kann; ..." (Lohfert/Sanden 1996: 516).

Solange Krankenhäuser alle erbrachten Leistungen einzeln dem Kostenträger in Rechnung stellen können (Selbstkostendeckung), besteht natürlich wenig Grund, eine solche standardisierte Ablauforganisation der Krankenbehandlung einzuführen. Des Steuerungsinstruments der StOP wie der CareMAPs wird man sich dann bedienen, wenn man mit Fallpauschalen bzw. Kopfpauschalen auskommen muss.

Im Krankenhaus kann die Festlegung von Pathways als Teil eines *internen* Case Managements betrachtet werden. Nach einer Operation beispielsweise übernimmt der Pflegedienst selbständig die postoperative Medikation und die Mobilisierung des Patienten nach den Vorgaben des klinischen Behandlungsweges. Die flexible Ablauforganisation und die Abstimmung des Handelns fangen dabei ungewollte Nebenwirkungen von Optimierungen in Teilbereichen des Klinikbetriebes auf. Die behandelnden Ärzte konzentrieren sich vielleicht in ihrer Abteilung, um den Patientendurchlauf zu steigern, auf die somatische Versorgung und vernachlässigen psychische und soziale Aspekte. Ihnen muss dann in der Fallbetreuung auf andere Weise entsprochen werden.

Für das Kontinuum der Versorgung über ambulante und stationäre Episoden hinweg wird ein spezielles *Pathway Management* empfohlen. Es definiert und steuert „Reihenfolge und Umfang von standardisierbaren, medizinischen multidisziplinären Prozessen, welche bei einem bestimmten Behandlungsfall ablaufen müssen, um ein erwartetes Behandlungsergebnis in einem vorgegebenen Zeitraum zu erreichen" (Schlaudt 1997: 162). Im festgelegten Behandlungsrahmen wird mit allen Beteiligten an einer Optimierung der Abläufe nach den mit einzelnen Patienten gemachten Erfahrungen gearbeitet. Über eine sorgfältige Dokumentation der in der Fallführung unternommenen Schritte und der im System vorgenommenen Verbesserungen werden sie für die weitere Planung und Entwicklung verfügbar.

Die Bedeutung von Case Management in der medizinischen Behandlung ist mit der Erkenntnis gewachsen, dass bei *chronischem Kranksein* eine umfassende Betrachtung der Lebensführung der Patienten, ihrer psychosozialen Bewältigungsweisen und Unterstützungsmöglichkeiten im Umfeld notwendig ist. Im Verlauf der medizinischen und pflegerischen Versorgung sind verschiedene Fachkräfte, ein koordiniertes Vorgehen und eine interdisziplinäre Zusammenarbeit gefragt. Es liegt auf der Hand, dass vor allem schwerwiegende, zu dauernder Behinderung führende und das Leben bedrohende Schädigungen wie z. B. eine HIV-Infektion Bemühungen um ein angemessenes Case Management ausgelöst haben (Brennan 1996).

Den berufspolitischen Anspruch, in der Ablauforganisation der Versorgung solcher Patientengruppen für eine kontinuierliche und kontrollierte Betreuung zu sorgen und die Rolle des Case Managers zu übernehmen, haben Primärärzte (Oldiges 1996), in den USA vor allem qualifizierte Pflegekräfte (Powell 1996: 17ff.; More/Mandell 1997: 3ff.) und – seltener – Sozialarbeiter (Berkman 1996) angemeldet.

Ist die Aufgabe in der medizinischen Behandlungstechnologie nicht bloß für einzelne Patienten zu erfüllen, muss sie vielmehr für chronische Krankheiten und aufwendige Behandlungsverläufe generell gelöst werden, spricht man von einem *Disease Management*. Es gibt Leitlinien zur Behandlung einer bestimmten Krankheit vor und integriert die nötigen Dienste im Kontinuum der präventiven, kurativen und rehabilitativen Versorgung mit dem Ziel besserer Ergebnisse (outcomes) und reduzierter Kosten (Ward/Rieve 1995: 7; Smith 1996; Todd/Nash 1997). Disease-Management-Programme sind in Deutschland (gemäß § 137f und g SGB V) seit 2002 eingeführt.

Disease Management   Fallübergreifend bezieht sich *Disease Management* auf alle Patienten mit einer bestimmten (chronischen) Krankheit wie Diabetes, Asthma oder Koronarer Herzkrankheit. Mit ihm soll einem schlechten Verlauf vorgebeugt werden und in Zusammenarbeit mit den Patienten deren eigene Fähigkeit, den Verlauf günstig zu beeinflussen, gestärkt werden. Disease Management kann als ein „fokussiertes" Case Management betrachtet werden (Ward/Rieve 1995: 8) oder es erscheint als eine fallgruppenbezogene Strategie der Versorgung mit einem Case Management. Dermaßen interpretiert es Suzanne K. Powell, die ihr Buch zum „fortgeschrittenen Case Management" mit der Frage einleitet: „Is case management a component of disease management, or is disease management a component of case management? Perhaps this whole debate is only one of labels and hierarchies. The similiarities are striking, which is why some refer to the process as *disease-specific case management*. However, where case management has been traditionally an individual-based approach, diease management is population-based; where case management has essentially been either acute or post-acute based, disease management is systems based, integrating the patients through multiple levels of care. ... Thus, disease management is a framework, system, or program; case management is the process through which to utilize disease management programs" (Powell 2000: 3).

Disease Management ist auf die Lebensführung der Patienten in Wechselbeziehung zur Systematik der medizinischen und sozialen Versorgung abgestellt. Konzentriert auf eine bestimmte Patientengruppe, gehören zu diesem Management-Prozess die Schritte:

(a) Identifikation der Risikopersonen,
(b) Einschätzung und Bewertung des Gesundheitszustandes der identifizierten Personen,
(c) Klärung der Finanzierung,
(d) Planung der Behandlung und des Zurechtkommens mit der Krankheit,
(e) Umsetzung der Planung unter Einbeziehung des Kranken in seine Behandlung,
(f) Überwachung der Folgebereitschaft (compliance) der Patienten in Hinblick auf die vereinbarte Behandlungs- und Bewältigungsweise,
(g) Beobachtung und Feststellung der Ergebnisse (outcomes) (Ward/ Rieve: 8ff.).

Chronisches Kranksein verursacht weit mehr Kosten als die Behandlung akuter Erkrankungen. Während sie meist unerwartet eintreten, ist bei chronifizierten Leiden absehbar, was nach und nach und immer wieder notwendig wird. Die Bedingungsfaktoren lassen sich abschätzen, man kann planen und Vorsorge treffen. Prävention und Rehabilitation werden hier wichtig. *Disease Management* bezeichnet ein strategisches Vorgehen, um bei Diabetes, Rheuma, Asthma, Bluthochdruck und anderen verbreiteten chronischen Krankheiten mit ihnen und ihren Folgen möglichst gut zurechtzukommen. Die Kostendämpfung, auf die das Management aus ist, muss nicht beim einzelnen Patienten mit seinen individuellen Problemen eintreten; sie wird bei der Krankengruppe insgesamt erzielt. Deshalb hat das Vorgehen auch für die Versorgungsteuerung auf der Aggregatebene Bedeutung: In Deutschland dient das Disease Management dem morbiditätsorientierten Risikostrukturausgleich in der gesetzlichen Krankenversicherung.

Träger der Krankenversicherung können auch ohne ein Disease-Management-Programm ausgewählten Versicherten die Begleitung durch einen Case Manager (der dann „Gesundheitsmanager" oder „Patientenmanager" heißen mag) bei der Inanspruchnahme von medizinischen Leistungen anbieten. Amerikanische Versicherungen setzen Case Manager z.B. zur Betreuung einer großen Zahl von Versicherten mit Herz-Kreislauf-Schäden ein. Die Case Manager beraten und schulen diese Personengruppe in ihrer Lebensführung, legen ihnen etwa ein Raucherentwöhnungs-Programm nahe, stehen ihnen aber auch während oder nach Akutbehandlungen zur Seite.

Im Einzelfall übernimmt ein Case Manager im Rahmen des Krankheitsmanagements

(a) die Zusammenstellung spezieller Einschätzungen des Krankheitszustandes eines Patienten,

(b) eine koordinierende Rolle im Prozess der Behandlungs- und Versorgungsplanung mit den medizinischen und paramedizinischen Fachkräften,

(c) die Einbeziehung anderer, speziell psychosozialer Aspekte der Bewältigung der Krankheit,

(d) die Herbeiführung und Erhaltung einer guten Zusammenarbeit mit dem Patienten und seiner Familie,

(e) eine flexible Organisation und Anpassung der Behandlung und Versorgung bei sich änderndem Bedarf.

Das Vorgehen soll die Qualität sichern und Kosten sparen (Kretz/Pantos 1996: 173f.).

Disease Management ist eine Rationalisierungsstrategie. Kritisch muss man die Tendenz in ihr sehen, schematisch nach vorgefertigten Mustern vorzugehen. In den USA nehmen sich große Pharmaunternehmen dieser Strategie an und bieten Paketlösungen feil, in denen gut aufbereitete Informationen zum Verfahren mit Arzneimittel-Rezepturen verknüpft sind, die bei Verwendung den Absatz der Produkte des jeweiligen Unternehmens steigern. Das Problem der Ökonomisierung medizinischer, pflegerischer und sozialer Dienste holt uns hier bei der Erörterung von Anwendungen des Case Managements am Ende wieder ein.

LITERATUREMPFEHLUNGEN ZUM CASE MANAGEMENT IN DER MEDIZINISCHEN BEHANDLUNG

Flarey, Dominick L./Blancett, Suzanne Smith (eds.) 1996; Handbook of Nursing Case Management. Gaithersburg, MD: Aspen Publishers
Beiträge zum Verhältnis von Case Management und Managed Care, zu Klinischen Pfaden, zur Qualitätssicherung und Evaluation.

Howe, Rufus S. (ed.) 1994: Case Management for Health Care Professionals. Chicago: Precept Press
Handbuch mit 20 Beiträgen zum Case Management in der medizinischen Versorgung und in der Pflege.

Korte, Stephanie/Redaèlle, Marcus/Lauterbach, Karl W. 2005: Disease Management als Grundlage integrierter Versorgungsstrukturen. Stuttgart: Kohlhammer

Mullahy, Catherine M. 1995: The Case Manager's Handbook. Gaithersburg, MD: Aspen Publishers
Die Rolle freiberuflicher Case Manager im medizinischen Versorgungssystem der USA wird in diesem Handbuch betont.

Spath, Patrice L. (ed.) 1994: Clinical Paths: Tools for Outcomes Management. Chicago: American Hospital Publishing
Ein Handbuch zur Erstellung und Verwendung von Klinischen Pfaden in der stationären medizinischen Versorgung mit detaillierten Beschreibungen einzelner Behandlungswege.

Szathmary, Balazs 1999: Neue Versorgungskonzepte im deutschen Gesundheitswesen: Disease und Case Management. Neuwied: Luchterhand
Behandelt die Beziehung von Disease Management als Standardisierung des Behandlungsprozesses auf Case Management als dessen individualisierte bzw. personenorientierte Fassung.

Todd, Warren E./Nash, David B. (eds.) 1997: Disease Management: A Systems Approach to Improving Patient Outcomes. Chicago: American Hospital Publ.
Beiträge zum Krankheitsmanagement in einzelnen stationären und ambulanten Versorgungsbereichen.
Tophoven, Christina (Hrsg.) 2005: Disease-Management-Progamme. Die Chance nutzen. Köln: Deutscher Ärzte-Verlag
Wilson, Jo (ed.) 1997: Integrated Care Management. The Path to Success? Oxford: Butterworth-Heinemann
Vielseitige Darstellung von Behandlungswegen in der (stationären) Krankenversorgung.

6.10. CASE MANAGEMENT IN DER BESCHÄFTIGUNGSFÖRDERUNG

Mit der Zusammenlegung von Arbeitslosenhilfe und Sozialhilfe in der bundesdeutschen Gesetzgebung ist ein weiteres Anwendungsgebiet unseres Verfahrens entstanden. Es bekommt dabei mit den strukturellen Bedingungen des lokalen und regionalen Arbeitsmarktes zu tun und ist in der Gefahr, fallweise den arbeitslosen Menschen für einen Mangel verantwortlich zu machen, den nicht er, sondern die Erwerbswirtschaft verursacht. Beim Case Management in der Beschäftigungsförderung kommt es deshalb darauf an, eine Netzwerkarbeit zu leisten, durch die Beschäftigungsmöglichkeiten erschlossen werden, Qualifizierung in die Wege geleitet und generell dem Ausschluss aus dem Arbeitsleben entgegengewirkt wird.

Das SGB II sieht zur „Hilfe für Arbeitsuchende" eine intensive Betreuung vor – insbesondere für Menschen, deren Eingliederung in den Arbeitsmarkt multiple Vermittlungshemmnisse im Wege stehen. Die Bundesagentur für Arbeit hat dazu 2004 ein „Fachkonzept Beschäftigungsorientiertes Fallmanagement" erarbeiten lassen, das seit Inkrafttreten den SGB II am 1. Januar 2005 nach und nach durch eine Qualifizierung der in den Agenturen für Arbeit und bei den mit den mit der Aufgabenstellung von kommunaler Seite Beschäftigten in die Praxis eingebracht wird. In dem Fachkonzept heißt es:

„Fallmanagement in der Beschäftigungsförderung ist ein auf den Kunden ausgerichteter Prozess mit dem Ziel der möglichst nachhaltigen Integration in den

Arbeitsmarkt. In diesem kooperativen Prozess werden vorhandene individuelle Ressourcen und multiple Problemlagen methodisch erfasst und gemeinsam Versorgungsangebote und Dienstleistungen geplant, die anschließend vom Fallmanager implementiert, koordiniert, überwacht und evaluiert werden. So wird der individuelle Versorgungsbedarf eines Kunden im Hinblick auf das Ziel der mittel- und/oder unmittelbaren Arbeitsmarktintegration durch Beratung und Bereitstellung der verfügbaren Ressourcen abgedeckt und seine Mitwirkung eingefordert" (Fachkonzept 2005: 10).

Die Implementation des Fallmanagements in der Grundsicherung für Arbeitsuchende ist ein schwieriges und nur schrittweise realisierbares Unterfangen, weil strukturell sowohl innerhalb der Agenturen die Praxis neu zu organisieren als auch die Abstimmung einer Bundesbehörde mit der kommunalen Verwaltung zu gestalten ist. Nach der Entscheidung des Bundesverfassungsgerichts vom 20.12.2007 muss die unterschiedliche Zuständigkeit beider Seiten erhalten bleiben. Ihr Zusammenschluss im Jobcenter darf nicht in Form einer Mischverwaltung erfolgen. Die Integration personenbezogener Dienstleistungen in das Vermittlungsgeschäft der Agenturen für Arbeit kann nicht derart vollzogen werden, dass ein persönlicher Ansprechpartner (gemäß § 14 SGB II) in der Agentur ihre Erbringung übernimmt.

Das Case Management besteht nun aber, und dass lehrt seine Implementation in verschiedenen Diensten, nicht in der Erbringung einzelner Hilfen und Maßnahmen, sondern es erfolgt unabhängig von deren fachlicher und administrativer Verortung. Es hat seine Zuständigkeit in der Wegleitung, im Steuern und Arrangieren einer Leistungserbringung insgesamt und komplexer humandienstlicher Versorgung. In dieser Kompetenz wendet das Case Management sich den Bürgern mit ihren Problemen zu.

LITERATUREMPFEHLUNGEN ZUM CASE MANAGEMENT IN DER BESCHÄFTIGUNGSFÖRDERUNG

Bertelsmann-Stiftung u.a. (Hrsg.) 2002: Handbuch Beratung und Integration. Fördern und Fordern – Eingliederungsstrategien in der Beschäftigungsförderung. Gütersloh: Bertelsmann-Stiftung

Göckler, Rainer 2006: Beschäftigungsorientiertes Fallmanagement. Praxisorientierte Betreuung und Vermittlung in der Grundsicherung für Arbeitsuchende (SGB II). Eine Einführung. 2. Aufl., Regensburg: Walhalla

Brülle, Heiner u. a. 2006: Fallmanagement in der Arbeit mit Arbeitslosen. Ein kritischer Leitfaden. Frankfurt am Main: Fachhochschulverlag

Glossar

Accountability, Rechenschaftsfähigkeit, Rechenschaftspflicht: die Verantwortlichkeit (der Führung) einer Organisation für ihre Tätigkeit, ausgewiesen u. a. in Rechenschaftsberichten.

Activities of daily living, ADLs, Alltagsaktivitäten: Tätigkeiten der Selbstbesorgung wie Essen, Schlafen, Anziehen, Körperpflege, Sozialkontakte. Defizite in diesen Bereichen lassen auf Pflegebedarf schließen. Ein analoges Prüfprogramm zur Erfassung der Pflegebedürftigkeit sind die „Aktivitäten und existentiellen Erfahrungen des Lebens" (AEDL) nach M. Krohwinkel.

Ärztliches Case Management, primary care case management: Handhabung und Lenkung der gesamten medizinisch indizierten Versorgung eines Patienten durch einen Allgemeinarzt (Hausarzt) oder in einem Ärztenetz.

Anwaltschaft, advocacy: in sozialen Diensten ist das Eintreten für Belange von Klienten gemeint, speziell gegenüber Behörden, Arbeitgebern, Versicherungen. Eine Fachkraft tritt nach Vereinbarung mit dem Klienten oder Patienten als dessen „Fürsprecher" auf.

Arbeitspensum, workload: Arbeitsbelastung; Umfang der einem Mitarbeiter übertragenen Aufgaben, insbesondere gemessen an seiner Fallzahl.

Assessment, Einschätzung: Klärung der (sozialen, gesundheitlichen, psychischen) Lage und Disposition einer Person und des Handlungsbedarfs, um ihre Situation zu bessern.

Audit: Überprüfung der Wirkungen eines betrieblichen oder dienstlichen Geschehens (*auditing*) und Darstellung der Prüfungsergebnisse (*audit*). Ein Audit stellt die Angemessenheit von Aktivitäten in Hinblick auf spezifische Anforderungen fest. Es dient der Vertrauensbildung intern und in der Öffentlichkeit.

Berichterstattung, reviewing: alle Formen der Dokumentation und Mitteilung von einzelfallbezogenen Vorgängen in Diensten und Einrichtungen des Sozial- und Gesundheitswesens.

Capitation, Kopfpauschalierung: in den USA Zahlungsweise von Versicherungen im Gesundheitswesen, wobei pro Person ein fester Betrag (Kopfpauschale) für einen bestimmten Zeitraum an einen Leistungserbringer gezahlt wird, unabhängig von dessen tatsächlichen Diensten.

Care management: in Großbritannien (und teilweise auch in den USA) ein Terminus, der gleichbedeutend mit Case Management gebraucht wird. Es wird „Sorge getragen" für die Bereitstellung medizinisch, pflegerisch und sozial erforderlicher Dienstleistungen. Insoweit ist c. m. ein *Versorgungsmanagement*. Diese Bezeichnung trifft auch zu, wenn c. m. mit der Durchführung von Behandlungen und anderem versorgenden Handeln gleichgesetzt wird. Im Gesundheitswesen ist das Versorgungsmanagement auf der Systemebene in strategischer Zuständigkeit dem Case Management in operativer Zuständigkeit übergeordnet.

CareMAP: Ablaufdiagramm fallbezogener Versorgung, entwickelt vom Center for Case Management, Natick, Mass. MAP ist die Abkürzung von „multidisciplinary action plan".

Care package, Bündel von Pflegeleistungen, „Pflegepaket": in Großbritannien die nach Bedarfsfeststellung in der Hilfeplanung vom Care Manager mit dem Nutzer für ihn zusammengestellte Versorgung mit einzelnen Dienstleistungen.

Caseload, Fallpensum: Zahl der Personen und Familien, die von einem Case Manager oder von einer anderen Fachkraft betreut werden.

Casework, soziale Einzelhilfe: klassische Methode der Sozialarbeit, in der klientzentriert diagnostisch und problemlösend vorgegangen wird.

Clinical Case Management, Klinisches Case Management: im Rahmen der Klinischen Sozialarbeit in den USA entwickeltes Behandlungsmanagement bei psychischen Erkrankungen, Verhaltensstörungen und in psychosozialen Konflikten und Krisen.

Community care: ambulante gesundheitliche, pflegerische und soziale Versorgung von behinderten, chronisch körperlich oder chronisch psychisch kranken Menschen im kommunalen Bereich. Als deutsche Termini sind „Gemeindepflege" und „gemeindenahe Versorgung" in Gebrauch. Der Begriff wird auch für die gesamte außerstationäre Versorgungsstruktur auf kommunaler Ebene verwandt (also unter Einschluss der Kinder- und Jugendhilfe).

Compliance: Einwilligung von Patienten in eine Behandlung, das Einverständnis mit dem Behandler und die Kooperationsbereitschaft des Patienten (Folgebereitschaft, Therapietreue).

Cost-effectiveness, Kostenwirksamkeit: nichtmonetäre Bewertung von Leistungen danach, inwieweit sie kostengünstig erbracht werden; Kostenrentabilität.

Critical pathway: s. Klinischer Pfad

Direkter Dienst: sozialberufliche Arbeit, die unmittelbar mit und für Menschen geleistet wird – im Unterschied zum indirekten Dienst, der in der Verwaltung, auf politischer Ebene, in Gremien oder in abgehobenen Leitungsfunktionen geleistet wird.

Diagnose: (unterscheidende) Beurteilung und Feststellung eines gesundheitlichen, psychologischen oder sozialen Zustandes. Insbesondere die Erkennung und Feststellung einer Krankheit.

Disability Management: vom kanadischen Natinal Institute of Disability Management and Research (NIDMAR) eingeführter Handlungsansatz der Prävention, Früherkennung und Behandlung von gesundheitlichen Beeinträchtigungen von Arbeitnehmern, zum Erhalt und zur Wiederherstellung ihrer Arbeitsfähigkeit im betrieblichen Rahmen (Betriebliches Eingliederungsmanagement).

Disease management, Krankheitsmanagement: die rationale Handhabung und patientenorientierte Gestaltung des ganzen Behandlungsprozesses bei einer bestimmten Krankheitsart. Insbesondere bei chronischen Erkrankungen wird auf rechtzeitige Behandlung, Planung und Wirkungskontrolle gesehen. Kosten-Nutzen-Abwägungen im individuellen Krankheitsfall sollen unnötige und unwirksame Verfahren in Diagnose und Therapie vermeiden helfen. Das ärztliche Disease Management wird manchmal mit dem ärztlichen Case Management gleichgesetzt.

Effektivität: Wirksamkeit als (Grad der) Zielerreichung und Leistungsfähigkeit. Ein Dienst ist in dem Maße effektiv, in dem er seiner Zweckbestimmung entsprechend Erfolg hat.

Effizienz: die Wirtschaftlichkeit (im Verhältnis von Aufwand und Ertrag) oder Ergiebigkeit, mit der Tätigkeiten verrichtet und Leistungen erstellt werden.

Empowerment: Ermächtigung, Bestärkung – ein sozialer Prozess, in der Menschen das Gefühl eigener Ohnmacht überwinden und sich als kompetent (zuständig und fähig) erfahren, ihr Leben selber zu meistern.

Entscheidungsfindung, decision making: hier Vorgang im Planungsprozess, in dem die Beteiligten ihr Wunsch- und Wahlrecht ausüben und in dem auf die Gewährung von Leistungen hingewirkt wird.

Evaluation: Beurteilung und Bewertung eines Geschehens und seines Ertrags. Im Case Management die intersubjektive Einschätzung dessen, was im Rahmen der vereinbarten Unterstützung, Behandlung oder Pflege erreicht worden ist.

Fallführung: Im Dienstleistungssystem wird, wenn mehrere Fachkräfte oder Dienste am Hilfeprozess beteiligt werden, eine Person oder eine Stelle bestimmt, die im Einzelfall für den Ablauf des Hilfeprozesses verantwortlich ist.

Fallgruppen: Nach Ressourcenaufwand und/oder spezifischer Problematik klassifizierte Klientel. Im Case Management erfolgt eine Zuordnung zu einer Fallgruppe in der Zugangsphase.

Fallpensum, caseload: Zahl der Personen oder Familien, die von einem Case Manager oder von einer anderen Fachkraft betreut werden.

Gatekeeper: Zugangskontrolleur. Er hat die Funktion, den Zugang zu Diensten zu regulieren. Als Gatekeeper werden in den USA Primärärzte bezeichnet, die (im Rahmen einer HMO) zustimmen müssen, wenn ein Patient spezielle medizinische Dienstleistungen haben will. Überall fällt eine Gatekeeper-Funktion den Allgemeinärzten zu, wenn sie den Verlauf der medizinischen Versorgung von Patienten kontrollieren und ihren Zugang zu Spezialisten und stationären Behandlungen steuern.

Gesundheitsmanagement, health care management: die wirtschaftliche Handhabung der gesundheitlichen Versorgung auf der Ebene der Dienste und Einrichtungen.

Hausarztmodell: Steuerung der Krankenbehandlung durch einen Allgemeinarzt; in Deutschland vom Bundesverband der AOK entwickeltes Vorhaben, die medizinische Versorgung von Versicherten nach freier Vereinbarung an einen Allgemeinarzt/Primärarzt zu binden, der deren Zugang zu weiteren Diensten und speziellen Behandlungen reguliert.

Health Maintenance Organization (HMO): ein Versicherungsverfahren und -unternehmen in den USA und in weiteren Ländern, wobei mit Ärzten und Krankenhäusern Vereinbarungen über die gesundheitliche Versorgung seiner Mitglieder getroffen werden. In der Regel zahlt die HMO für ihre Mitglieder vorab feste Prämien an die Vertragsärzte und Vertragseinrichtungen, und diese übernehmen dafür alle notwendigen Behandlungen (und sind der Vorausbezahlung wegen mehr an Gesunderhaltung als an Krankenversorgung interessiert).

Hilfeplanung, planning: der Prozess der Klärung und Entscheidung, welche Mittel und Wege nötig sind, um soziale, erzieherische und gesundheitliche Probleme zu bewältigen.

Hospitalist: Arzt in amerikanischen Krankenhäusern, dessen Aufgabe es ist, für eine fachlich und ökonomisch optimale Versorgung der Patienten während ihres Aufenthalts im Krankenhaus zu sorgen und zu diesem Zweck die multidisziplinäre Zusammenarbeit zu koordinieren.

Indikation: Anzeige einer Behandlung oder sonstigen Maßnahme bei Vorliegen einer Krankheit oder eines sozialen Problems.

Indirekter Dienst: die soziale Administration, in der nicht direkt mit Klienten gearbeitet wird, aber Ressourcen für ihre Unterstützung bereitgestellt werden.

Informations-, Anlauf- und Vermittlungsstelle (IAV-Stelle): in Baden-Württemberg im Zuge der Neuordnung der ambulanten Versorgung pflegebedürftiger und behinderter Menschen geschaffene Beratungsstellen für die Bürger und in Verbindung mit dem lokalen Hilfeverbund.

Intake, Aufnahme: Verfahren der Einleitung einer Hilfeleistung oder Behandlung; Feststellung, das jemand mit seinem Anliegen an der richtigen Stelle ist und dass ihm hier geholfen werden kann.

Integrated Delivery System, Integriertes Versorgungssystem: regionales Netzwerk von Diensten und Einrichtungen, das im Einzelfall für eine Kopfpauschale die gesundheitliche Versorgung gewährleistet. Wenn das Netz gemeinnützig unterhalten wird, spricht man auch von einem *Community Care Network*.

Integrierter Behandlungspfad, integrated care pathway (ICP): In der Medizin beschriebener Weg eines Kontinuums der Behandlung, der angibt, was Patienten erhalten und wann sie es erhalten sollen und wie dazu die multidisziplinär beteiligten Fachkräfte untereinander und mit dem Patienten und seinen Angehörigen zusammenwirken sollen.

Klinischer Pfad, clinical path, critical path: Weg der Behandlung, ein Plan, der angibt, wie ein Patient eine Behandlung im stationären oder ambulanten Setting durchläuft bzw. optimal durchlaufen kann. Der Behandlungs- oder Patientenpfad kann in Arbeitsablaufbeschreibungen, Flussdiagrammen und in Musterverläufen (z. B. CareMAPs oder Standard Operating Procedures) dargestellt werden (siehe auch: *Pathway Management*).

Kontraktmanagement: die Handhabung von Vereinbarungen als Instrument der Lenkung von Zusammenarbeit. Horizontal werden zwischen Dienstleister und Kunden Kontrakte als Leistungsvereinbarungen geschlossen; vertikal werden Absprachen zwischen der Leitung einer Organisation und deren einzelnen Bereichen und Mitarbeitern über die Leistungserstellung getroffen.

Kosten-Nutzen-Analyse, cost-benefit analysis: Vergleich der Aufwendungen mit den Erträgen, gemessen in Geldbeträgen.

Krankheitsmanagement: siehe *disease management*

Leistungsvereinbarungen: Kontrakte über die Bereitstellung und Ausführung von Diensten; sie können zwischen Leistungträgern (Ämtern, Versicherungen) und freien Anbietern oder verwaltungsintern mit einzelnen Fachbereichen und Serviceeinheiten geschlossen werden.

Life Care Plan, Versorgungsplan auf Lebenszeit: Im Rahmen von Case Management die Planung einer Versorgung auf Lebenszeit bei dauernder Behinderung insbesondere infolge eines Unfalls.

Life management, Selbstmanagement: Lebensführung wird als eine persönliche Leistung aufgefasst, zu der im Alltag Zielstellungen, Planungen und Entscheidungen, ein koordinierendes Handeln, Person-Umwelt-Abstimmungen und Selbstkontrolle gehören.

Managed Care: ein System des Vorgehens in der medizinischen Versorgung, abgestellt auf eine in Qualität und Umfang verantwortbare, möglichst kostengünstige Leistungserbringung. Sie wird dadurch gesteuert, dass mit Leistungserbringern Verträge abgeschlossen werden und dass fallweise beurteilt wird, welche Behandlung geeignet und ausreichend ist.

Medicaid: in den USA vom Bund und von den Einzelstaaten finanziertes Sozialhilfeprogramm, das bei (nicht krankenversicherten) Bedürftigen unter bestimmten Bedingungen die Kosten bei Krankheit und Mutterschaft übernimmt.

Medicare: bundesstaatlich finanzierte Krankenversicherung in den USA für die über 65jährigen, für Dialysepflichtige und für Behinderte.

Mental Health Case Management, psychiatrisches Case Management: Anwendungen von Case Management in der Versorgung psychisch Kranker, insbesondere in der Gemeindepsychiatrie.

Monitoring: ein Prozess der Beobachtung (Überwachung), ob und in welchem Maße eine Leistungserbringung vereinbarungsgemäß und planmäßig verläuft.

Netzwerken, networking: das Verflechten von Personen und Diensten durch kommunikative Tätigkeiten mit dem Ziel, verstreute Ressourcen zusammenzuführen und besser nutzen zu können.

Neue Steuerungsmodelle: im konzeptionellen Rahmen des *New Public Management* seit den achtziger Jahren zur Verbesserung der Effektivität und der Effizienz öffentlicher Verwaltung entwickelte Arbeitsprinzipien und Aufbaustrukturen: dezentrale Ressourcenverantwortung, flache Hierarchien, Verschlankung durch Ausgliederung von Aufgabenfeldern, Einführung von Produktbeschreibungen, Kontraktmanagement und Controlling. In Deutschland durch die Empfehlungen der Kommunalen Gemeinschaftsstelle (KGSt) verbreitet.

New Public Management: Modernisierungsprogramm der öffentlichen Verwaltung mit den Kennzeichen: Verschlankung, Leistungsorientierung, Marktöffnung, Bürgernähe, Abbau von Vorschriften (Deregulierung), Dezentralisierung. Vgl. *Neue Steuerungsmodelle*.

Outcome: die Auswirkungen (Resultate) einer Unterstützung, Beratung, Behandlung oder Betreuung, die im Ergehen einer Person oder Familie (bzw. als Veränderungen ihres Zustandes) wahrgenommen werden können. Gefragt ist der Leistungserfolg: der Beitrag, den Dienste (mit ihrem *Output*) zur Wohlfahrt bzw. zur Lebensqualität von Menschen leisten.

Output: Hervorbringungen als die messbare Leistung (oder Summe einzelner Leistungen), die von einem Dienst oder in einer Einrichtung für Nutzer erstellt wird.

Outreach, Reichweite: die ausgedehnte Bekanntheit, aktiv eröffnete Zugänglichkeit und dadurch bedingte Inanspruchnahme eines Dienstes.

Package of care: siehe *care package*.

Pathway Management: die Handhabung standardisierter Behandlungsrahmen (clinical pathways, integrated care pathways) im Gesundheitswesen zu einer optimalen Steuerung der Krankenversorgung mit ambulanten und stationären, kurativen, präventiven, pflegerischen und rehabilitativen Leistungen.

Persönliches Budget: anspruchsberechtigten Leistungsnehmern für einen definierten Hilfebedarf bereitgestellte Geldsumme, die dem Empfänger eine selbstbestimmte und selbst organisierte Bedarfsdeckung erlaubt.

Personenbezogener Dienst, personal social service, human service: Charakteristisch für diese Dienste ist, dass sie in einer Beziehung von Mensch zu Mensch erfolgen und dass ihr Ergebnis von der persönlichen Mitwirkung (uno actu) der Nutzer abhängt.

Pflegeplanung, nursing care planning: systematische Gliederung und Darstellung der im Einzelfall vorzusehenden pflegerischen Maßnahmen.

Primärarztstruktur: in den USA von den HMO und anderen Managed Care-Anbietern vorgegebene Ordnung, nach der ein Versicherter nur über vom Versicherer benannte Ärzte (primary care providers) Zugang zu den gesundheitlichen Dienstleistungen erhält. Die Ärzte fungieren als *primary care case managers*. Vgl. das *Hausarztmodell*.

Proaktivität: verantwortliches und vorausschauendes Handeln, bei dem auf Wirkungen und Rückwirkungen gesehen wird. Im Gegensatz zum reaktiven Handeln besteht von vornherein die Absicht, in einem Handlungszusammenhang gestaltend zu wirken.

Produkt: eine für Abnehmer (Nutzer) erbrachte abgrenzbare Leistung. Produkte von Humandiensten sind bestimmte Hilfen, Beratungen (Rat), Behandlungen (Therapien), Pflegeleistungen. Über Produkte verständigt man sich in Produktbeschreibungen.

Produktorientierung: nach den Neuen Steuerungsmodellen in der öffentlichen Verwaltung die Ausrichtung der dienstlichen Tätigkeit auf ihren Beitrag zu der Leistung(sgruppe), die es zu erstellen gilt.

Profiling: in der Beschäftigungsförderung die Klärung der berufsbezogenen Fähigkeiten und persönlichen Stärken und Schwächen bzw. hindernde Umstände in Hinblick auf die Anforderungen von Stellen im Beschäftigungssystem und im Abgleich mit diesen Anforderungen.

Provider: der Anbieter von Diensten (services) und Leistungserbringer. Der Lieferant kann ein freigemeinnütziger oder gewerblicher Dienst (agency), eine (z. B. ärztliche) Praxis oder eine Einrichtung sein.

Qualitätsmanagement: die Steuerung der Prozesse in einer Organisation unter Gesichtspunkten der Qualität. Zum Qualitätsmanagement gehört organisationsintern die *Qualitätssicherung.*

Qualitätszirkel: Arbeitskreis zur Qualitätsverbesserung, der regelmäßig zusammenkommt, um Schwachstellen im Betrieb aufzudecken, Verbesserungsvorschläge und Neuerungen zu erörtern.

Rechenschaftslegung, accounting: Zusammenstellung von geordneten und nachprüfbaren, quantitativen und qualitativen Informationen über das dienstliche Geschehen.

Reengineering: Um- und Neugestaltung der Arbeitsweisen einer Organisation, der Abläufe und betrieblichen Strukturen zur Verbesserung der Ergebnisse.

Rehabilitation: im engeren Sinne die (Maßnahmen zur) Wiederbefähigung einer Person nach Unfall, chronischer Krankheit oder bei bestehender Behinderung. Im weiteren Sinne Rückführung in eine selbständige (soziale, berufliche, gesundheitliche) Lebensführung und zur Teilhabe am Leben in der Gesellschaft.

Screening, Auslese: Verfahrung zur Scheidung (Aussiebung) von Personengruppen nach bestimmten Merkmalen, z. B. nach Bedürftigkeit.

Sozialmanagement: Führung und Gestaltung von sozialen Diensten und Einrichtungen. Das Sozialmanagement widmet sich der Aufbau- und der Ablauforganisation von Unternehmen im Nonprofit-Bereich.

Total Quality Management (TQM): umfassende, systematische und kontinuierliche Optimierung der Prozesse in einem Betrieb zur Ergebnisverbesserung unter Beteiligung aller Mitarbeiter. Gefordert wird, dass alle einzelnen Vorgänge der Leistungserstellung den Qualitätsstandards entsprechen bzw. laufend qualifiziert werden.

Unterstützungsmanagement: deutscher Begriff für das Case Management in der Sozialhilfe, der Behindertenhilfe und in der Kinder- und Jugendhilfe.

Utilization management: die prospektive, begleitende und retrospektive Beobachtung, Handhabung und Steuerung der Ausnutzung und Auslastung eines Dienstes oder einer Einrichtung mit dem Ziel einer optimalen Ressourcenverwertung.

Versorgungsauftrag: auf nationaler, regionaler oder lokaler Ebene politisch entschiedene Aufgabenstellung für bestimmte Leistungserbringer, z. B. Krankenhäuser oder Sozialdienste.

Versorgungsmanagement, care management: generelle Handhabung medizinischer, pflegerischer, sozialer Versorgungsprozesse in Diensten und Einrichtungen oder die Führung und Lenkung des Angebots an ihnen. Entwicklung standardisierter Vorgehensweisen über den Einzelfall hinaus und Sicherung einer angemessenen Versorgung im Einzelfall.

Wohlfahrtsproduktion, welfare production: von Martin Knapp (1984) eingeführter Begriff für die Herstellung von Wohlergehen, die Hebung oder Erhaltung von Lebensqualität durch personenbezogene Leistungen von Sozial- und Gesundheitsdiensten in Verbindung mit dem persönlichen Bewältigungsverhalten.

Zertifizierung: Überprüfung und Nachweis allgemein der Fähigkeit eines Unternehmens oder Lieferanten und im Speziellen von Fachkräften, eine geforderte oder versprochenes Qualitätsniveau zu bieten. Das Zertifikat bestätigt, dass festgelegte Qualitätsforderungen erfüllt werden.

Literatur

Access to Justice. Final Report to the Lord Chancellor on the civil justice system in England and Wales. By The Right Honourable the Lord Woolf, July 1996. London: HMSO

Albrecht, Gary L./Peters, Karen E. 1995: Organizational Theory in the Case and Care Management of Health Care. In: Albrecht, Gary L. (ed.): Advances in Medical Sociology: Case and Care Management. Greenwich, Conn./ London: JAI Press. S. 1–35

Allert, Tilman/Bieback-Diel, Liselotte/Oberle, Helmut/Seyfarth, Elisabeth 1994: Familie, Milieu und sozialpädagogische Intervention. Münster: Votum

Amado, Angela N./McAnally, Patricia/Linz, Mary H. 1989: Research Review of Effectiveness of Case Management in the United States. In: Linz, Mary H./McAnally, Patricia/Wieck, Colleen (eds.): Case Management: Historical, Current & Future Perspectives. Cambridge, MA: Brookline Books. S. 1–20

Amelung, Volker Eric/Schumacher, Harald 2007: Managed Care. Neue Wege im Gesundheitsmanagement. 4. Aufl., Wiesbaden: Gabler

American Hospital Organization 1986: Glossary of Terms and Phrases for Health Care Coalitions. Chicago: AHA Office of Health Coalitions and Private Sector Initiatives

Anthony, William A./Cohen, Mikal/Farkas, Marianne/Cohen, B. F. 1988: Clinical Care Update: The Chronically Mentally Ill: Case Management – More than a Response to a Dysfunctional System. In: Community Mental Health Journal, 24, 3. S. 219–228

Applebaum, Robert 1996: The Case Management Paradox. In: Journal of Case Management, 5, 3. S. 90

Applebaum, Robert/Austin, Carol 1990: Long-Term Care Case Management. Design and Evaluation. New York: Springer

Armstrong, Lisa K. 1995: Transitional Case Management. In: Friesen, Barbara J./Poertner, John (eds.): From Case Management to Service Coordination for Children with Emotional, Behavioral, or Mental Disorders. Baltimore: Paul H. Brookes. S. 317–326

Arnold, Michael 1995: Solidarität 2000. Die medizinische Versorgung und ihre Finanzierung nach der Jahrtausendwende. 2. Aufl., Stuttgart: Enke

Arnold, Michael/König, Hans-Helmut/Seitz, Robert 1996: Managed Care: Prinzipien, Effekte, Grenzen. In: Führen und Wirtschaften im Krankenhaus, 13, 1. S. 8–12

Arnold, Michael/Lauterbach, Karl W./Preuß, Klaus-Jürgen (Hrsg.) 1997: Managed Care: Ursachen, Prinzipien, Formen und Effekte. Stuttgart: Schattauer

Austin, Carol D./McClelland, Robert W. (eds.) 1996 : Perspectives on Case Management Practice. Milwaukee, Wisc.: Families International

Ballew, Julius R./Mink, George 1986: Case Management in the Human Services. Springfield, Ill.: Charles C. Thomas

Ballew, Julius R./Mink, George 1996: Case Management in Social Work: Developing the Professional Skills Needed for Work with Multiproblem Clients. Revised Edition. Springfield, Ill.: Charles C. Thomas

Barker, Robert L. 1991: The Social Work Dictionary. 2nd Edition. Washington, DC: NASW Press

Barth, Richard P., et al. 1994: From Child Abuse to Permanency Planning. Child Welfare Services Pathways and Placements. New York: Aldine de Gruyter

Baudis, Rainer (Hrsg.) 2007: Verbundqualität in der Suchthilfe. Organisieren personenbezogener Versorgungszusammenhänge. Rudersberg: Verlag für Psychologie, Sozialarbeit und Sucht

Baumberger, Jürg 1996: Die Entstehung der HMO in der Schweiz. In: Arbeit und Sozialpolitik, 50, 11/12, S. 28–33

Beresford, Peter/Croft, Suzy 1993: Citizen Involvement. A Practical Guide for Change. Basingstoke: Macmillan

Beresford, Peter/Trevillion, Steve 1995: Developing Skills for Community Care. A Collaborative Approach. Aldershot: Arena

Berkman, Barbara 1996: The Emerging Health Care World: Implications for Social Work Practice and Education. In: Social Work, 41, 5. S. 541–551

Bertelsmann-Stiftung u.a. (Hrsg.) 2002: Handbuch Beratung und Integration. Fördern und Fordern – Eingliederungsstrategien in der Beschäftigungsförderung. Gütersloh: Verlag Bertelsmann-Stiftung

Biefang, Sibylle/Potthof, Peter/Schliehe, Ferdinand 1999: Assessmentverfahren für die Rehabilitation. Göttingen: Hogrefe

Blancett, Suzanne Smith/Flarey, Dominick L. (eds.) 1996: Case Studies in Nursing Case Management. Health Care Delivery in a World of Managed Care. Gaithersburg, MD: Aspen Publishers

Blosser-Reisen, Lore (Hrsg.) 1997: Altern: Integration sozialer und gesundheitlicher Hilfen. Bern: Hans Huber

Blumenthal, David 1996: The Origins of the Quality-of-Care Debate. In: New England Journal of Medicine, 335, 15. S. 1146–1149

Bock, Thomas/Weigand, Hildegard (Hrsg.) 1991: Hand-werks-buch Psychiatrie. Bonn: Psychiatrie-Verlag

Bower, Kathleen A. 1994: Case Management and Clinical Paths: Definitions and Relationships. In: Spath, Patrice L. (ed.): Clinical Paths: Tools for Outcomes Management. Chicago: American Hospital Publishing. S. 25–32

Brack, Ruth/Geiser, Kaspar (Hrsg.) 1996: Aktenführung in der Sozialarbeit. Bern: Paul Haupt

Brader, Doris/Faßmann, Hendrik u.a. 2004: Case Management zur Erhaltung von Arbeits- und Ausbildungsverhältnisse behinderter Menschen (CMB) – Abschlussbericht einer Modellinitiative der Bundesarbeitsgemeinschaft für Rehabilitation. Nürnberg: Institut für empirische Soziologie an der Univ. Erlangen-Nürnberg

Brasch, Gabi/Richter, Andreas 1992: Beratungsverträge zwischen Wohnungslosen und ambulanten Diensten der freien Wohlfahrtspflege als Ausdruck sozialstaatlichen Verantwortungsbewußtseins. In: Gefährdetenhilfe, 34, 1, S. 1–5

Brennan, James 1996: Comprehensive Case Management with HIV Clients. In: Austin, Carol D./McClelland, Robert W. (eds.): Perspectives on Case Management Practice. Milwaukee, Wisc.: Families International. S. 219–240

Breyer, Friedrich/Zweifel, Peter 1997: Gesundheitsökonomie. 2. Auflage, Berlin – Heidelberg: Springer

Brinkmann, Volker (Hrsg.) 2006: Case Management. Organisationsentwicklung und Change Management in Gesundheits- und Sozialunternehmen. Wiesbaden: Gabler

Brobst, Ruth, et al. 1997: Der Pflegeprozess in der Praxis. Bern: Hans Huber

Brühl, Albert 2004: Fallgruppen in der Sozialarbeit FdSÈ als Antwort auf die Einführung der Diagnosis Related Groups in Akut-Krankenhäusern. Baden-Baden: Nomos

Brülle, Heiner u. a. 2006: Fallmanagement in der Arbeit mit Arbeitslosen. Ein kritischer Leitfaden. Frankfurt am Main: Fachhochschulverlag

Butcher, Tony 1995: Delivering Welfare: The Governance of the Social Services in the 1990s. Buckingham: Open University Press

Caring for People 1989: Community Care in the Next Decade and Beyond. Presented to Parliament by the Secretaries of State for Health, Social Security, Wales and Scotland (CM 849). London: HMSO

Carrilio, Terry Eisenberg 2007: Home-Visiting Strategies. A Case-Management Guide for Caregivers. Columbia: Univ. of South Carolina Press

Casto, R. Michael/Julia, Maria C., et al. 1994: Interprofessional Care and Collaborative Practice. Pacific Grove, CA: Brooks/Cole

Cavanagh, Stephen J. 1995: Pflege nach Orem. Freiburg i.Br.: Lambertus

Cierpka, Manfred/Volker, Thomas/Sprenkle, Douglas 2005: Family Assessment. Integrating Multiple Clinical Perspectives. Göttingen: Hogrefe

Challis, David/Davies, Bleddyn 1986: Case Management in Community Care. An Evaluated Experiment in the Home Care of the Elderly. Aldershot: Gower

Challis, David 1990: Case Management: Problems and Possibilities. In: Allen, Isobel (ed.): Care Managers and Care Management. London: Policy Studies Institute (Pinter Publ.). S. 9–25

Challis, David, et al. 1990: Case Management in Social and Health Care: The Gateshead Community Care Scheme. Canterbury: University of Kent, PSSRU

Challis, David/Davies, Bleddyn/Traske, Karen (eds.) 1994: Community Care: New Agendas and Challenges from the UK and Overseas. Canterbury: University of Kent, PSSRU

Chiles, John A./Strosahl, Kirk D. 1995: The Suicidal Patient. Principles of Assessment, Treatment and Case Management. Washington, DC: American Psychiatric Press

Cioschi, Helen M./Goodman, Carol L. 1994: A Lifetime Case Management Model for Persons with Spinal Cord Injury. In: Journal of Case Management, 3, 3. S. 117–123

Clausen, Jens/Dresler, Klaus-D./Eichenbrenner, Ilse 1996: Soziale Arbeit im Arbeitsfeld Psychiatrie. Freiburg i.Br.: Lambertus

Cohen, Elaine L. 1996: Nurse Case Management in the 21st Century. St. Louis: Mosby

Cohen, Elaine L./Cesta, Toni G. 1993: Nursing Case Management: From Concept to Evaluation. St. Louis: Mosby

Corden, John/Preston-Shoot, Michael 1987: Contracts in Social Work. Aldershot: Gower

Cortekar, Jörg/Hugenroth, Susanne 2006: Managed Care als Reformoption für das deutsche Gesundheitswesen. Gießen: Metropolis

Crosby, Charles/Barry, Margaret M. (eds.) 1995: Community Care: Evaluation of the Provision of Mental Health Services. Aldershot: Avebury

Dahlgaard, Knut/Schiemann, Doris 1996: Voraussetzungen und Darstellung der Methode der stationsgebundenen Qualitätssicherung. In: Qualitätsentwicklung in der Pflege. Abschlußbericht. (Schriftenreihe des Bundesministeriums für Gesundheit, Band 79) Baden-Baden: Nomos

Damkowski, Wulf/Precht, Claus 1995: Public Management. Neue Steuerungskonzepte für den öffentlichen Sektor. Stuttgart: Kohlhammer

Davis, I. Lorraine 1992: Client Identification and Outreach: Case Management in School-Based Services for Teenage Parents. In: Vourlekis, Betsy S./Greene, Roberta R. (eds.): Social Work Case Management. New York: Aldine de Gruyter. S. 27–34

Day, Patricia/Klein, Rudolf 1987: Accountabilities: Five Public Services. London: Tavistock

Deakin, Nicholas, et al. 1997: Contracting for Change: A Study of Contracts in Health, Social Care, and Other Local Government Services. Oxford: Oxford University Press

Deckert, Klaus/Wind, Ferdinand 1996: Das Neue Steuerungsmodell – Von der Vision zur Aktion –. Köln: Deutscher Gemeindeverlag

Del Togno-Armanasco, Virginia/Hopkin, Lois A./Harter, Sue 1993: Collaborative Nursing Case Management. A Handbook for Development and Implementation. New York: Springer

Department of Health 1991 (a): Care Management and Assessment. Managers? Guide. London: HMSO

Department of Health 1991 (b): Care Management and Assessment. Summary of Practice Guidance. London: HMSO

Department of Health 1991 (c): Assessment Systems and Community Care. London: HMSO

Deutsch, Paul M./Sawyer, Horace 1990: A Guide to Rehabilitation. New York: Matthew Bender

Deutsche Hauptstelle gegen die Suchtgefahren (Hrsg.) 1995: Suchtkrankenhilfe im Verbund. Eine kritische Bestandsaufnahme. Freiburg i.Br.: Lambertus

Dill, Ann E. P. 2001: Managing to Care. Case Management and Service System Reform. New York: Aldine de Gruyter

Döhner, Hanneli/Kofahl, Christopher 1996: „Die Menschen wissen, es ist jemand für sie da". Care- und Case-Management durch das Modell PAGT in Hamburg. In: Häusliche Pflege, 5, 9. S. 638–646

Döhner, Hanneli/Schick, Birgit (Hrsg.) 1996: Gesundheit durch Kooperation. Die Rolle der Hausarztpraxis in der geriatrischen Versorgung. Münster: Lit

Doherty, William J. 1997: The Intentional Family: How to Build Family Ties in Our Modern World. Reading, MA: Addison-Wesley

Doherty, William J./Baird, Macaran A. 1986: Family-Centered Medical Care: A Clinical Casebook. New York: Guilford Press

Donovan, Michelle Regan/Matson, Theodore A. (eds.) 1994: Outpatient Case Management. Strategies for a New Reality. Chicago: American Hospital Publishing

Duncan, W. Jack/Ginter, Peter/Swayne, Linda (eds.) 1997: Handbook for Health Care Management. Oxford: Blackwell

Dykes, Patricia C./Wheeler, K. (Hrsg.) 2002: Critical Pathways – Interdisziplinäre Versorgungspfade. DRG-Management-Instrumente. Bern: Huber

Easterling, Alice, et al. 1995: The Case Manager?s Guide. Acquiring the Skills for Success. Chicago: American Hospital Publishing

Engel, Heike/Engels, Dietrich (Bearb.) 1999: Case Management in verschiedenen nationalen Altenhilfesystemen. Schriftenreihe des BMFSFJ, Band 189.1. Stuttgart: Kohlhammer

Engel, Heike/Engels, Dietrich (Bearb.) 2000: Case Management – Erfahrungen aus neun Ländern. Materialband und Workshop-Diskussion. Schriftenreihe des BMFSFJ, Band 189.3. Stuttgart: Kohlhammer

Enos, Richard/Southern, Stephen 1996: Correctional Case Management. Cincinnati, OH: Anderson Publishing

Erdmann, Yvonne 1995: Managed Care. Veränderungen im Gesundheitswesen der USA in den letzten 30 Jahren. Baden-Baden: Nomos

Everitt, Angela/Hardiker, Pauline 1996: Evaluating for Good Practice. Basingstoke: Macmillan

Evers, Adalbert/Olk, Thomas 1996: Von der pflegerischen Versorgung zu hilfreichen Arrangements. Strategien der Herstellung optimaler Beziehungen zwischen formellem und informellem Hilfesystem im Bereich der Pflege älterer Menschen. In: Evers, A./Olk, Th. (Hrsg.): Wohlfahrtspluralismus. Opladen: Westdeutscher Verlag. S. 347–372

Ewers, Michael 1996: Case Management: Anglo-amerikanische Konzepte und ihre Anwendbarkeit im Rahmen der bundesdeutschen Krankenversorgung (Veröffentlichungreihe der Arbeitsgruppe Public Health P 96–208). Berlin: Wissenschaftszentrum Berlin für Sozialforschung

Ewers, Michael 2006: Case Management in der Pflege – Versuch einer Bestandsaufnahme. In: Wendt, Wolf Rainer/Löcherbach, Peter (Hrsg.): Case Management in der Entwicklung. Heidelberg: Economica. S. 55-70

Ewers, Michael/Schaeffer, Doris (Hrsg.) 2005: Case Management in Theorie und Praxis. 2. Aufl., Bern: Huber

Fachkonzept „Beschäftigungsorientiertes Fallmanagement im SGB II", hrsg. von der Bundesagentur für Arbeit 2005. URL: www.sgb2.info/download/informationsmaterial_ba/fachkonzept-abschlussfassung-fallmanagement.pdf

Faltermeier, Josef, u.a. 1996: Hilfeplanung konkret. Praktische und fachpolitische Handlungsstrategien zur Qualitätssicherung in der Jugendhilfe (Schriften des Deutschen Vereins). Stuttgart: Kohlhammer

Ferlie, Ewan, et al. 1996: The New Public Management in Action. Oxford: Oxford University Press

Finis Sigler, Beate 1997: Ökonomik der Sozialen Arbeit. Freiburg: Lambertus

Firestone, Robert W. 1997: Suicide and the Inner Voice: Risk Assessment, Treatment, and Case Management. Thousand Oaks, CA: Sage

Flarey, Dominick L./Blancett, Suzanne Smith (eds.) 1996: Handbook of Nursing Case Management. Gaithersburg, MD: Aspen Publishers

Flynn, Rob/Williams, Gareth/Pickard, Susan 1996: Markets and Networks: Contracting in Community Health Services. Buckingham: Open University Press

Friedman, Cathy Roberts/Poertner, John 1995: Creating and Maintaining Support and Structure for Case Managers. In: Friesen, Barbara J./Poertner, John (eds.): From Case Management to Service Coordination for Children with Emotional, Behavioral or Mental Disorders. Baltimore: Paul H. Brookes. S. 257–274

Friesen, Barbara J./Poertner, John (eds.) 1995: From Case Management to Service Coordination for Children with Emotional, Behavioral, or Mental Disorders. Baltimore: Paul H. Brookes

Friesen, Barbara J./Briggs, Harold E. 1995: The Organization and Structure of Service Coordination Mechanisms. In: Friesen, Barbara J./Poertner, John (eds.): From Case Management to Service Coordination for Children with Emotional, Behavioral, or Mental Disorders. Baltimore: Paul H. Brookes. S. 63–94

Frink, Barbara Barth/Strassner, Lary 1996: Variance Analysis. In: Flarey, Dominick L./Blancett, Suzanne Smith (eds.): Handbook of Nursing Case Management. Gaithersburg, MD: Aspen Publishers. S. 194–223

Frommelt, Mona 2006: Case Management im Praxisnetz: HomeCare Nürnberg. In: Wendt, Wolf Rainer/Löcherbach, Peter (Hrsg.): Case Management in der Entwicklung. Heidelberg: Economica. S. 113–133

Frossard, Michel 1996: Case Management in France: An Economic Perspective. In: Journal of Case Management, 5, 4, S. 162–167

Früchtel, Frank/Budde, Wolfgang/Cyprian, Gudrun 2007: Sozialer Raum und Soziale Arbeit. Fieldbook: Methoden und Techniken. Wiesbaden: VS Verlag für Sozialwissenschaften

Gabor, Peter A./Grinnell, Richard M. 1994: Evaluation and Quality Improvement in the Human Services. Boston: Allyn and Bacon

Galligan, Denis 1992: Procedural Rights in Social Welfare. In: Coote, Anna (ed.): The Welfare of Citizens. London: IPPR. S. 55–68

Gehrmann, Gerd/Müller, Klaus D. 1996: Effektiver Schutz für Kinder und Familien. In: Blätter der Wohlfahrtspflege, 143, 3, S. 71–76

Gehrmann, Gerd/Müller, Klaus D. 1997: Familie im Mittelpunkt. Soziale Arbeit als Krisenintervention. Regensburg: Walhalla

Gehrmann, Gerd/Müller, Klaus D. 2005: Aktivierende soziale Arbeit mit nicht-motivierten Klienten. Regensburg: Walhalla

Gensichen, Jochen u. a. 2006: Die Zukunft ist chronisch: Das Chronic Care-Modell in der deutschen Primärversorgung. In: Zeitschrift für ärztliche Fortbildung und Qualität im Gesundheitswesen, 100, 5, S. 365–374

Gerull, Peter 2007: Sozialwirtschaftliches Qualitätsmanagement. Grundlagen, Konzepte, Instrumente. Berlin: VdM Verlag Dr. Müller

Göckler, Rainer 2006: Beschäftigungsorientiertes Fallmanagement. Praxisorientierte Betreuung und Vermittlung in der Grundsicherung für Arbeitssuchende (SGB II). Eine Einführung. 2. Aufl., Regensburg: Walhalla

Goldsmith, Seth B. (ed.) 1995: Managed Care. Gaithersburg, MD: Aspen Publishers

Goodman, Michael/Brown, Janet A./Deitz, Pamela M. 1996: Managing Managed Care II. A Handbook for Mental Health Professionals. Second Edition. Washington, DC: American Psychiatric Press

Granquist, Luther A. 1989: Legal Perspectives of Case Management in Minnesota. In: Linz, Mary Hubbard/McAnally, Patricia/Wieck, Colleen (eds.): Case Management: Historical, Current & Future Perspectives. Cambridge, MA: Brookline Books. S. 97–106

Greenwood, Adrian 1995: „Bei uns ist der Kunde König". Erfahrungen mit dem Care-Management in Großbritannien. In: Häusliche Pflege, 4, 10. S. 722–727

Greiling, Michael (Hrsg.) 2004: Pfade durch das Klinische Prozessmanagement. Methodik und aktuelle Diskussionen. Stuttgart: Kohlhammer

Greuèl, Marius/Mennemann, Hugo 2006: Soziale Arbeit in der Integrierten Versorgung. München: Reinhardt

Gromann, Petra 2001: Integrierte Behandlungs- und Reha-Planung. Ein Handbuch zur Umsetzung des IBRP. Bonn: Psychiatrie-Verlag

Gsub, Gesellschaft für soziale Unternehmensberatung (Hrsg.) 2003: Profiling. Neue Eingliederungsstrategien in der Arbeitsvermittlung. Berlin: Eigenverlag

Guinane, Carole S. 1996: Clinical Care Pathways: Tools and Methods for Designing, Implementing and Analyzing Efficient Care Practices. New York: Richard D. Irwin

Gunther, John/Hawkins, Frank (eds.) 1996: Total Quality Management in Human Service Organizations. New York: Springer

Hadley, Roger/Clough, Roger 1996: Care in Chaos: Frustration and Challenge in Community Care. London: Cassell

Haines, Kevin 1996: Understanding Modern Juvenile Justice: The Organisational Context of Service Provision. Aldershot: Ashgate

Hare, Isadora/Clark, James P. 1992: Case Management Assessment in School Social Work and Early Intervention Programs for Disabled Infants and Toddlers. In: Vourlekis, Betsy S./Greene, Roberta R. (eds.): Social Work Case Management. New York: Aldine de Gruyter. S. 51–74

Harris, Howard S./Maloney, David C. (eds.) 1996: Human Services: Contemporary Issues and Trends. Boston, MA: Allyn & Bacon

Harris, Maxine/Bachrach, Leona L. (eds.) 1988: Clinical Case Management. (New Directions for Mental Health Services Nr.40) San Francisco: Jossey-Bass

Harris, Maxine/Bergman, Helen C. 1993: Case Management for Mentally Ill Patients: Theory and Practice. Langhorne, PA: Harwood Academic Publishers

Hasenfeld, Yeheskel 1972: People Processing Organizations: An Exchange Approach. In: American Sociological Review, 37, S. 256–263

Hasenfeld, Yeheskel (ed.) 1992: Human Services as Complex Organizations. Newbury Park, CA: Sage

Heiner, Maja (Hrsg.) 1997: Qualitätsentwicklung durch Evaluation. Freiburg i.Br.: Lambertus

Hendrischke, Askan/Kröger, Friedebert 1997: Systemische Familienmedizin: Ein Modell für Kooperation im Gesundheitswesen. In: Deutsches Ärzteblatt, 94, 6, S. A–294–296

Hessellund, Thorv A./Cox, Robyn 1996: Vocational Case Managers in Early Return-to-Work Agreements. In: Journal of Care Management, 2, 6. S. 34–40, 78

Hokenstad, Merl C./Johansson, Lennarth 1996: Eldercare in Sweden: Issues in Service Provision and Case Management. In: Journal of Case Management, 5, 4, S. 137–141

Holt, Eda 1996: A CCMC Policy Statement: Eligibility Criteria and Due Process. In: Journal of Care Management, 2, 2. S. 44

Howe, Rufus S. (ed.) 1994: Case Management for Health Care Professionals. Chicago: Precept Press

Howe, Rufus S. (ed.) 1996: Clinical Pathways for Ambulatory Care Case Management. Gaithersburg, MD: Aspen Publishers

Ignatavicius, Donna D./Hausman, Kathy A. 1995: Clinical Pathways for Collaborative Practice. Philadelphia: W. B. Saunders

Ignelzi, Susan/Dague, Beth 1995: Parents as Case Managers. In: Friesen, Barbara J./Poertner, John (eds.): From Case Management to Service Coordination for Children with Emotional, Behavioral, or Mental Disorders. Baltimore: Paul H. Brookes. S. 327–336

Institut für kommunale Psychiatrie (Hrsg.) 1996: Auf die Straße entlassen. Obdachlos und psychisch krank. Bonn: Psychiatrie-Verlag

Institut für soziale Arbeit e.V. (Hrsg.) 1994: Hilfeplanung und Betroffenenbeteiligung. Münster: Votum

Intagliata, James 1982: Improving the Quality of Community Care for the Chronically Mentally Disabled: The Role of Case Management. In: Schizophrenia Bulletin, 8. S. 655–674

Isfort, Michael (Bearb.) 2004: Pflegerelevante Fallgruppen (PRG). Eine empirische Grundlegung. Hannover: Schlütersche Verlags-Ges.

Ivanoff, André/Blythe, Betty J./Tripodi, Tony 1994: Involuntary Clients in Social Work Practice. New York: Aldine de Gruyter

Jaster, Hans-Joachim (Hrsg.) 1997: Qualitätssicherung im Gesundheitswesen. Stuttgart: Thieme

Johnson, Sue (Hrsg.) 2002: Interdisziplinäre Versorgungspfade. Pathways of Care. Bern: Huber

Jordan, Katheleen/Franklin, Cynthia 1995: Clinical Assessment for Social Workers. Quantitative and Qualitative Methods. Chicago: Lyceum Books

Kaltenbach, Tobias 1993: Qualitätsmanagement im Krankenhaus: Qualitäts- und Effizienzsteigerung auf der Grundlage von Total Quality Management. Melsungen: Bibliomed

Kane, Rosalie A./Caplan, Arthur L. (eds.) 1993: Ethical Conflicts in the Management of Home Care. The Case Manager?s Dilemma. New York: Springer

Kanter, Joel J. 1989: Clinical Case Management: Definition, Principles, Components. In: Hospital and Community Psychiatry, 31. S. 361–368

Kanter, Joel (ed.) 1995: Clinical Studies in Case Management. (New Directions for Mental Health Services Nr.65) San Francisco: Jossey-Bass

Katz, S., et al. 1963: Studies of Illness in the Aged. The Index of ADL. In: Journal of the American Medical Association, 185. S. 914–919

Kelly, Kathleen/Maas, Meridean (eds.) 1996: Outcomes of Effective Management Practice. Thousand Oaks, CA: Sage

Kingsley, Chris 1993: A Guide to Case Management for At-Risk Youth. 2nd ed. Waltham, MA: Brandeis University, Center for Human Resources

Kinney, Jill/Haapala, David/Booth, Charlotte 1991: Keeping Families Together: Homebuilders Model. New York: Aldine de Gruyter

Kinney, Jill/Haapala, David/Booth Charlotte/Leavitt, Shelley 1990: The Homebuilders Model. In: Whittaker, James K., et al. (eds.): Reaching High-Risk Families: Intensive Family Preservation in Human Services. New York: Aldine de Gruyter. S. 31–64

Klein, Rudolf/Day, Patricia/Redmayne, Sharon 1996: Managing Scarcity: Priority Setting and Rationing in the National Health Service. Buckingham: Open University Press

Klein, Uwe 1996: Netzwerkarbeit in der ambulanten Rehabilitation älterer Menschen. Das Berliner Modell der Koordinierungsstellen. Kassel: Gesamthochschul-Bibliothek

Kleve, Heiko/Haye, Britta/Hampe-Grosser, Andreas/Müller, Matthias 2006: Systemisches Case Management. Falleinschätzung und Hilfeplanung in der Sozialen Arbeit. Heidelberg: Carl-Auer-Systeme

Klug, Wolfgang 2003: Mit Konzept planen – effektiv helfen. Ökosoziales Case Management in der Gefährdetenhilfe. Freiburg i. Br.: Lambertus

Knapp, Martin 1984: The Economics of Social Care. London: Macmillan

Knapp, Martin, et al. 1992: Care in the Community. Challenge and Demonstration. Aldershot: Ashgate

Kommunale Gemeinschaftsstelle für Verwaltungsvereinfachung (KGSt) 1992: Wege zum Dienstleistungsunternehmen Kommunalverwaltung. Fallstudien Tilburg. Bericht Nr. 19. Köln: KGSt

Kommunale Gemeinschaftsstelle 1993: Das Neue Steuerungsmodell. Bericht Nr. 5. Köln: KGSt

Kommunale Gemeinschaftsstelle 1994 a: Das Neue Steuerungsmodell: Definition und Beschreibung von Produkten. Bericht Nr. 8. Köln: KGSt

Kommunale Gemeinschaftsstelle 1994 b: Outputorientierte Steuerung der Jugendhilfe. Bericht Nr. 9. Köln: KGSt

Kongstvedt, Peter R., et al. 1995: Essentials of Managed Health Care. Gaithersburg, MD: Aspen Publishers

Korte, Stephanie/Redaèlli, Marcus/Lauterbach, Karl W. 2005: Disease Management als Grundlage integrierter Versorgungsstrukturen. Stuttgart: Kohlhammer

Korth, Manfred 1995: Jugendgerichtshilfe. Die Einzelbetreuung im Jugendstrafverfahren nach § 10 JGG. Augsburg: Maro

Krausz, Michael/Haasen, Christian (Hrsg.) 1996: Langzeitperspektiven süchtigen Verhaltens. Freiburg i.Br.: Lambertus

Kretz, Sandra E./Pantos, Barbara S. 1996: Cost Savings and Clinical Improvement through Disease Management. In: Journal of Case Management, 5, 4, S. 173–181

Krohwinkel, Monika. u.a. 1992: Der pflegerische Beitrag zur Gesundheit in Forschung und Praxis. Schriftenreihe des Bundesministeriums für Gesundheit, Band 12. Baden-Baden: Nomos

Kuckartz, Udo/Dresing, Thorsten/Rädiker, Stefan 7 Stefer, Claus 2007: Qualitative Evaluation. Der Einstieg in die Praxis. Wiesbaden: VS

Kuhlmann, Andrea 2005: Case Management für demenzkranke Menschen. Eine Betrachtung der gegenwärtigen praktischen Umsetzung. Münster: Lit

Kunkel, Peter-Christian 1995: Ist der Hilfeplan ein Instrument des Eingriffs in die Autonomie freier Träger? In: Nachrichtendienst des Deutschen Vereins, 75, 11. S. 456–457

Lackey, Jill Florence 2006: Accountability in Social Services. The Culture of the Paper Program. New York: Haworth

Lamb, H. Richard 1980: Therapist – Case Managers: More than Brokers of Services. In: Hospital and Community Psychiatry, 31. S. 762–764

Langehennig, Manfred 1996 (a): Die Macht des Konsumenten stärken! Thesen zum Verbraucherschutz in der ambulanten Versorgung älterer Menschen. In: Häusliche Pflege, 5, 12: S. 870–875

Langehennig, Manfred 1996 (b): Hilfekoordination für ein selbstbestimmtes Leben im Alter. Das Unterstützungsmanagement einer Berliner Koordinierungsstelle für ambulante Rehabilitation älterer Menschen. In: Archiv für Wissenschaft und Praxis der sozialen Arbeit, 27, 3, S. 231–240

Lawton, M.P./Brody, E.M. 1969: Assessment of Older People: Self Maintaining and Instrumental Activities of Daily Living. In: The Gerontologist, 9. S. 179–186

Leber, Wulf-Dietrich/Leonhard, Torsten 1997: AOK-Hausarztmodell. Start der Pilotphase in Frankfurt. In: DOK (AOK-Bundesverband), 79, 1–2, S. 26–28

Lemire, Elizabeth Tartre 1996: Community-Based Health Reform: A Case Management Model for Consumer Self-Determination. In: Journal of Care Management, 2, 3. S. 9–26

Lewis, Jane/Glennerster, Howard 1996: Implementing the New Community Care. Buckingham: Open University Press

Linz, Mary Hubbard/McAnaly, Patricia/Wieck, Colleen (eds.) 1989: Case Management: Historical, Current & Future Perspectives. Cambridge, MA: Brookline Books

Lloyd, Margaret/Taylor, Carolyn 1995: From Hollis to the Orange Book: Developing a Holistic Model of Social Work Assessment in the 1990s. In: British Journal of Social Work, 25, 6. S. 691–710

Lochmann, Rainer 1996: Kooperation und Vernetzung in der Straffälligenhilfe. In: Nickolai, Werner, u.a. (Hrsg.): Straffällig: Lebenslagen und Lebenshilfen. Freiburg i.Br.: Lambertus. S. 132–154

Lochmann, Rainer/Baumann, Heinz/Chilian, Walter (Hrsg.) 1994: Kooperation und Vernetzung in der Straffälligenhilfe. Bonn: Forum Verlag Godesberg

Lohfert, Christoph/Sanden, Uwe 1996: Standard Operating Procedures (StOP). In: Führen und Wirtschaften im Krankenhaus, 13, 6. S. 512–518

Lowy, Louis 1988: Case Management in der Sozialarbeit. In: Brennpunkte Sozialer Arbeit: Soziale Einzelhilfe. Frankfurt am Main: Diesterweg. S. 31–39

Maelicke, Bernd (Hrsg.) 1996: Qualitätsmanagement in sozialen Betrieben und Unternehmen. Baden-Baden: Nomos

Mandelstam, Michael/Schwehr, Belinda 1995: Community Care Practice and the Law. London: Jessica Kingsley

Manoleas, Peter (ed.) 1996: The Cross-Cultural Practice of Clinical Case Management in Mental Health. New York: The Haworth Press

Marrelli, Tina M./Hilliard, Lynda S. (eds.) 1996: Home Care and Clinical Paths. Effective Care Planning Across the Continuum. St. Louis: Mosby

Martin, Lawrence L. 1993: Total Quality Management in Human Service Organizations. London: Sage

McDaniel, Susan 1996: Kooperative, familienorientierte Gesundheitsfürsorge – Grundprinzipien und fachliche Voraussetzungen. In: Psychotherapeut, 41, S. 45ff.

McGoldrick, Monica/Gerson, Randy 1990: Genogramme in der Familienberatung. Bern: Hans Huber

McNeese-Smith, Donna, et al. 1996: Roles of the Professional Registered Nurse in Case Management and Program Direction. In: Flarey, Dominick L./Blancett, Suzanne Smith (eds.): Handbook of Nursing Case Management. Gaithersburg, MD: Aspen Publishers. S. 272–294

Mechanic, David 1995: Dilemmas in Rationing Health Care Services: The Case for Implicit Rationing. In: British Medical Journal, 310, 6995, S. 1655–1659

Mehrhoff, Friedrich/Schönle, P. w. (Hrsg.) 2005: Betriebliches Eingliederungsmanagement. Leistungsfähigkeit von Mitarbeitern sichern. Stuttgart: Gentner

Meinhold, Marianne 1996: Qualitätssicherung und Qualitätsmanagement in der Sozialen Arbeit. Freiburg i.br.: Lambertus

Mennemann, Hugo/Ribbert-Elias, Jürgen 2005: Personen- und systembezogenes Management in der Unterstützung pflegebedürftiger Menschen und ihrer Angehörigen am Beispiel des „Ahlener Systems". In: Gerwin, Birgit/ Lorenz-Krause, Regina (Hrsg.): Pflege-und Krankheitsverläufe aktiv steuern. Münster: Lit. S. 57–85

Mennemann, Hugo 2006: Case Management in der Altenarbeit – Einblicke in Bewährtes und Ausblicke auf Neues. In: Wendt, Wolf Rainer/Löcherbach, Peter (Hrsg.): Case Management in der Entwicklung. Heidelberg: Economica. S. 249–263

Merchel, Joachim 2004: Qualitätsmanagement in der Sozialen Arbeit. Ein Lehr- und Arbeitsbuch. 2. Aufl. Weinheim: Juventa

Merchel, Joachim 2006: Hilfeplanung bei den Hilfen zur Erziehung § 36 SGB VIII. 2. Aufl., Stuttgart: Boorberg

Merchel, Joachim/Schrapper, Christian (Hrsg.) 1996: Neue Steuerung. Tendenzen der Organisationsentwicklung in der Sozialverwaltung. Münster: Votum

Meteyard, Barry 1994: The Community Care Assessment Casebook. Lyme Regis: Russell House

Meyer, Carol H. 1993: Assessment in Social Work Practice. New York: Columbia University Press

Michel-Schwartze, Brigitta 1997: Der Gesamtplan nach dem BSHG. Quantitative und qualitative Steuerung sozialer Arbeit durch individuelle Hilfeplanung. In: Archiv für Theorie und Praxis sozialer Arbeit, 28, 2. S. 114–139

More, Phyllis K./Mandell, Sandy 1997: Nursing Case Management. An Evolving Practice. New York: McGraw-Hill

Moxley, David P. 1989: The Practice of Case Management. Newbury Park, CA: Sage

Moxley, David P. 1997: Case Management by Design: Reflections on Principles and Practices. New York: Nelson-Hall

Müller, Burkhard 1993: Sozialpädagogisches Können. Ein Lehrbuch zur multiperspektivischen Fallarbeit. Freiburg i.Br.: Lambertus

Müller, Burkhard 1996: Qualitätsprodukt Jugendhilfe. Kritische Thesen und praktische Vorschläge. Freiburg i.Br.: Lambertus

Mullen, Edward J./Magnabosco, Jennifer L. (eds.) 1997: Outcomes Measurement in the Human Services. Washington, DC: NASW Press

Mullahy, Catherine M. 1995: The Case Manager?s Handbook. Gaithersburg, MD: Aspen Publishers

Murza, Gerhard/Hurrelmann, Klaus (Hrsg.) 1996: Regionale Gesundheitsberichterstattung. Weinheim: Juventa

Nachtigal, Gert 1996: Gesundheitsmanagement in der GKV – Ansätze für eine deutsche Variante von Managed Care? In: DOK (AOK-Bundesverband), 78, 23–24. S. 726–730

Naschold, Frieder/Pröhl, Marga (Hrsg.) 1994: Produktivität öffentlicher Dienstleistungen. Gütersloh: Bertelsmann Stiftung

National Association of Social Workers 1992: NASW Standards for Social Work Case Management. Washington, DC: NASW

Neuffer, Andreas B. 1997: Managed Care. Umsetzbarkeit des Konzeptes im deutschen Gesundheitssystem. Bayreuth: Verlag P.C.O.

Neuffer, Manfred 2007: Case Management. Soziale Arbeit mit Einzelnen und Familien. 3. Aufl., Weinheim: Juventa

Neukrug, Ed 2008: Theory, Practice, and Trends in Human Services. An Introduction. 4th ed., Belmont, CA: Thomson Brooks/Cole

Newell, Michael 1996: Using Nursing Case Management to Improve Health Outcomes. Gaithersburg, MD: Aspen Publishers

Ney, Tara (ed.) 1995: True and False Allegations of Child Sexual Abuse: Assessment and Case Management. New York: Brunner/Mazel

Nickolai, Werner, u.a. (Hrsg.) 1996: Straffällig. Lebenslagen und Lebenshilfen. Freiburg i.Br.: Lambertus

Nocon, Andrew 1994: Collaboration in Community Care in the 1990s. Sunderland: Business Education Publishers

Nocon, Andrew/Qureshi, Hazel 1996: Outcomes of Community Care for Users and Carers. Buckingham: Open University Press

Oberender, Peter O. (Hrsg.) 2005: Clinical Pathways – Facetten eines neuen Versorgungsmodells. Stuttgart: Kohlhammer

Oldiges, Franz-Josef 1996: Hausärztliche Versorgung stärken – was ist bisher daraus geworden? In: DOK (AOK-Bundesverband), 78, 18. S. 579–583

Oliva, Hans/Schlanstedt, Günter/Schu, Martina/Sommer, Lisa 1996: Vorstellung des Kooperationsmodells nachgehende Sozialarbeit und der wissenschaftlichen Begleitung. In: Sucht, 42, 5. S. 362–364

Oliva, Hans u.a. 2001: Case Management in der Suchtkranken- und Drogenhilfe. Ergebnisse des Kooperationsmodells nachgehende Sozialarbeit – Modellbestandteil Case Management. Schriftenreihe des BMG Band 139. Baden-Baden: Nomos

Orem, Dorothea E. 1996: Strukturkonzepte der Pflegepraxis. Wiesbaden: Ullstein Mosby

Ovretveit, John 1993: Coordinating Community Care. Multidisciplinary Teams and Care Management. Buckingham: Open University Press

Ozanne, Elizabeth 1996: Case Management Applications in Australia. In: Journal of Case Management, 5, 4, S. 153–157

Papadopoulos, Andrew 1992: Case Management in Practice. Bicester: Winslow Press

Payne, Malcolm 1993: Linkages: Effective Networking in Social Care. London: Whiting and Birch

Payne, Malcolm 1995: Social Work and Community Care. Basingstoke: Macmillan

Percy-Smith, Janie (ed.) 1996: Needs Assessment in Public Policy. Buckingham: Open University Press

Pescosolido, Bernice/Wright, Eric R./Sullivan, William P. 1995: Communities of Care: A Theoretical Perspective on Case Management Models in Mental Health. In: Albrecht, Gary L. (ed.): Advances in Medical Sociology: Case and Care Management. Greenwich, Conn./London: JAI Press. S. 37–79

Petch, Alison 1996: Care Management. Putting the Principles into Practice. In: Clark, Chris/Lapsley, Irvine (eds.): Planning and Costing Community Care. London: Jessica Kingsley. S. 4–18

Petch, Alison, et al. 1996: Delivering Community Care. Initial Implementation of Care Management in Scottland. Edinburgh: The Stationary Office

Petermann, Franz/Schmidt, Martin (Hrsg.) 1995: Der Hilfeplan nach § 36 KJHG (Beiträge zur Erziehungshilfe, 10). Freiburg i.Br.: Lambertus

Peterson, Carla 1989: P. L. 99–457 – Challenges and Changes for Early Intervention. In: Linz, Mary Hubbard/McAnally, Patricia/Wieck, Colleen (eds.): Case Management: Historical, Current & Future Perspectives. Cambridge, MA: Brookline Books. S. 107–124

Phillips, Judith 1996: Reviewing the Literature on Care Management. In: Phillips, Judith/Penhale, Bridget (eds.): Reviewing Care Management for Older People. London: Jessica Kingsley. S. 1–13

Phillips, Judith/Penhale, Bridget (eds.) 1996: Reviewing Care Management for Older People. London: Jessica Kingsley

Pichler, Johannes W. 1992: Internationale Entwicklungen in den Patientenrechten (Schriften zur Rechtspolitik, Bd. 4). Wien: Böhlau

Pilling, Doria 1992: Approaches to Case Management for People with Disabilities. London: Jessica Kingsley

Pilling, Doria/Watson, Graham (eds.) 1995: Evaluating Quality in Services for Disabled and Older People. London: Jessica Kingsley

Pimentel, Richard 1995: The Return to Work Process. A Case Management Approach. Chatsworth, CA: Milt Wright

Plocek, Michael/Nagorny, Heinz-Otto (Hrsg.) 1997: Praxishandbuch Qualitätsmanagement Krankenhaus. Kulmbach: Baumann

Porz, Friedrich/Erhardt, Horst (Hrsg.) 2003: Case Management in der Kinder- und Jugendmedizin. Neue Wege in der Nachsorge. Stuttgart: Thieme

Powell, Suzanne K. 1996: Nursing Case Management. A Practical Guide to Success in Managed Care. Philadelphia: Lippincott-Raven

Powell, Suzanne K./Tahan, Hussein A. 2007: CMSA Core Curriculum for Case Management. Second edition. Philadelphia: Wolters Kluwer/Lippincott

Preuß, Klaus-Jürgen/Räbiger, Jutta/Sommer, Jürg H. (Hrsg.) 2002: Managed Care. Evaluation und Performance-Measurement integrierter Versorgungsmodelle. Stuttgart: Schattauer

Quinn, Joan 1993: Successful Case Management in Long-Term Care. New York: Springer

Ragin, Charles C. 1992: Introduction: Cases of „What is a case?". In: Ragin, Charles C./Becker, Howard S. (eds.): What is a Case? Cambridge: Cambridge University Press. S. 1–17

Raiff, Norma Radol/Shore, Barbara K. 1993: Advanced Case Management. New Strategies for the Nineties. Newbury Park, CA: Sage

Rapp, Charles A. 1993: Theory, Principles and Methods of the Strengths Model of Case Management. In: Harris, Maxine/Bergman, Helen C. (eds.): Case Management for Mentally Ill Patients. Langhorne, PA: Harwood Academic Publishers. S. 143–164

Rauch, Julia B. (ed.) 1993: Assessment: A Sourcebook for Social Work Practice. Milwaukee, Wis.: Families International

Reis, Claus 1997: Hilfevereinbarungen in der Sozialhilfe. In: Archiv für Wissenschaft und Praxis der sozialen Arbeit, 28, 2. S. 87–113

Renshaw, Judith, et al. 1988: Care in the Community: The First Steps. Aldershot: Gower

Ribbert-Elias, Jürgen/Kamps-Link, Martin/Rothland, Stefan 1996: Qualitätsstandards für die Arbeitsform des Case-Managements. In: Soziale Arbeit, 45, 5. S. 163–168

Riddick, Susan N. 1994: Life Care Plan. In: Howe, Rufus S. (ed.): Case Management for Healthcare Professionals. Chicago: Precept Press. S. 189–193

Riddick-Grisham, Susan N./Weed, Roger O. 1996: The Life Care Planning Process for Managing Catastrophically Impaired Patients. In: Blancett, Suzanne S./Flarey, Dominick L. (eds.): Case Studies in Nursing Case Management. Gaithersburg, MD: Aspen Publishers. S. 61–75

Riddick-Grisham, Susan (ed.) 2004: Pediatric Life Plan Planning and Case Management. Boca Praton, FA: CRC Press

Riet, Nora van/Wouters, Harry 1996: Casemanagement: een leer-werkboek over de organisatie en coordinatie van zorg-, help- en dienstverlening. Assen: Van Gorkum

Riet, Nora van/Wouters, Harry 2002: Case Management. Ein Lehr- und Arbeitsbuch über die Organisation und Koordination von Leistungen im Sozial- und Gesundheitswesen. Luzern: Interact

Riordan, John/Mockler, Darren 1997: Clinical Audit in Mental Health. Chichester: John Wiley

Roach, Jeff 1993: Clinical Case Management with Severely Mentally Ill Adults. In: Harris, Maxine/Bergman, Helen C. (eds.): Case Management for Mentally Ill Patients: Theory and Practice. Langhorne, PA: Harwood Academic Publishers. S. 17–40

Roessler, Richard T./Rubin, Stamford E. 1992: Case Management and Rehabilitation Counseling. Procedures and Techniques. Second Edition. Austin, Texas: pro-ed

Roper, Nancy/Logan, Winifred W./Tierney, Alison J. 1993: Die Elemente der Krankenpflege. Basel: Recom

Rose, Stephen M. 1992: Case Management and Social Work Practice. New York: Longman

Rose, Stephen M./Moore, Vernon L. 1995: Case Management. In: Encyclopedia of Social Work. 19th Edition. Washington, DC: NASW Press, S. 335–340

Rothman, Jack 1992: Guidelines for Case Management: Putting Research to Professional Use. Itasca, Ill.: F. E. Peacock

Rothman, Jack 1994: Practice with Highly Vulnerable Clients: Case Management and Community-Based Service. Englewood Cliffs, NJ: Prentice Hall

Rothman, Jack/Sager, Jon Simon 1998: Case Management: Integrating Individual and Community Practice. Boston: Allyn & Bacon

Rubin, Allen 1987: Case Management. In: Encyclopedia of Social Work. 18th Edition. Silver Spring, MD: NASW Press, S. 212–222

Ruflin, Regula 2006: Wohlfahrtsstaatliches Kontraktmanagement. Die Verhandlung und Umsetzung von Leistungsverträgen als Herausforderung für Nonprofit-Organisationen. Bern: Haupt

Runge, Martin/Rehfeld, Gisela 1995: Geriatrische Rehabilitation im Therapeutischen Team. Stuttgart: Georg Thieme

Runge, Martin/Rehfeld, Gisela 1996: Indikationsstellung zur Geriatrischen Rehabilitation – Aufzählung von Diagnosen genügt nicht. In: Krankenhaus Umschau, 65, 10, Beilage Special Nr. 7, S. 20–26

Runge, Martin/Wahl, J.-H. 1996: Ambulantes geriatrisches Assessment: Werkzeuge für die ambulante geriatrische Rehabilitation. Darmstadt: Steinkopff

Sampson, Elaine M. 1994: The Emergence of Case Management Models. In: Donovan, Michelle Regan/Matson, Theodore A. (eds.): Outpatient Case Management. Chicago: American Hospital Publishing. S. 77–94

Santarcangelo, Suzanne/Birkett, Nancy/McGrath, Nancy 1995: Therapeutic Case Management: Vermont?s System of Individualized Care. In: Friesen, Barbara J./Poertner, John (eds.): From Case Management to Service Integration for Children with Emotional, Behavioral, or Mental Disorders. Baltimore: Paul H. Brookes. S. 301–315

Satinsky, Marjorie A. 1995: An Executive Guide to Case Management Strategies. Chicago: American Hospital Publishing

Sauer, Peter: Ökonomische Wirkungen des Vorrangs ambulanter vor stationärer Pflege – oder: vom Nutzen des Unterstützungsmanagements. In: Wissert, Michael, u.a.: Ambulante Rehabilitation alter Menschen. Freiburg i.Br.: Lambertus. S. 207–227

Sauer, Peter/Overbeck, Anke 1996: Was kostet Sozialarbeit? In: Soziale Arbeit, 45, 11. S. 362–366

Sauer, Peter/Wissert, Michael 1997: Wer ist der richtige Case-Manager? In: Häusliche Pflege, 6, 3, S. 51–58

Schaeffer, Doris/Moers, Martin 1994: Überleitungspflege – Analyse eines Modells zur Regulation der Schnittstellenprobleme zwischen stationärer und ambulanter Versorgung. In: Zeitschrift für Gesundheitswissenschaften, 2, 1, S. 7–25

Schlaudt, H.-P. 1997: Pathway Management System zur Verknüpfung ambulanter und stationärer Bereiche. In: Krankenhaus Umschau, 66, 3. S. 162–165

Schmid, Heike 2004: Die Hilfeplanung nach § 36 SGB VIII. Rechtliche Vorgaben und praktische Umsetzung – unter besonderer Berücksichtigung des Planning for Child Care in England und Wales. Frankfurt am Main: Eigenverlag des Deutschen Vereins

Schmid, Martin/Schu, Martina 2006: Forschung zu Case Management: Stand und Perspektiven. In: Wendt, Wolf Rainer/Löcherbach, Peter (Hrsg.): Case Management in der Entwicklung. Heidelberg: Economica. S. 285-298

Schmidt, Hans/Kessler, Stefan 2006: „Ability Management" – Erfahrungen aus der Schweiz. In: Wendt, Wolf Rainer/Löcherbach, Peter (Hrsg.): Case Management in der Entwicklung. Heidelberg: Economica. S. 191-208

Schmidt, Sascha L. 1997: Qualität und Effizienz als strategische Herausforderung im Gesundheitswesen. Ein Forschungsprojekt an der Harvard Business School. München und Mering: Rainer Hampp

Schwabe, Mathias 2005: Methoden der Hilfeplanung. Zielentwicklung, Moderation und Aushandlung. Frankfurt am Main: IGfH-Eigenverlag

Seed, Philip/Kaye, Gillian 1994: Handbook for Assessing and Managing Care in the Community. London: Jessica Kingsley

Seidel, Gisela/Grabow, Sabine/Schultze, Astrid 1996: Unterstützungsmanagement bei ausgewählten Problemlagen alter Menschen. In: Wissert, Michael, u.a.: Ambulante Rehabilitation alter Menschen. Freiburg i.Br.: Lambertus. S. 152–175

Seltzer, Marsha M./Ivry, Joann/Litchfield, Leon 1987: Family Members as Case Managers: Partnership between the Formal and Informal Support Networks. In: The Gerontologist, 27. S. 722–728

Seltzer, Marsha M./Mayer, Jane B. 1988: A Team Approach for Serving Elders: Families as Case Managers. In: Generations, 12, 5. S. 26–29

Shaw, Ian 1996: Evaluating in Practice. Aldershot: Arena

Sheafor, Bradford W./Horejsi, Charles R./Horejsi, Gloria A. 1997: Techniques and Guidelines for Social Work Practice, 4th edition. New York: Allyn & Bacon

Shemmings, David 1991: Client Access to Records: Participation in Social Work. Aldershot: Avebury

Shendell-Falik, Nancy/Soriano, Katherine B. 1996: Outcomes Assessment through Protocols. In: Flarey, Dominick L./Blancett, Suzanne Smith (eds.): Handbook of Nursing Case Management. Gaithersburg, MD: Aspen Publishers. S. 136–147

Shore, Miles F. 1997: Managed Care und die Behandlung von psychischen Erkrankungen und Drogenmissbrauch. In: Arnold, M./Lauterbach, K.W./Preuß, K.-J. (Hrsg.): Managed Care. Stuttgart: Schattauer. S. 179–186

Siegal, Harvey A./Rapp, Charles C. (eds.) 1996: Case Management and Substance Abuse Treatment. Practice and Experience. New York: Springer

Skidmore, Rex A. 1995: Social Work Administration: Dynamic Management and Human Relationships. Third edition. New York: Allyn & Bacon

Sloan, John P. 1996: Protocols in Primary Care Geriatrics. Second Edition. New York: Springer-Verlag

Smale, Gerald/Tuson, Graham, et al. 1993: Empowerment, Assessment, Care Management and the Skilled Worker. London: HMSO

Smith, Peter (ed.) 1996: Measuring Outcome in the Public Sector. London: Taylor & Francis

Smith, Peter (ed.) 1996: Guide to the Guidelines: Disease Management Made Simple. Abingdon: Radcliffe Medical Press

Soriano, Fernando I. 1995: Conducting Needs Assessments. A Multidisciplinary Approach. Thousand Oaks, CA: Sage

Speer, T. L. 1997: The Balancing Breed. Is It Time for a New Class of Inpatient Specialists? In: Hospital Health Network, 71, 3. S. 44–46

Splunteren, Peter von 1996: Intake im Berufsgebiet der Sozialarbeit. In: Sozialarbeit (Schweizerischer Berufsverband), 28, 11, S. 2–10

Standards of Practice for Case Management, from The Case Management Society of America 1995. In: Journal of Care Management, 1, 3. S. 6–16

St. Coeur, Margaret (ed.) 1996: Case Management Practice Guidelines. St. Louis: Mosby

Stoop, Karin/Leber, Lukas 2001. Organisationsentwicklung und regionales Management ambulanter Suchthilfe. In: Suchttherapie, 2, 2. S. 84-89

Storrie, Janet 1996: Community Care und interprofessionelle Praxis. In: Soziale Arbeit, 45, 12. S. 398–404

Sturges, Phyllis J. 1996: Care Management Practice. Lessons from the USA. In: Clark, Chris/Lapsley, Irvine (eds.): Planning and Costing Community Care. London: Jessica Kingsley. S. 33–53

Surber, Robert W. (ed.) 1994: Clinical Case Management. A Guide to Comprehensive Treatment of Serious Mental Illness. Thousand Oaks, CA: Sage

Szathmary, Balazs 1999: Neue Versorgungskonzepte im deutschen Gesundheitswesen: Disease und Case Management. Neuwied: Luchterhand

Taylor, Brian/Devine, Toni 1993: Assessing Needs and Planning Care in Social Work. Aldershot: Arena

Todd, Warren E./Nash, David B. (eds.): Disease Management: A Systems Approach to Improving Patient Outcomes. Chicago: American Hospital Publ.

Tophoven, Christina/Meyers-Middendorf, Jörg 1994: „Der Arzt Ihrer Wahl". Das hausärztliche Versorgungskonzept der AOK. In: DOK (AOK-Bundesverband), 76, S. 776–780

Tophoven, Christina (Hrsg.) 2005: Disease-Management-Programme. Die Chance nutzen. Köln: Deutscher Ärzte-Verlag

Trevillion, Steve 1992: Caring in the Community: A Networking Approach to Community Partnership. Harlow: Longman

Turner, J. C./Shifren, I. 1979: Community Support Systems: How Comprehensive? In: New Directions for Mental Health Services, 2, S. 1–13

Turner, J. C./TenHoor, W. J. 1978: The NIMH Community Support Program: Pilot Approach to a Needed Social Reform. In: Schizophrenia Bulletin, 4, 3, S. 313–348

Urban, Manfred 1995: Hilfeplan(ung) in der Sozialhilfe? In: Nachrichtendienst des Deutschen Vereins, 75, 4. S. 148–151

Valk, Ted van der 1996: Vom untergeschobenen Kind zum gefragten Partner. Struktur, Funktion und Position der Bewährungs- und Straffälligenhilfe in den Niederlanden. In: Bewährungshilfe, 43, 4. S. 279–284

VanDenBerg, John E./Grealish, E. Mary 1996: Individualized Services and Supports through the Wraparound Process: Philosophy and Procedures. In: Journal of Child & Family Studies, 5, 1. S. 7–21

Vogt, Irmgard 2004: Beratung von süchtigen Frauen und Männern. Grundlagen und und Praxis. Weinheim: Beltz

Vourlekis, Betsy S./Greene, Roberta R. (eds.) 1992: Social Work Case Management. New York: Aldine de Gruyter

Wachter, Robert M./Goldman, Lee 1996: The Emerging Role of „Hospitalists" in the American Health Care System. In: New England Journal of Medicine, 335, 7. S. 514–517

Wagner-Stolp, Wilfried 1997: Ambulante Entlastung und Unterstützung: Profilschärfung von Fachdiensten für offene Eingliederungshilfen. In: Fachdienst der Lebenshilfe 1/1997, S. 3–14

Wall, Deborah K./Proyect, Mitchell M. 1996: Development of Clinical Pathways. In: Howe, Rufus S. (ed.): Clinical Pathways for Ambulatory Care Case Management. Gaithersburg, MD: Aspen Publishers. S. 1–3: 1–12

Walter-Hamann, Renate (Hrsg.) 1998: Unternehmen mit Zukunft . . . Von der Wohnungslosenhilfe zum regionalen Hilfeverbund. Materialien zur Wohnungslosenhilfe, Heft 37. Bielefeld: VSH Verlag Soziale Hilfe

Ward, Marcia Diane/Rieve, Julie 1995: Disease Management: Case Management?s Return to Patient-Centered Care. In: Journal of Care Management, 1, 4. S. 7–12

Weigand, Hildegard 1991: Alltagsbegleitung. In: Bock, Thomas/Weigand, Hildegard: Hand-werks-buch Psychiatrie. Bonn: Psychiatrie-Verlag. S. 259–285

Weil, Marie 1995: Schlüsselkomponenten einer effizienten und effektiven Dienstleistung. In: Wendt, Wolf Rainer (Hrsg.): Unterstützung fallweise. 2. Aufl., Freiburg i.Br.: Lambertus. S. 84–123

Wendt, Wolf Rainer 1990: Ökosozial denken und handeln. Grundlagen und Anwendungen in der Sozialarbeit. Freiburg i.Br.: Lambertus

Wendt, Wolf Rainer (Hrsg.) 1993: Ambulante sozialpflegerische Dienste in Kooperation. Freiburg i.Br.: Lambertus

Wendt, Wolf Rainer (Hrsg.) 1995: Unterstützung fallweise. Case Management in der Sozialarbeit. 2. Aufl., Freiburg i.Br.: Lambertus

Wendt, Wolf Rainer 1996: Wohlfahrt im Angebot? Die Kundenorientierung und das Netzwerk der Sozialarbeit. In: Blätter der Wohlfahrtspflege, 143, 9. S. 233–238

Wendt, Wolf Rainer/Löcherbach, Peter (Hrsg.) 2006: Case Management in der Entwicklung. Stand und Perspektiven in der Praxis. Heidelberg: Economica 2006

Werthemann, Charlotte 2006: Case Management im Gesundheitswesen. Konzeptionelle Grundlagen, ausländische Beispiele und erste Erfahrungen in der Schweiz. Berlin: dissertation.de

Wessel, Bettina 2007: Beratung im Rahmen des Persönlichen Budgets für Menschen mit Behinderung. Freiburg i. Br.: Lambertus

Whiteley, Sara/Ellis, Richard/Broomfield, Sinclair 1996: Health & Social Care Management. A Guide to Self-Development. London: Arnold

Wieck, Colleen 1989: A New Way of Thinking for Case Managers. In: Linz, Mary Hubbard/McAnally, Patricia/Wieck, Colleen (eds.): Case Management: Historical, Current & Future Perspectives. Cambridge, MA: Brookline Books. S. 151–166

271

Willems, Dries 1996: The Case Manager in Holland behind the Dikes: A Hole Filler or Bridge Builder? In: Journal of Case Management, 5, 4, S. 146–152

Wilson, Jo (ed.) 1997: Integrated Care Management. The Path to Success? Oxford: Butterworth-Heinemann

Wissert, Michael, u.a. 1996: Ambulante Rehabilitation alter Menschen. Beratungshilfen durch das Unterstützungsmanagement. Freiburg i.Br.: Lambertus

Wissert, Michael 2005: Case Management mit alten pflegebedürftigen Menschen. Lehren aus einem Modellversuch. In: Löcherbach, Peter u.a. (Hrsg.): Case Management. Fall- und Systemsteuerung in der Sozialen Arbeit. München: Reinhardt. S. 199-218

Wißmann, Peter 1995: Ambulante Rehabilitation und Koordinierungsstelle. In: Berliner Ärzte, Nr. 8/1995. S. 18–19

Witkin, Belle Ruth/Altschuld, James W. 1996: Planning and Conducting Needs Assessments. A Practical Guide. Thousand Oaks, Ca: Sage

Wolgin, Francie 1997: Case Management Manual: An Interdisciplinary Care Mapping System. Gaithersburg, MD: Aspen Publishers

Woodside, Marianne/McClam, Tricia 1997: Generalist Case Management: A Method of Human Service Delivery. Pacific Grove, CA: Brooks/Cole

Yates, Brian T. 1996: Analyzing Costs, Procedures, Processes, and Outcomes in Human Services. Thousand Oaks, CA: Sage

Zander, Karen 1987: Case Management Plan: A Collaborative Model. In: Definition, 2, 1. S. 1–3

Zander, Karen 1996: The Early Years: The Evolution of Nursing Case Management. In: Flarey, Dominick L./Blancett, Suzanne Smith (eds.): Handbook of Nursing Case Management. Gaithersburg, MD: Aspen Publishers. S. 23–45

Zander, Karen/Bower, Kathleen A./Etheredge, M.L. 1987: Nursing Case Management: Blueprints for Transformation. Boston: New England Medical Center Hospital

Zawada, Ursula/Kellnhauser, Edith 1994: Pflegeplanung und Dokumentation in der ambulanten Pflege. 3.Auflage, Düsseldorf: Visitas

Zlotnik, Joan Levy 1996: Case Management in Child Welfare. In: Austin, Carol D./McClelland, Robert W. (eds.): Perspectives on Case Management Practice. Milwaukee, WI: Families International. S. 47–72

Zuckerman, A. A. S./Cranston, Ross (eds.) 1995: Reform of Civil Procedure. Essays on ‚Access to Justice‘. Oxford: Clarendon Press.

Stichwortverzeichnis

Autor

Wolf Rainer Wendt, Prof. Dr. phil., ist
Vorsitzender der Deutschen Gesellschaft für
Soziale Arbeit und Vorsitzender der Deutschen
Gesellschaft für Care und Case Management.
Er lehrt in Stuttgart und Tübingen.